"十四五"普通高等教育本科部委级规划教材
国家社会科学基金"十四五"规划课题
新时代师范院校进阶式美育课程

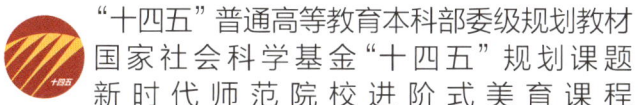

大学美育概论

金 波 邢亚男 李 丹 主 编

中国纺织出版社有限公司

内 容 提 要

在国家大力提倡美育的背景下,为了满足大学美育课程的教学需要,促进在校大学生的和谐全面发展,编写了本教材。本教材共十二章,主要内容包括美育新识、文学艺术、书法艺术、绘画艺术、音乐艺术、戏曲艺术、舞蹈艺术、雕塑艺术、建筑艺术、摄影艺术、影视艺术、数字媒体艺术。本教材将美学基础理论、审美欣赏和创造实践有机结合,既不脱离美学的哲学品位,又强调在美学观点下紧密联系并指导实践,探讨和揭示审美的特征和规律,并引导大学生对美的欣赏和创造。

图书在版编目(CIP)数据

大学美育概论 / 金波,邢亚男,李丹主编. -- 北京：中国纺织出版社有限公司,2024.7. --ISBN 978-7-5229-1904-1

Ⅰ.G40-014

中国国家版本馆CIP数据核字第20248FF695号

责任编辑：向连英　顾文卓　　特约编辑：郭妍旻昱
责任校对：寇晨晨　　　　　　责任印制：储志伟

中国纺织出版社有限公司出版发行
地址：北京市朝阳区百子湾东里A407号楼　邮政编码：100124
销售电话：010—67004422　传真：010—87155801
http://www.c-textilep.com
中国纺织出版社天猫旗舰店
官方微博http://weibo.com/2119887771
三河市海新印务有限公司印刷　各地新华书店经销
2024年7月第1版第1次印刷
开本：889×1194　1/16　印张：14.5
字数：265千字　　定价：49.80元

凡购本书,如有缺页、倒页、脱页,由本社图书营销中心调换

编委会成员

主编

金 波　邢亚男　李 丹

副主编

刘 畅　赵 文　王 力　朱 炜

参编

王 超　谢 静　欧阳亮　韩莹莹

序

当我们站在新时代的起点上，面对快速变化的社会与文化环境，高校人才培养的目标在不断地深化与更新，美育对于培养时代新人所发挥的独特作用也日益凸显。金波教授的《大学美育》正是在这样的背景下应运而生，它不仅深化了我们对美育的理解，更是将立德树人、中华优秀传统文化与美育浸润紧密结合，为我们提供了一种全新的教育视角。

立德树人，是教育的根本任务。教育的目的不仅是传授知识，更重要的是培养品德，帮助学生建立正确的世界观、人生观和价值观。基于此，本教材深刻阐释了美育在立德树人中的重要作用，提出美育不仅是艺术的教育，更是一种对美的追求、对生活的热爱、对人与自然和谐共生的向往。通过美育，我们可以更好地引导学生发现生活中的美，培养他们的审美情趣，激发他们对美好生活的追求、陶冶情操、温润心灵、完善人格，进而提升他们的道德素养。

中华优秀传统文化是中华民族的精神瑰宝，也是我们进行美育的重要资源。本教材立足于弘扬中华美育精神，强化以美育人、以美化人、以美培元的目标宗旨，深入挖掘中华优秀传统文化的丰富内涵，并将其与美育紧密结合。无论是古典诗词的韵味，还是传统艺术的魅力，都被巧妙地融入美育教学中。这样的融合不仅丰富了美育的内容，也让学生更加深入地了解和热爱自己的文化，不断增强文化自觉，提高文化自信。

而美育浸润，则是本教材的又一重要理念。美无处不在，美育也无处不在，课堂上的教学是美育，课外实践与校园文化也是美育。它渗透于教育教学的全过程，体现在学生生活的各方面。我们要让学生在日常生活中时刻感受到美的存在，培养他们的审美情趣和创造力，让他们真正成为爱生活、会生活的生活美学家。这样的浸润式教育，无疑将对学生的全面发展乃至整个人生都产生深远的影响。

总的来说，这是一本具有较强学术价值和育人价值的教材。它不仅为我们提供了一种全新的美育理念，也为高校美育教学指明了改革创新的方向。期待这本教材能够对推动新时代高校美育改革发展产生积极影响，为培养更多有德、有才、有情、有志的新一代青年贡献力量。

郭声健

2024 年 6 月

前言

审美教育是情感教育的基石。当我们带着审美的眼光来重新审视人与人、人与自然及人与世界的关系时，我们会发现一个充满美的世界。美的教育可以潜移默化地影响人的情感、趣味、气质、胸襟，激励人的精神，温润人的心灵。

党的教育方针历来坚持全面培养学生的素质。在2018年全国教育大会上，习近平总书记对我们党的教育方针又进行了进一步的扩展，从德智体到德智体美，到德智体美劳"五育"并举，教育真正进入全面培养学生综合素质的新时代。2020年，中共中央办公厅、国务院办公厅印发《关于全面加强和改进新时代学校美育工作的意见》，以习近平新时代中国特色社会主义思想为指导，全面贯彻党的教育方针，坚持社会主义办学方向，以立德树人为根本，以社会主义核心价值观为引领，以提高学生审美和人文素养为目标，弘扬中华美育精神，以美育人、以美化人、以美培元，把美育纳入各级各类学校人才培养全过程，贯穿学校教育各学段，培养德智体美劳全面发展的社会主义建设者和接班人。2022年，为了深化公共艺术课程改革，推进高等学校美育高质量发展，教育部办公厅印发《高等学校公共艺术课程指导纲要》。2023年12月20日，教育部印发《关于全面实施学校美育浸润行动的通知》，深入学习贯彻党的二十大精神，进一步加强学校美育工作，强化学校美育的育人功能。在国家大力提倡美育的背景下，为了满足大学美育课程的教学需要，促进在校大学生的和谐全面发展，我们集合了多位从事美育教学的老师，共同编写了本教材。

本教材是国家社会科学基金"十四五"规划课题，教育学一般项目"新时代师范院校面向人人的进阶式美育课程"研究成果。本教材共十二章，主要内容包括美育新识、文学艺术、书法艺术、绘画艺术、音乐艺术、戏曲艺术、舞蹈艺术、雕塑艺术、建筑艺术、摄影艺术、影视艺术、数字媒体艺术。本教材将美学基础理论、审美欣赏和创造实践有机结合，既不脱离美学的哲学品位，又强调在美学观点下紧密联系并指导实践，探讨和揭示审美的特征和规律，并引导大学生欣赏美和创造美。

本教材结合高等教育人才培养目标和大学生审美的特点进行编写，主要有以下几个特点。

一、循序渐进

编写体例遵循人的审美认识规律，由浅入深，引导学生感受美、欣赏美、创造美，逐步提高学生的审美能力。由"思政目标""美之漫谈"板块入手，引发学前思考；通过"寻美之迹"板块引领学生进入本章内容的学习；在"知美识美"板块中介绍各种艺术形式的发展历程；在"以美培元"板块中介绍美学思想及各种艺术形式的审美特征,了解审美标准;通过"赏美之心"板块引导学生赏析各种艺术代表作品,鼓励学生通过"美的体验"发现身边的美。

二、内涵丰富

美育的内涵远超艺术的传授,它更像是一场对美的探寻,一种对生活的无限热爱,以及对人与自然和谐共存的深切向往。通过美育的熏陶,我们能够引导学生以更加细腻的目光捕捉生活中的点滴美好,塑造他们的审美观念,进而在美的熏陶下,提升他们的道德品质和人生境界。在编写过程中,本教材以中西方美学研究理论为依托,辅以各种艺术形式加以展示。既对审美的过程进行分析,又通过各种艺术形式将审美活动具体化;既引导学生欣赏美,又引导学生将审美活动融入自己的生活,创造诗意的人生。

三、力求贴近实际

本教材在内容上力求贴近学生的知识结构和生活实际,选择学生喜闻乐见的艺术形式,将审美教育与学生的课堂学习、课外活动及校园文化相融合,培养学生高雅的审美情趣与正确的审美观。特别是中华优秀传统文化,它作为中华民族的精神核心,是美育教育中不可或缺的重要源泉。在教材中,我们深入探索了中华优秀传统文化的深厚底蕴,并将其与美育教学完美融合。无论是古典诗词中流淌的雅致韵味,还是传统艺术所展现的独特魅力,都被我们巧妙地引入美育的课堂中。这种融合不仅极大地丰富了美育的教学内容,还让学生能够更深入地领略和珍视本国的优秀传统文化,从而培养其对中华优秀传统文化的热爱与自豪。

由于编写时间紧迫,编者水平有限,书中难免有疏漏之处,望读者批评指正。

本书编写组
2024 年 6 月

目录

第一章　美育新识

第一节　美学的基本脉络 3
第二节　审美教育的基本特性 9
第三节　艺术作品的审美 12

第二章　文学艺术

第一节　文学艺术发展概述 18
第二节　文学艺术的审美特征 26
第三节　文学作品欣赏 29

第三章　书法艺术

第一节　书法艺术发展概述 38
第二节　书法艺术的审美特征 43
第三节　书法作品欣赏 45

第四章　绘画艺术

第一节　绘画艺术发展概述 54
第二节　绘画艺术的审美特征 67
第三节　绘画作品欣赏 68

第五章　音乐艺术

第一节　音乐艺术发展概述 81
第二节　音乐艺术的审美特征 84
第三节　音乐作品欣赏 86

第六章 戏曲艺术

第一节 戏曲艺术发展概述 ... 101
第二节 戏曲艺术的审美特征 ... 104
第三节 戏曲艺术作品欣赏 ... 109

第七章 舞蹈艺术

第一节 舞蹈艺术发展概述 ... 117
第二节 舞蹈艺术的审美特征 ... 120
第三节 舞蹈作品欣赏 ... 122

第八章 雕塑艺术

第一节 雕塑艺术发展概况 ... 129
第二节 雕塑艺术的审美特征 ... 138
第三节 雕塑作品欣赏 ... 140

第九章 建筑艺术

第一节 建筑艺术发展概述 ... 147
第二节 建筑艺术的审美特征 ... 156
第三节 建筑作品欣赏 ... 158

第十章 摄影艺术

第一节 摄影艺术发展概述 ... 165
第二节 摄影艺术的审美特征 ... 169
第三节 摄影艺术作品欣赏 ... 172

第十一章 影视艺术

第一节 影视艺术发展概述 ... 179
第二节 影视艺术的审美特征 ... 188
第三节 影视艺术作品欣赏 ... 199

第十二章　数字媒体艺术

第一节　数字媒体艺术发展概况 ... 207
第二节　数字媒体艺术的审美特征 ... 208
第三节　数字媒体艺术作品欣赏 ... 213

参考文献 ... **219**

第一章 美育新识

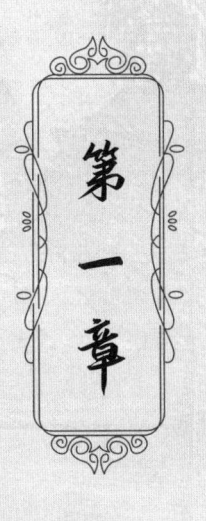

审美活动是人类的基本活动之一。艺术教育不仅是教育不可缺少的组成部分,更是全面素质教育不可或缺的重要内容。拥有一颗艺术的心灵,不但可以让我们明是非、知善恶、识美丑,而且可以让我们的视野更广阔,让我们的心灵更丰盈,让我们的生活更绚丽,让我们的职业生涯更自如,让我们的人生境界更崇高。

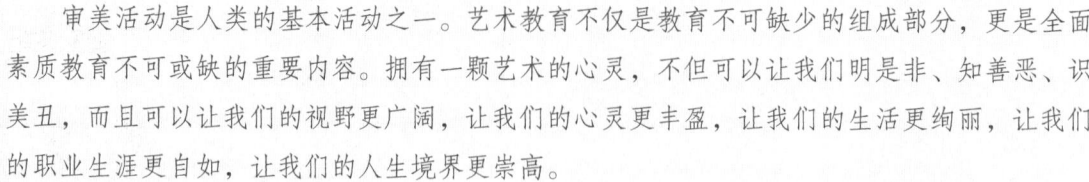

思政目标

(1)引导学生传承和弘扬中华优秀传统文化,传承和弘扬中华美学精神,以入脑入心的方式将社会主义核心价值观融入教育教学工作中。

(2)引导学生树立正确的审美观、陶冶高尚的道德情操、塑造美好的心灵。这是美育思想的内涵。

美之漫谈

开展课前3分钟演讲,主题是"生活与美",对发生在我们身边的点点滴滴,从美的角度谈谈自己的感受。

寻美之迹

徐志摩曾三次来到康桥。第一次是1921—1922年,他从美国来到剑桥大学研究院进修,并深受其影响,他把康桥当作他"生命的源泉""精神的依恋之乡"。1925年4月重游康桥,他归国后就写下了散文《我所知道的康桥》,表现自己对剑桥的深深依恋之情。1928年第三次造访令他魂牵梦萦的康桥,同年11月6日于归国途中在轮船上完成经典名作《再别康桥》。

第一节 美学的基本脉络

一、中国美学发展概况

中国美学从人与自然、个体与社会的和谐统一关系中思考审美现象，较之西方美学，有其鲜明的特点。

（一）先秦两汉美学思想

先秦时期，以《周易》为核心的原初阴阳生化观，代表了古人对自然、世界及二者形成之道的理解，奠定了中国美学思想的基本精神。百家争鸣时代，儒家和道家既相互对立又相互补充，构建和形成了中国古代美学的基本格局。

孔子从仁出发，联系伦理道德的善来阐释美，认为外在形式必须与内在道德之善相统一才具有审美价值。"文质彬彬，然后君子"，在经历"兴于诗，立于礼，成于乐"的审美途径后，获得"可以兴、可以观、可以群、可以怨"的美学价值和社会功能，陶冶情操，促进个人与社会的和谐发展。孟子"可欲之谓善""充实之谓美"，认为从善到美呈现为逐步上升的状态。

汉代形成了以气、阴阳、五行为核心的严谨的宇宙论结构，天地相通、天人感应、万物和合，汉代美学养成了一种向外部世界扩展的气质和气魄。《淮南子》把先秦儒、道两家对内在审美人格精神的追求，转换为对广大外部世界的审美追求。董仲舒把"仁"置于"天人感应"的宇宙论框架中，认为天地之美表现在天地无私地长育万物。《乐记》以音乐为言说对象，对"和"的美学思想进一步丰富，认为音乐的和谐可以"与天地同和""通伦理""与政通"。《毛诗序》则以诗歌为言说对象，对儒家诗论做了系统总结，"发乎情，止乎礼义"，是儒家诗教的经典命题，对后世艺术美学思想产生了巨大的影响。

（二）魏晋南北朝及隋唐美学思想

魏晋南北朝时期是"文学"的自觉时代，也是中国美学真正起步的时代。文学艺术不再被看作是朝廷进行伦理教化的工具，而是被看作个体人生价值、个人生存境遇的审美表达。曹丕《典论·论文》提倡"文以气为主"，强调作家的个性、气质、天赋与文艺创作风格的内在联系。钟嵘《诗品序》以"摇荡性情"说诗，强调诗对个体心理感受的表达。陆机《文赋》高标"诗缘情"，确立了情感在文艺中的本体地位。嵇康、宗炳分别论证音乐和绘画的审美特征。刘勰的《文心雕龙》不仅提出了"神思""风骨"等重大审美话题，还构建了中国古代第一个完整系统的文论、美学体系。

儒家美学在唐代的发展，主要是通过杜甫、韩愈、白居易等人来体现的。杜甫的诗既温柔敦厚，又沉郁顿挫；韩愈坚持"文以载道"的儒家美学传统，兼顾"物不平则鸣"的独创精神；白居易发挥诗的讽喻作用，以求改良政治。唐代美学的最高成就在于道家美学与禅宗美学，集中体现为意境理论的创立。王昌龄的《诗格》明确提出"诗有三境"，即物境、情境、意境；皎然的《诗式》将佛教思想融入诗歌理论，提出取"境"之说，分析了意境创造的审美心理特征；司空图的《二十四诗品》，以审美意象为核心，"不著一字，尽得风流"，他还提出"思与境偕""象外之象""韵外之致""味外之旨"等观点，既刻画了意境的审美构成和审美品格，又创建了一套完整的意境美学理论。

（三）宋元明清美学思想

随着宋代市民阶层及以市民审美趣味为核心的世俗审美心态的兴起，宋代美学呈现出追求平淡境界和"以禅喻诗"的特点。欧阳修主张诗文"古淡有真味"，苏轼以平淡为"文"的最高境界，认为"大凡为文当使气象峥嵘，五色绚烂，渐老渐熟，乃造于平淡"。严羽《沧浪诗话》以禅学为理论依据，探讨诗歌的审美特征，认为"禅道，惟在妙悟，诗道，亦在妙悟"，"妙悟"是"最上乘"的因素，认为一切外在的事物、现象，只有作为人的自由内心生活的表现，才有真正的美的意义。

明代李贽主张一切诗文自然地表现人的性情。汤显祖把"情"提到使"生者可以死，死者可以生"的高度，并提出"世总为情，情生诗歌，而行于神"。清代美学延续明代"主情说"，黄宗羲"诗以道性情"，王夫之提出"情之所至，诗无不至"，对"情"与"诗"的关系做了深刻的阐述，另外，王士禛的"神韵说"、沈德潜的"格调说"、袁枚的"性灵说"都与"主情说"一致，表达重自我、重个性、重情感的美学思想。

（四）现当代中国美学研究

随着西方美学思想的引进，中国传统美学在中西美学思想的碰撞、交汇中开始了真正意义上的现代性建构。

《人间词话》是王国维构建的、以"境界说"为核心范畴的美学体系，是中国现当代美学的第一个理论模式。王国维以中西方共有的"自然"概念诠释"境界"一词，认为"境界"有三种含义：真实、率真、清新。他阐述了物与我、意与境、虚与实、情与景、写境与造境、有我之境与无我之境、诗人之境与常人之境等概念和命题，拓展了中国古典美学意境说的理论内涵。

蔡元培的美学思想，是以美育实践为轴心展开的，他认为美育的意义在于用美的事物陶冶人的情感和行为，提出了"以美育代宗教说"，成为中国现当代美育思想的最早开拓者。

20世纪30年代以后，中国现当代美学进入更有生机、更富有建设性的阶段。在《谈美》《文艺心理学》《诗论》等著作中，朱光潜运用西方美学思想的直觉说、心理距离说和移情说，对审美心理和艺术创造心理做了细腻而独到的分析。宗白华在《略谈艺术的价值》和《中国艺术意境之诞生》等论文中，对审美、艺术和人生的关系，艺术意境的形成、构成和魅力，以及中西美学特征的比较等话题提出了精彩的见解。此外，钱锺书的《谈艺录》也为中国现当代美学增添了厚实的内容。

20世纪40年代以后，在鲁迅、瞿秋白、周扬和冯雪峰等人的推动下，马克思主义美学思想进一步中国化，产生了毛泽东《在延安文艺座谈会上的讲话》这一具有深远意义的文艺理论和美学文献。同时，蔡仪的《新美学》和李泽厚的《美的历程》也开始了中国现当代特色美学理论的有益尝试。

二、西方美学发展概况

在日常生活中，我们经常会接触"艺术美""自然美""社会美"等严肃话题，也会经常津津乐道"仪容美""语言美""服饰美"等生活话题。美似乎与我们的生活有着千丝万缕的联系。但是，一旦问及"美是什么"，人们往往比较困惑。

关于"美是什么"这个命题，从古希腊圣哲苏格拉底与希庇阿斯辩论开始，无数的哲学家、美学家、思想家为了探寻美的奥秘，从不同的途径进行了艰苦的探索，但至今仍像"斯芬克司之谜"一样，无人能给出让所有人都心悦诚服的答案。

回答"美是什么"之所以困难，是因为它所要求的并不是对个别对象做审美判断，而是要求在各种美的对象中找出美的普遍本质或者在与非审美对象的比较中找出其特殊的本质。古希腊哲学家柏拉图写过一篇对话体文章《大希庇阿斯篇》，其中，柏拉图的老师苏格拉底与希庇阿斯有一段关于"美是什么"的对话。当苏格拉底问"美是什么"时，希庇阿斯脱口而出："美就是一位美丽的姑娘！"苏格拉底又问："那一匹身材匀称、毛色光滑、奔跑飞快的母马呢？连神都赞美过，难道不美吗？"希庇阿斯点点头："的确，美是一匹美丽的母马。"苏格拉底又问："那一个造型别致、制作精良而且能装水的陶罐呢？又经看又耐用难道不美吗？"希庇阿斯只好说："美是一个美丽的陶罐。"苏格拉底笑了笑说："你看，美是一位美丽的姑娘，又是一匹美丽的母马，还是一个美丽的陶罐，那请问尊敬的希庇阿斯先生，美到底是什么呢？"这下希庇阿斯终于无言以对了。

苏格拉底与希庇阿斯的对话给了我们一个启示，美并不是固定的、形而上的。从感性具体的审美现象出发，谁也回答不了苏格拉底的问题。事实上，在美的概念下，包含着各种性质极不相同的事物。从宏观世界到微观世界，如自然界的日月星辰，社会生活中的精神产品和物质产品，乃至日常生活中人们的仪容服饰、动作表情、谈吐气质等，都可以作为审美对象。要在这些性质极不相同的各种事物中概括出美的普遍本质，当然是困难的。而且，随着社会历史的发展和变迁，美的内涵和价值意义也会发生变化。正是美的概念内涵的宽泛性、复杂性，甚至易变性给美的本质罩上了一层神秘面纱。朱光潜说："'美是什么'的问题，不可能有公式化的、一成不变的结论。各时代和各流派有不同的出发点和不同的结论。"

通过考察西方美学发展史可以发现，美学的一个基本特点在于，它始终被当作哲学的一个分支或组成部分来看待，并与哲学史一起经历了从"本体论阶段"到"认识论阶段"再到"语言学阶段"的转换。

"本体论阶段"指的是以"本体"或"存在"为思考中心的思想发展阶段,起止时间大约从古希腊早期到16世纪。在这一阶段,西方思想的焦点是探索超越人与万物、给人与万物以存在根据的本体,解答"世界是什么"的根本问题。对本体的追求激发和滋养了人类的智能,也催生和孕育了世界上最古老的学科——哲学。与哲学相对应,本体论阶段的西方美学,主旨是透过具体个别的美的事物,追求一种独立的、终极的、普遍的美,也就是使一切事物成为美的共同本质。这一阶段的美学思想家主要有毕达哥拉斯、柏拉图、亚里士多德、朗加纳斯等。

古希腊早期,毕达哥拉斯及其追随者从数学入手进行哲学和美学思考,认为事物最终由数构成,数的原则就是万物的原则,数给出一种永恒有序的局面和状态。柏拉图则开启了西方美学关于美的形而上的思考方式,他严格区分了"美的事物"与"美本身"两个概念,主张美学思考应该超越美的具体事物去寻求美本身。柏拉图称美本身为"理念",理念是万物的本体,是永恒不变的原型。柏拉图的学生亚里士多德一反柏拉图将理念与现实、本体与现象分离开来的世界构成论,转而到"一个世界"探讨"存在",把"存在"理解为推动事物构成、发展的"实体"和"始因"。亚里士多德认为美的本体与美的现象统一于客观世界,美的形式归结为"秩序、匀称与明确",同时美与善紧密相连,一切事物都有美和善的天然趋向。

文艺复兴后,西方美学进入认识论阶段。在这一阶段,哲学焦点由"世界本体"转移到"真理获得的可能性"及"人的认识能力"等,思维范式由本体论范式转移到认识论范式,更具有伦理学和人性论的倾向。这一阶段,西方美学的主旨是探求审美的起因与构成,追寻人的审美能力。

经验主义认为一切知识来源于感官知觉和经验,肯定各种感性因素在认识活动中的作用。培根认为,人作为认识主体具有理性和感性两种灵魂,在感性灵魂中,想象体现着审美能力的本质特征。理性主义更看重感觉经验对理性、法则的尊崇和服从,试图将审美现象与最高真理、纯粹知识联系起来。笛卡尔从"我思故我在"入手,建立了审美主体,找到了审美活动的理性原则。法国启蒙主义美学的代表狄德罗提出了"美在关系"说,美表征着一切物体所共有的品质,美在关系中,以关系为转移。德国古典美学的代表康德将美学思想的发展推向顶峰,他在以鉴赏判断为核心的《判断力批判》一书中提出,判断力中最重要的是鉴赏判断,即审美,其宗旨是以审美连接自然世界和自由世界,以美学作为沟通认识论和伦理学的桥梁。在此基础上,黑格尔提出了"美是理念的感性显现"的论断,得出艺术的美不是来自所表现的事物本身的美,而是来自理念的感性显现。因此,美学研究的对象应是艺术,美学应是"艺术哲学"。

19世纪末20世纪初,西方思想界采用全新的语言来叙述世界与人生,开启了语言学的转向,西方美学走向语言学阶段。语言学阶段的西方美学的宗旨是探寻人是如何生存于世界及如何谈论世界和人对世界的认识。

人本主义美学将语言置于美学思考的中心地位,赋予语言以本体论的崇高地位,以人为核心、起点和归宿来探究审美现象,其先导是以叔本华、尼采为代表的唯意志主义美学。人本主义美学在经历了"直觉说""孤立说""移情说""心理距离说"的不同演绎后,由弗洛伊德提出了审美和艺术创造均是审美主体的无意识升华和转移的命题。当代科学主义美学关注作为思想的表达媒介和意义的符号工具的语言,其思想先驱是19世纪以孔德为代表的实证主义美学和19—20

世纪以马赫为代表的经验批判美学。杜威把实证主义的观点应用于美学，认为艺术是自然经验的延续和完善，审美经验与日常经验密不可分；以维特根斯坦为代表的分析美学通过"语言批判"，清洗了传统美学中的没有意义、不可分析和无法定义的概念和命题，推动了美学的科学化。

西方美学的主要代表人物有：

（1）苏格拉底（约前469—前399年），古希腊早期美学家。

苏格拉底把美学研究由毕达哥拉斯、赫拉克利特和德谟克利特主张的从自然科学的观点考查美，转向从社会科学的观点考查美。他把美与善相提并论，认为美的东西就是善的东西。苏格拉底的"美与善是统一的"看法，标志着早期希腊美学向后期的深化。

苏格拉底继承了"艺术摹仿自然"的看法并加以深刻改造。他指出，"摹仿"并不等同于"抄袭"。例如，在创作过程中，画家、雕刻家不能只瞩目于外形的摹仿，而应"显出生命"，应在自然形体中选择某些因素，塑造一个极美的整体。总之，文艺作品中的人物应当比生活中的更美。由此出发，他提倡描写人的心理，认为绘画、雕刻应着重表现"人的心境""最令人感动的、最和蔼可亲的或是引起爱与憎的""精神方面的"特质。只有将"活人身体的各部分的俯仰屈伸、紧张松散等姿势"刻画出来，而且将"人在各种活动中的情感也描绘出来"，才能使作品焕发美的魅力。

（2）柏拉图（前427—前347年），西方著名美学家。他一生对美学做了深入、广泛的研究，留下了《大希庇阿斯》《理想国》等著作。

柏拉图的美学思想在西方美学史上是一个新的开始。柏拉图认为，美既是具体的、特殊的，又是普遍的、一般的；既是外在的、物质的，又是内在的、精神的。由此，他提出了美在"理式"的看法：感觉只能认识事物美，理性才能达到"理式"美。在艺术研究领域，柏拉图提出了别具一格的摹仿论。要求艺术透过现实表象逼近真善美本体，成为人类丰富、发展理性的途径。尤其值得一提的是柏拉图的灵感论。"一切诗人之所以称其为诗人，都由于受到神的启发。一个人不管对诗多么外行，只要被爱神掌握住了，他就马上成为诗人。"这里的"神"不过是人类"情感"的升华。柏拉图只不过是在"神"的名义下，把"情感"从感觉中剥离出来，以便对之加以认真研究。

（3）亚里士多德（前384—前322年），西方著名美学家。车尔尼雪夫斯基评价亚里士多德"是第一个以独立体系阐明美学概念的人"。

批判柏拉图的"理式"说是亚里士多德美学的起点。在他看来，脱离个别甚至先于个别的"理式"是不存在的。他指出，美与善实际上是统一的，它们都是现实的、具体的，而且都蕴含在事物本性之中。"美是一种善，其所以引起快感正因为它是善。"在亚里士多德看来，美的主要形式是"秩序、匀称与明确"，简而言之就是"整一"。"整一"是亚里士多德美学的核心范畴。从这一观点出发，亚里士多德有针对性地研究了一系列艺术问题，尤其在艺术的社会功用上，他提出了著名的"净化"说，认为艺术可以使人把过度的情感发泄掉，获得一种"轻松舒畅的快感"，因而"净化"也就成为自然的人向社会的人过渡的桥梁。

（4）朗加纳斯（约213—273年），古罗马后期美学家。其主要美学著作是《论崇高》。顺应古罗马的审美理想，朗加纳斯提出了"崇高"这一美学范畴。

他认为伟大作品的真谛在于崇高。"一篇作品只有在能博得一切时代中一切人的喜爱时，才算得上真正崇高"。他还从四个方面揭示了崇高的内涵：从根源上讲，"崇高可以说就是灵魂的伟大的反映"；从性质上讲，崇高是大自然竞争者们的产物；从效果上讲，崇高要竭力打动人们，使人们"充满了快乐和自豪"；从心理上讲，崇高对人的心灵起着不可抗拒的作用。这是西方美学史上对崇高美学范畴的第一次认真的论述。朗加纳斯关于崇高的美学探索，为后世的美学探索开辟了广阔的道路。

（5）康德（1724—1804年），德国古典美学的奠基人。康德在近代西方美学史上起着承前启后的作用。黑格尔评价他的思想既是近代哲学的"转折点"，又是近代美学的"出发点"。

康德于1781年和1788年先后撰写了《纯粹理性批判》和《实践理性批判》。康德空前地强调了美自身的特性，强调审美是一个独立的领域，在把握复杂的美的现象时其思想趋向辩证，这是他在美学史上的重要贡献。

（6）黑格尔（1770—1831年），德国古典美学的完成者，在马克思主义美学思想产生以前，其美学思想是西方美学史上的一个高峰。恩格斯在《路德维希·费尔巴哈和德国古典哲学的终结》一文中批判黑格尔的同时，也曾给他高度评价："他不仅是一个富于创造性的天才，还是一个学识渊博的人，所以他在每一个领域中都起到了划时代的作用。"

黑格尔的美学是他整个哲学体系的重要组成部分。其美学思想主要表现在《精神现象学》《精神哲学》《美学》等著作中。他认为"美是理念的感性显现"，以此构成了他美学思想的核心。系统而完整地表达他的美学观点的《美学》一书，就是围绕这一核心思想而展开的。在黑格尔看来，只有艺术才是真正的美。因此，他认为美学研究的范畴就是艺术，这门科学的正当名称应是"艺术哲学"，或者更确切一点，叫作"美的艺术的哲学"。

（7）车尔尼雪夫斯基（1828—1889年），俄国哲学家、文艺批评家。车尔尼雪夫斯基曾因参加反对沙皇的专制斗争而遭逮捕、监禁，在流放期间创作长篇小说《怎么办》。

在美学研究上，车尔尼雪夫斯基继承、发扬别林斯基的传统，坚持文学的现实主义与人民性原则，批判当时风行的黑格尔派唯心主义美学观和文艺观，肯定了美和文艺的客观性与现实性。他在《艺术对现实的审美关系》中提出了"美是生活"的著名论断，强调艺术具有"再现生活""说明生活""对生活现象下判断"等社会作用。

第二节
审美教育的基本特性

一、美与美育

在我国绵延数千年之久的传统文化中,儒家思想一直占据主导地位。《孟子·滕文公上》记载"夏曰校,殷曰序,周曰庠,学则三代共之,皆所以明人伦也。"在学校教育中,礼与乐是必备的科目。礼、乐、射、御、书、数,即"六艺",是主要的教育内容。"兴于诗,立于礼,成于乐。"(《论语·泰伯》)"志于道,据于德,依于仁,游于艺。"(《论语·述而》)"不学《诗》,无以言。"(《论语·季氏》)"《诗》,可以兴,可以观,可以群,可以怨,迩之事父,远之事君。"(《论语·阳货》)孔子把美育看成贯穿于教育全过程的重要手段,认为人格教育发端于诗教、完成于乐教。诗教是人格教育的基础,乐教则使人格臻于最高境界。诗教与乐教在人格培养中发挥着重要作用,即通过艺术的审美功能,使人受到感染,在潜移默化中把外在的社会伦理规范(礼)变成个体自觉的内在要求。

如果说,儒家的美育思想以造就"文质彬彬"的"君子"为最高目标,具有很强的道德色彩,那么以庄子为代表的道家则突出了审美本身的功能,即着眼于一种理想化的审美人生态度的培养。庄子的学说不但在整体精神上具有一种审美哲学的品格,而且他对人的最高精神境界及如何才能达到这种境界等问题的论述,构成了一种比较系统的审美教育理论。庄子的《庄子·逍遥游》,以其雄伟的气魄、非凡的想象、恣肆的文风,为我们展示了一幅恢宏的画卷,也呈现了人生不同的精神境界。

在庄子看来,只有"无己、无功、无名",即真正自由的"至人"才能达到最高的精神境界,具有广阔无限的自由精神的审美人格。他所描述的那种"乘夫莽眇之鸟,以出六极之外,而游无何有之乡,以处圹垠之野"(《庄子·应帝王》)的精神境界,也正是一种只有在高度凝神的审美体验中才能呈现的心灵状态。因此,要培养所谓的"至人",必须通过审美教育这一途径。

继传统的"诗教""乐教"后,现代美育的开创者王国维在《论教育之宗旨》一文中,把教育分为"心育"和"体育",心育又可区分为智育、德育和美育。王国维通过智育和德育的比较来确定美育的性质。他把人的精神分为知、情、意三个方面,"对此二者而有真美善之理想:'真'者智力之理想,'美'者感情之理想,'善'者意志之理想也"。美育,就是用美来陶冶人的情感。"美育者,一面使人之感情发达,以臻完美之域,另一面又为德育和智育之手段,此又教育者所不可不留意也。"就是说,美育一方面具有自己独特的性质和目的,另一方面它与德育、智育又不是决然相分或相互外在的。正确的美育应该能够促进德育与智育的发展，成为德育与智育的有效手段。因此，尽管智育、德育、美育三者各有专司、各有侧重，"然人心之知、情、意三者，非各自独立，而互相交错者。如人为一事时，知其当为者'知'也，欲为者'意'也，而当其为之前（后）又有苦乐之'情'伴之：此三者不可分离而论之也。故教育之时，亦不能加以区别。有一科而兼德育、智育者，有一科而兼美育、德育者，又有一科而兼此三者。三者并行而得渐达真善美之理想，又加以身体之训练，斯得为完全之人物，而教育之能事毕矣"。王国维既强调了美育作为情感教育的独特性质，又没有忽视美育与德育和智育的联系。

在王国维之后，蔡元培提出了"以美育代宗教"的著名主张，而且对美育在全民中的普及和如何实施等问题也做了十分具体而详细的设想。在美育观上，蔡元培把美育称为"美感教育"，他认为，通过审美可以打破人我之间的界限，实现人与人的相互沟通。"名川大山，人人得而游览；夕阳明月，人人得而赏玩；公园的造像、美术馆的图画，人人得而畅观。"正因为美的对象可以使人从一己小我的束缚中解放出来而进入无私的境界，所以才使人"超于生死利害之上，而自成兴趣，故养成高尚、勇敢与舍己为群之思想者"。

在20世纪三四十年代提倡美育的各种观点中，朱光潜的看法可以说最具代表性，也最具理论深度。在朱光潜看来，要矫正时弊，最紧要的莫过于先救治人心，而救治人心最根本的途径就是提倡美育。在《谈美感教育》一文中，朱光潜提出"美感教育是一种情感教育"的观点。他认为美感教育的功用就在于怡情养性，美育因而为德育的基础。朱光潜不仅极力推崇艺术的美感教育作用，还把艺术是否发达、美育是否兴盛与民族生命力的高低强弱联系起来。

二、美育的基本特征

美育作为一种独特的教育方式，不仅具有特殊的内涵与目的，而且具有与其他教育形式不同的、显著的教育特点。

（一）情感性

情感性是美育的首要特性。所谓情感性不仅是指美育主要以情感为中介，通过诉诸人的情感领域来进行，而且也指美育具有激发情感、以情动人、陶情养性的重要作用。

在审美教育中，情感并非仅仅表现为一种单纯的手段，它还是美育直接的目的之一。如果审美教育不能开启人情感世界的大门，不能引起人情感的激动，就不可能真正实现美育的目的。而在美育中，人的情感一旦被激发起来、活跃起来，就不仅会在受教者的心灵中唤起一种新的力量，使他"如入云烟中而为其所烘，如近朱墨处而为其所染"，而且会使受教者留下持久而深刻的印象。由于在美育中所形成的审美感受往往与情感伴随交融在一起，它涉及十分复杂的生理和心理过程，因而这种情感记忆比普通的记忆要深远得多。美学家蒋孔阳曾谈及的一段亲身经历就是一个生动的例证："抗日战争刚刚爆发的时候，我在初中读书。一天，来了两位抗敌宣传队的队员。他们把全校同学召集在一起，不讲任何一句话，只是唱'流亡三部曲'。先唱《松花江上》，全场唏嘘，无不痛哭。又唱《复仇曲》，全场的情绪立刻为之一振，所有的同学都沸腾了起来。"

(二)审美性

审美就其深层的本质而言,乃是人类生命意识的自觉和完满人性的展现。因此,美育的效用与意义,突出地表现在它能培养人们对生命的热爱、崇高感和同情心,这是培养高尚品德的深厚土壤。而美育区别于其他教育形式的一个重要特点,即施教者必须积极引导受教者参与并投入审美活动中。如音乐欣赏,我们如果仅仅在课堂上向学生讲授音乐的旋律、节奏、调式等音乐理论,显然是无法达成教育目标的。因此,施教者总是通过自己的教学设计、策划与组织,引导受教者在具体的作品演绎中去体验、去发现、去领悟。正是在作品的欣赏中,我们全身心地沉浸到审美世界中,在直觉、情感、理性等的充分作用下,融入作者的心灵、触摸作品的灵魂、领悟作品的境界,并升华自己的情感与内心世界,最终达成美育的目标。

(三)全面性

培养德、智、体、美和谐与全面发展的新型人才,既是社会发展对教育提出的根本要求,也是在全球化语境下我国教育提出的新理念。人们日益深刻地认识到教育不是单纯的"复制"工作,即把前人的文明成果单纯地迁移到受教育者身上,使之成为适应特殊职业要求的工具,更多的是把培养具有人文情怀、创新意识、批判精神和独立个性的人作为自身崇高的使命,这是一种以人为本的、面向未来的教育观。

美育的全面性主要表现在两个方面。一方面,德、智、体等教育方式可借助美育的方法来增进教学效果;另一方面,美育又是其他教育方式发展的基础。例如,德育,除了向学生讲解政治方向、人生理想、道德标准等之外,还可借助美育的手段来引导学生阅读经典名著,组织学生参观和游览祖国的名胜古迹、山水风光,使学生在欣赏美的过程中潜移默化地受到民族优秀传统文化和爱国主义的理想教育。又如上历史课,教师可组织学生参观博物馆,对艺术品的观赏,能够帮助学生更具体地进入历史情境,更深切地感受历史氛围,从而更准确地理解历史事件。再如体育,许多体育运动本身就有很高的艺术性和审美观赏价值,如体操、跳水、武术(图1-1)等,教师可组织学生观看体育表演,帮助学生发现体育运动中的审美因素,从而帮助学生更自觉地参与体育锻炼。

图1-1 武术

第三节
艺术作品的审美

尽管美育不等同于艺术教育，但艺术教育却是美育的主体部分。

一、表演艺术的审美

表演艺术是指通过人的演奏和演唱及形体动作来完成作品演绎的艺术，主要指音乐和舞蹈。音乐和舞蹈都是长于抒情的艺术，因而具有强烈的情绪感染和情感陶冶的功能。

在所有的艺术形式中，音乐能够最直接地打动人们的心弦，迅速唤起人们的情感反应。舞蹈则能最大限度地调动人们的想象力。《乐记·师乙篇》里说，音乐产生于情感表现的需要，当情感强烈到无法用声音来表达时，就出现了手舞足蹈。音乐和舞蹈既可以正式演出和表演，也可以私下自娱自乐。高兴时可以歌唱，伤心时也可以歌唱。总之，无论是喜悦还是哀愁，都可以通过音乐和舞蹈来宣泄和升华。

音乐和舞蹈所具有的节奏属性将有助于学习者节奏感的训练和培养。节奏是音乐的基本要素，指音响运动的轻重缓急、速度、拍子、音符时值的长短和相互之间的比例等。在舞蹈中，节奏则主要指形体动作力度的强弱、速度的快慢和能量的大小。节奏在音乐和舞蹈中都是重要的情感表现方式之一。由于人的智力、情绪和体能都具有一定的生理节奏，因此，音乐和舞蹈教育对人的身心健康有着积极的影响。

二、造型艺术的审美

广义的造型艺术指所有塑造二维或三维空间的静态视觉形象的艺术，又称"空间艺术"或"视觉艺术"。狭义的造型艺术主要指绘画和雕塑。造型艺术需要运用特定的物质材料来塑造可视的具体形象。因此，造型艺术的审美教育首先可以培养人们对各种物质材料审美特性的感受能力。画种的区分就是依据所使用的不同材料，如油画、中国画、版画、水彩画、水粉画等的差异表现为绘画材料的不同。中国画的笔墨意趣、油画的色彩、木刻版画的凹凸都是艺术形象塑造的重要形式。

绘画塑造的是二维空间形象，雕塑塑造的是三维立体形象。它们都需要以点、线、面、色彩、明暗、形体等形式因素构成视觉形象。因此，造型艺术教育是培养学生对形式美的感受力的最佳方式。素描的主要形式是线条，绘画是色彩，雕塑是形体，对它们的鉴赏与创造，将大大提高人们对线条的曲直、色彩的明暗冷暖、形体的方圆轻重及其情感色彩的感受力。

三、语言艺术的审美

语言艺术是以语言为物质媒介来塑造形象、表达情感的艺术形式。语言是抽象的文字符号，作为语言的基本单位的词可以指称任何事物，却不能直接呈现事物本身，所以语言艺术的审美教育必须建立在语言文字教育的基础上。不懂汉语的人，不能欣赏用汉语写成的《红楼梦》，不懂外语的人也无法欣赏外文原版小说《飘》。

文学以抽象的语言符号为创造媒介，不像造型艺术那样把艺术形象直接呈现给接受者。欣赏者必须经由对语言符号的解读和理解，并借助于想象力才能完成文学的审美活动。越优秀的文学作品越需要调动欣赏者的想象力，欣赏者只有拥有丰富的想象力才能把握优秀文学作品的"言外之意"和"象外之象"。因此，语言艺术审美教育的重点在于培养学生把抽象的语言符号转变为审美意象的能力。

四、综合艺术的审美

戏剧艺术曾占据着审美活动的中心地位，而在传媒发达的现代社会，影视的美育功能则覆盖了戏剧艺术。在艺术分类中，戏剧和影视艺术都因其表现形式的多样性而被称为综合艺术。

戏剧和影视艺术综合了绘画、文学、音乐、舞蹈、雕塑、摄影等艺术元素，因而也具有相似的特性和功能。同时，不同艺术元素在戏剧、影视中又衍生出新的艺术特性和功能。在以综合艺术为内容的美育形式中，戏剧的冲突和影视的逼真特点具有独特的美育功能。

没有冲突就没有戏剧。戏剧通过矛盾、冲突来塑造人物性格和情节。把生活中分散的矛盾和冲突加以提炼和浓缩，在有限的时间内集中呈现给观众，以营造强烈的剧场效果，这是戏剧艺术区别于其他艺术形式的特点。戏剧冲突是通过演员的舞台表现来实现的，具有现场感，较容易激发观众的心理共鸣。观众能真实地感受到剧中人物的喜怒哀乐，情绪也随着剧中人物的成败荣辱而跌宕起伏。在这种"身临其境"般的审美活动中，人们为戏剧而感动，同情心得以强化并趋于丰富。

美的体验

1. 课外阅读

阅读徐志摩的《我所知道的康桥》和李泽厚的《美的历程》，并在读书会或班级公众平台上交流心得。

2. 课外活动

将学生编成若干组，每组5—8人，合作完成一部微电影。要求每个人都要有至少一项工作，电影时长不超过5分钟，用相机、手机拍摄均可，参与班级或学院的"微电影"大赛，争取获最佳影片奖，或争取在编剧、导演、摄影、表演、配乐、剪辑等方面获得单项奖。

3. 思维拓展

请根据大家熟知的电影、电视剧或电视栏目的名称写一个100字左右的小故事，比一比，看谁写得最精彩。

第二章 文学艺术

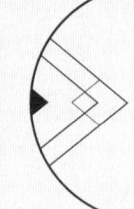

文学是以语言文字为工具,形象地反映客观现实、表现作家心灵世界的艺术,包括诗歌、散文、小说、戏剧等,以不同的形式表现内心情感,再现一定时期和一定地域的社会生活,是文化的重要表现形式。

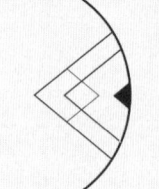

思政目标

(1)了解中国灿烂辉煌的文学历史,增强学生爱家爱国的情怀,坚定"四个自信",使之融入实现中华民族伟大复兴的奋斗之中。

(2)通过系统学习先秦文学、唐诗宋词以及中国古代文化中的育人元素,从继承历史责任、凝聚价值共识、完善治理体系、形成文化自信四个方面,继承和发展中国的优秀传统文化。

美之漫谈

(1)古代中国被称为"诗的国度",你是如何理解的?
(2)你最喜欢哪首诗,说说你的理由。

寻美之迹

致橡树

舒　婷

我如果爱你——
绝不像攀援的凌霄花,
借你的高枝炫耀自己;
我如果爱你——
绝不学痴情的鸟儿,
为绿荫重复单调的歌曲;
也不止像泉源,
常年送来清凉的慰藉;

也不止像险峰，
增加你的高度，衬托你的威仪。
甚至日光，
甚至春雨，
不，这些都还不够！
我必须是你近旁的一株木棉，
作为树的形象和你站在一起。
根，紧握在地下，
叶，相触在云里。
每一阵风过，
我们都互相致意，
但没有人，
听懂我们的言语。
你有你的铜枝铁干，
像刀，像剑，也像戟；
我有我的红硕花朵，
像沉重的叹息，
又像英勇的火炬。
我们分担寒潮、风雷、霹雳；
我们共享雾霭、流岚、虹霓。
仿佛永远分离，
却又终身相依。
这才是伟大的爱情，
坚贞就在这里：
爱——
不仅爱你伟岸的身躯，
也爱你坚持的位置，
脚下的土地。

第一节
文学艺术发展概述

一、中国文学发展概况

中国是四大文明古国之一，也是四大文明古国中唯一没有中断文明发展的国家。文化在我们这个拥有五千年文明史的国度弥漫演进、长期积淀。文学作为文化的一个子系统，既是我们历史生活的见证，又是我们民族精神的体现。

王国维说"一代有一代之文学"，朱熹说"等闲识得东风面，万紫千红总是春"。步入中国文学的历史长廊，从上古神话到先秦散文，从《诗经》《楚辞》到汉赋乐府，从魏晋风度到唐诗宋词，从元曲南戏到明清小说，几千年间，各种文学样式接踵而起，文学经典迭见高峰，风格流派各领风骚，不仅给了我们美的享受，更让我们在审美愉悦中陶冶了性情、温润了心灵。

（一）先秦文学

先秦文学是中国文学的光辉起点，它跨越原始社会、奴隶社会和早期封建社会三种社会形态，经历了从胚胎萌芽到生长成熟的漫长过程，直到周代蔚为大观。《诗经》和《楚辞》耸立起现实主义和浪漫主义两座巍峨的高峰，史传和诸子策论奠定了中国古代散文的优良传统。中国文学史上的历次诗文革新运动，无不以先秦诗文作为楷模和品评的标准，这缘于先秦文学自身的特点。

1. 神话传说与上古歌谣

中国文学的产生可以追溯到远古时期的神话传说和歌谣，它们记录的都是先民们的生产与劳动生活。《蜡辞》云："土，反其宅！水，归其壑！昆虫，毋作！草木，归其泽！"这大约是一首农事祭歌。另有《弹歌》："断竹，续竹，飞土，逐宍。"此诗反映的是原始先民制造弹弓和狩猎的过程，语言朴实，并具有韵律，是一首十分古老的歌谣。神话是远古时期先民们根据其所接触的自然现象、社会现象，幻想出来的具有艺术意味的解释和描述的集体口头创作。中国神话大多保存在《山海经》《楚辞》《庄子》《淮南子》等古籍中，其中《山海经》是最有神话学价值，是我国古代保存神话资料最多的著作。这些神话按题材大致可分为：创世神话、洪水神话、战争神话、英雄神话等，其中著名的有盘古开天地、女娲补天、黄帝擒蚩尤、大禹治水、后羿射日、夸父追日、精卫填海等。

虽然这些歌谣和神话传说文字记录大多是零散片段，而且因为时间久远，口口相传导致变异，很难说是其原始形态，但仍能让我们捕捉到原始社会先民们生活与思考的蛛丝马迹。

2. 先秦诗歌

先秦诗歌的两大高峰分别是《诗经》与《楚辞》。

《诗经》是我国最早的一部诗歌总集，共收录了从西周初年至春秋中叶约五百年的诗歌305篇，最初称《诗》或《诗三百》，汉代以后被尊为经典，即《诗经》。《诗经》分为《风》《雅》《颂》三部分，其中内容最丰富、艺术价值最高的是《风》。《风》大多是民歌，它们是无名作者创作、在社会中流传的普通抒情歌曲。其所反映的生活内容比纯粹出于社会上层的《雅》《颂》广阔得多，生活气息也更为浓厚。如《关雎》写初涉爱河的青年；《东山》写思乡游子的忧伤；《氓》写弃妇的哀怨；《静女》写恋爱时的微妙心理。这些民歌表达了先民们的思想感情和他们对社会生活的认识，同时也显示了他们的艺术创造才能。它们记载了先民们的生活与爱情、欢乐和忧伤，是先民们最早的歌唱，是《诗经》中的精华，是古代艺术宝库中的瑰宝。

《诗经》中的《雅》《颂》基本上是为特定的目的而作、在特定场合中使用的乐歌。《颂》诗主要是《周颂》，是周王室的宗庙祭祀诗，除了单纯歌颂祖先功德以外，还有一部分于春夏之际向神祈求丰年或秋冬之际酬谢神的乐歌，反映了周民族以农业立国的社会特征和西周初期农业生产的情况。如《丰年》描绘了在丰收的日子里，人们兴高采烈而又隆重地祭祀先人，希望他们赐福的情形。《雅》是周王朝直接统治地区的音乐，为王室朝廷的乐歌。《雅》中的《生民》《公刘》《绵》《皇矣》《大明》是一组周民族的史诗，记叙了从周民族的始祖后稷出生到周王朝的创立者武王灭商的历史。其中的《生民》描述了后稷的母亲姜嫄祈神求子，后来踏了神的脚印而怀孕，生下了后稷，但她不敢养育，把后稷丢弃，他却历难而不死，长大以后，发展了农业，建立了周民族的基础，也因此成了周民族的始祖和农业之神。这首带有神话和传说色彩的诗歌，反映了周民族农业立国的社会特征。《雅》中也有许多讽喻时政的诗，诗人对统治阶级内部秩序的混乱和不公正现象提出了指责，表达了对艰危时世的忧虑和对统治者的强烈不满。如《十月之交》描绘了大祸将至人们却无动于衷，依然醉生梦死的情景和作者忧心如焚的情感。这些干预政治、忧患时世的诗歌，开创了中国政治诗的传统。诗中表达的忧国忧民的情绪，以及强调从社会公认的道德立场上进行批评并避免张扬个人的态度，对后代的政治诗产生了深刻的影响。

《诗经》是中国文学的光辉起点，在世界文化史上占有极高的地位，是我国现实主义文学的奠基之作。其"饥者歌其食，劳者歌其事"的现实主义精神和文学传统对后世文学影响很大。"原始文字由记事、祭神而变为抒情、说理，刚好是春秋战国或略早的产物。它们以艺术的形式共同体现了那个时代的理性精神。"它的形式包括史诗、讽刺诗、叙事诗、恋歌、战歌、颂歌、节令歌及劳动歌谣等。内容涉及社会生活的各个方面，如劳动与爱情、战争与徭役、压迫与反抗、风俗与婚姻、祭祖与宴会，甚至天象、地貌、动物、植物等。可以说，它是周代社会的一面镜子。无论是长篇的叙事诗，或篇幅较短的抒情之作，还是在人物形象的塑造方面，《诗经》都体现了其现实主义精神。

《楚辞》是屈原创作的一种新诗体，是中国文学史上第一部浪漫主义诗歌总集。它"书楚语、作楚声、纪楚地、名楚物"，具有浓厚的地方色彩和显著的时代特色，是春秋战国时代楚文化的结晶。《楚辞》以六言句为基本句型，又杂以五言或七言，句中或句末加上"兮"字。这种形式的文学作品，以《离骚》最为著名，因而"骚体"就成了该文学体裁的代称。

屈原是中国文学史上伟大的爱国诗人。他的出现，标志着中国诗歌进入了一个由集体歌唱到个人独创的新时代。据刘向的校定本，屈原的作品有25篇，代表作有《离骚》《天问》《九歌》等。《离骚》是屈原以自己的理想、遭遇、痛苦、热情以至整个生命熔铸而成的我国古代最长的政治抒情诗，也是世界诗史上的不朽之作。全篇370多句，近2500字，立意炫巧、结构宏阔、风格奇丽。诗人在《离骚》中，熔宇宙自然、社会现实、人生经历、神话传说和历史故事于一炉，把对故国的炽烈感情和对现实的一腔愤懑浸透在诗歌里，塑造了一位忧国诗人的美好人格和美好心灵。鲁迅称赞《离骚》"逸响伟辞，卓绝一世"。

3. 先秦散文

先秦散文主要有历史散文和诸子散文两大类。

历史散文的发展大体上分为三个阶段。第一阶段以《尚书》和《春秋》为代表。《尚书》是我国最早的一部历史文献汇编，在中国古代散文史上具有奠基的意义。孔子编著的《春秋》是我国第一部编年体断代史，其体例和"笔法"对后世散文都产生了影响。第二阶段以《左传》和《国语》为代表。《左传》是我国第一部记事详备的编年体史书，也是先秦历史散文中思想性和艺术性最为突出的著作；《国语》是我国最早的一部国别体史书，是由各国的史料汇集而成。第三阶段以《战国策》为代表。《战国策》也是一部国别体史书，主要记叙的是战国时期谋臣策士们的言行。

诸子散文是在先秦理性精神觉醒的背景下和百家争鸣的氛围中形成并繁荣起来的。诸子散文中，《论语》以语录体的形式记述了孔子及其弟子的言行，比较集中地反映了早期儒家的思想和活动。《孟子》反映了战国中期儒家思想的面貌，也体现了语录体向专题性论文的过渡，其突出的文学成就在于高超的论辩艺术。《老子》将玄深的哲理思辨和精妙的语言相结合，显示出独特的艺术风格。《庄子》是道家的又一部经典，其文章以独特的艺术造诣绝响于先秦诸子之中，奇妙的构思、汪洋恣肆的语言、浪漫的风格，都体现了其在诸子散文中的独特地位和辉煌的文学成就。《墨子》是墨子及其后学著作的汇编，反映的是墨家学派所代表的小生产者的思想。其特点是文质意显，富于逻辑性。《荀子》的文章多为结构严谨、论说周详的专题性论文，标志着先秦说理散文进入了完全成熟的阶段。《韩非子》是法家思想的集大成之作，文章质朴无华。

（二）两汉文学

两汉文学的主要成就包括汉赋、散文和诗歌。两汉散文中的历史散文主要是司马迁的《史记》和班固的《汉书》。《史记》以人物为中心来反映历史，创立了纪传体史书的新样式。政论散文中名篇佳作迭现，如贾谊的《过秦论》、晁错的《论贵粟疏》、桓宽的《盐铁论》、王充的《论衡》等。

两汉诗歌以乐府诗和五言诗成就最为显著。乐府诗是继《诗经》《楚辞》之后的又一种新诗体。著名的《孔雀东南飞》是乐府诗中的叙事长篇，后人把它与北朝的《木兰诗》和唐代韦庄的《秦妇吟》并称为"乐府三绝"。《古诗十九首》则代表了汉代五言诗的最高成就。

汉赋乃两汉一代之文学，是一种新兴的文体。它介于诗歌和散文之间，骈散结合，是一种容量宏大且颇具表现力的文学样式。其代表作家有贾谊、枚乘、司马相如等，司马相如的汉大赋是汉赋的顶峰。

（三）魏晋南北朝文学

魏晋南北朝文学是从汉末建安开始的。鲁迅在《魏晋风度及文章与药及酒之关系》一文中说这是一个文学的自觉时代。

以曹操、曹丕、曹植父子为中心的建安文学张扬着政治抱负和人生感叹，其强烈的个性和浓郁的悲剧色彩构成了"建安风骨"这一时代风格。以嵇康和阮籍为代表的"正始文学"则揭露了礼教的虚伪和政治重压下个人的苦闷与抗议。两晋时期，文坛空前繁荣。左思的《咏史》诗，抗议门阀制度，抒发寒士不平，与建安诗歌一脉相承。陶渊明则开创了田园诗风，成为魏晋南北朝时期成就最高的诗人。到南北朝时期，山水诗兴起，谢灵运是其杰出代表。

这一时期文学的发展，还体现在文学批评理论的繁荣。对后世影响深远的有曹丕的《典论·论文》、陆机的《文赋》、刘勰的《文心雕龙》等。此外，《水经注》《洛阳伽蓝记》《颜氏家训》等散文及志怪小说的兴盛，都为唐代文学的全面繁荣奠定了基础。

（四）唐代文学

唐代是我国古典诗歌发展的全盛时期。《全唐诗》共收集唐代 2200 多位诗人的 48900 多首诗歌。唐代诗坛上不仅涌现了初唐四杰（王勃、杨炯、卢照邻、骆宾王）及陈子昂、王维、孟浩然、高适、岑参、白居易、韩愈、孟郊、柳宗元、刘禹锡、李贺、李商隐、杜牧等璀璨的群星，而且诞生了"诗仙"李白和"诗圣"杜甫两位光照千秋的诗坛巨星。

唐诗在诗体上日臻完善，以五言、七言为主，四言、杂言的古体诗，乐府诗乃至律诗、绝句无不具备，许多诗人对近体诗体制的掌握达到了炉火纯青的程度。唐代诗歌流派众多，风格多样。著名诗派有山水田园派、边塞派、韩孟派、元白派等，风格上呈现出雄浑、冲淡、高古、典雅、洗练、劲健、绮丽、自然、含蓄、豪放、疏野、清奇、飘逸、旷达等多姿多态之景象。唐诗意象的选择极为广泛，举凡社会生活、人物内心世界无不涉及，真实记录了唐代的社会史实，表达了不同阶层人物的情感和愿望。唐诗以其意象的组合、意境的开拓，创造了中国古典诗歌的最高审美境界，取得了后人难以逾越的艺术成就。

文学史家一般把唐诗分为初、盛、中、晚四个时期。初唐诗歌大抵沿袭齐梁余风，题材狭窄、格调纤弱。到初唐四杰，诗风开始变化。稍后陈子昂力倡汉魏风骨，诗风为之一变。盛唐时期名家比肩接踵，诗歌创作如日中天，形成了令后人追慕不已的"盛唐气象"。李白诗歌飘逸豪放，是青春颂歌；杜甫诗歌沉郁顿挫，是乱世悲歌；而田园山水诗派、边塞诗派和其他诗人一道将盛唐诗坛装扮得千姿百态、气象万千。中唐大历年间，诗歌创作跌入低谷，后期诗坛再度辉煌，元稹、白居易等人掀起新乐府运动，韩孟诗派刻意求新，柳宗元、刘禹锡、李贺等优秀诗人无不形成了各自的艺术风格。晚唐诗歌随着大唐帝国日薄西山，创作亦如黄昏残照。李商隐、杜牧为唐诗抹了最后一层亮色。

(五)宋代文学

代表宋代文学最高成就的宋词在中国诗歌发展史上占有十分重要的地位，它与唐诗媲美，形成双峰并峙的局面。据《全宋词》记载，其收录的词人有1300多名，词作19900多首。作家之众、作品之多、艺术之成熟、题材之广泛、内容之丰富，空前绝后，故有一代文学之称。

词是我国古代诗歌的一种，它始于梁代，形成于唐代而极盛于宋代。宋词的发展大致可以分为北宋与南宋两个时期。北宋初期的主要词人有晏殊、张先、柳永等人。北宋中期柳永将词引向市井，多婉约之作，而苏轼"以诗为词"，进行了题材内容上的开拓，开旷达与豪放之风，因而形成词坛的两个流派。北宋后期的主要词人有秦观、黄庭坚、周邦彦等。

南宋初期是词的变化期，代表词人有张元干、张孝祥、朱敦儒、李清照等。他们大多由北方迁居南方，词作多写亡国之痛、乡关之思与身世之感。南宋中期，词的创作进入鼎盛时期，爱国词派和豪放词派得到空前发展，产生了辛弃疾、陆游、陈亮、刘过等词人。词也在此时真正上升到与诗并驾齐驱的地位。南宋后期的主要代表词人有姜夔、吴文英、刘克庄、刘辰翁、文天祥等。

(六)元代文学

元曲与唐诗、宋词、明清小说鼎足并举，成为我国文学史上一座举足轻重的里程碑。元曲分杂剧和散曲，散曲是元代文学的主体，但元杂剧的成就和影响却远远超过散曲。因此，也有人以"元曲"单指杂剧，元曲即"元代戏曲"。

中国戏曲，起源于原始歌舞。后来相继出现了汉代的"角抵戏"、南北朝时期的"歌舞戏"及唐代的"参军戏"。至唐代，民间歌舞戏进入宫廷，得到发展，还出现了"俗讲"和"变文"等通俗说唱形式。宋代商品经济发达，出现了很多市民娱乐场所——"瓦舍"和"勾栏"，民间歌舞、说唱、滑稽戏有了综合的趋势，出现了"宋杂剧"。

元杂剧是中国戏曲的第一个繁盛期，代表作家有关汉卿、王实甫、白朴、马致远等，其代表作包括《窦娥冤》《汉宫秋》《梧桐雨》《赵氏孤儿》《拜月亭》《西厢记》《墙头马上》《倩女离魂》等。

(七)明清文学

明代文学中，小说成就最高，戏曲次之，诗文相对衰微。《三国演义》是历史演义小说的高峰；《水浒传》是英雄传奇小说的典范；《西游记》是神魔小说的楷模；《金瓶梅》作为市井小说在揭露社会黑暗方面颇具成就；戏曲中的《牡丹亭》以其独特的构思，表现了强烈的反封建精神，影响深远。

清代是我国古代文学的终结时期，文学样式繁多，流派林立。历代盛行的各种旧的文体，如诗、文、词、曲、杂剧、传奇等，在清代均有一定的成就。但清代文学主要成就还是小说，产生了《聊斋志异》《红楼梦》《儒林外史》等小说史上的巅峰之作。

（八）现当代文学

在新文化运动后，中国的现代文学诞生了。郭沫若的《女神》是白话新诗真正取代旧诗的标志。经过开辟阶段，新诗形成了以自由体诗为主，同时兼有新格律诗、象征派诗的较为完善的形态。这一时期著名的诗人有朱自清、冰心、闻一多、徐志摩、戴望舒、艾青等。在小说的创作方面，诞生了众多大师级作家，如鲁迅（图2-1）、巴金、老舍、郁达夫、矛盾、丁玲、沈从文等。

图2-1　鲁迅纪念馆

1949年中华人民共和国成立后，文学进入新的发展阶段，新题材、新主题伴随着新生活应运而生。这一时期优秀的诗人有郭小川、贺敬之、臧克家、舒婷、顾城等，著名小说作家有莫言、陈忠实、王蒙、王安忆、路遥、贾平凹、刘心武等。

二、西方文学发展概况

（一）古代文学

西方古代文学包括古希腊文学和古罗马文学。古希腊文学的发展可以分为三个阶段。第一阶段是氏族制社会向奴隶制社会过渡时期，主要成就是神话和《荷马史诗》。第二阶段是雅典奴隶主民主制国家时期，主要成就包括埃斯库罗斯、索福克勒斯、欧里庇德斯的悲剧，《伊索寓言》及柏拉图、亚里士多德的文艺理论等。第三阶段是希腊化时期，主要成就是米南德的新喜剧。

古罗马文学继承了古希腊文学，但也具有自己的民族特色。代表作家有西塞罗、维吉尔、贺拉斯等。

（二）中世纪文学

中世纪文学主要包括教会文学、英雄史诗、骑士传奇、城市文学和城市抒情诗。体裁上以诗歌为主,但丁将诗歌创作发展到一个高峰,他把各种形式熔于一炉,将抒情、叙事、哲理结合在一起,丰富了诗歌的表现手法,其代表作是《神曲》。

（三）文艺复兴时期文学

文艺复兴时期,人文主义文学是文学发展的主流,它继承和发展了古希腊和古罗马的各种文学样式,特别是诗歌、小说和戏剧有了长足的发展。意大利诗人彼特拉克创作了《歌集》,被称为意大利的"诗歌之父"。薄伽丘的《十日谈》奠定了欧洲近代短篇小说的基础。法国作家拉伯雷的小说《巨人传》运用漫画式的夸张手法,讽刺神学修道院教育的荒谬,揭露司法制度的黑暗,正面描绘了人文主义理想的图景。西班牙的戏剧和小说成就突出,塞万提斯的代表作《堂吉诃德》的出版,标志着欧洲长篇小说的创作跨入了一个新的阶段。

欧洲人文主义文学在英国达到顶峰,出现了诗歌、散文、戏剧等多种文艺样式的全面繁荣。莎士比亚的创作代表了人文主义文学的最高成就,他是人类戏剧史上的一个里程碑式的人物。代表作有《威尼斯商人》《罗密欧与朱丽叶》《哈姆雷特》《奥赛罗》《李尔王》《麦克白》等。

（四）17世纪文学

17世纪文学主要包括巴洛克文学、清教文学和古典主义文学。古典主义文学是主要的文学思潮。莫里哀把古典主义文学的发展推到高峰,他的喜剧运用了古典主义的美学理论,但又不受古典主义的约束,提出了各种严肃的社会问题,有"严肃戏剧"的称号,代表剧作《伪君子》和《悭吝人》。

（五）18世纪文学

18世纪欧洲正值社会转型时期,启蒙思想和启蒙文学应运而生。英国文学以现实主义文学为主,法国文学以启蒙文学为主,德国文学以古典主义文学为主。哲理小说、严肃剧、哥特小说、感伤主义小说、现实主义小说是18世纪文学的创造。歌德是18世纪末19世纪初德国最伟大的诗人、作家和思想家,在欧洲文学史上具有重要地位,代表作有《浮士德》《少年维特之烦恼》等。

（六）19世纪浪漫主义文学

浪漫主义文学思潮流行于18世纪90年代至19世纪30年代的欧洲。浪漫主义文学强调主观情感、推崇想象力、追求理想主义、热爱自然。法国浪漫派的发展最具有代表性,雨果作为法国浪漫主义文学运动的领袖与杰出代表,创作了《悲惨世界》《巴黎圣母院》等经典著作。英国浪漫主义文学的主要成就是诗歌,产生了华兹华斯、拜伦、雪莱等著名诗人。《唐璜》是拜伦的诗体小说,是其浪漫主义的杰作。此外,还有匈牙利作家裴多菲,俄国诗人普希金,美国作家欧文、惠特曼等,都是各国浪漫主义文学的代表人物。

（七）19世纪现实主义文学

现实主义文学成为19世纪欧美文学的主流,它是欧美文学的高峰。现实主义文学力求真实地再现现实,追求细节的真实,描写典型环境,描写普通人的生活,体裁以小说为主。

《红与黑》的作者司汤达是法国现实主义文学的奠基人之一。此后，福楼拜创作了名著《包法利夫人》。代表法国现实主义文学最高成就的是巴尔扎克，他在世界文学史上具有崇高的地位。其代表作《人间喜剧》深刻而全面地反映了19世纪上半叶的法国社会。

代表英国现实主义文学最高成就的是查尔斯·狄更斯，其代表作《双城记》以生动的笔调描绘了人民起义的史诗式场面，为英国文学史所罕见。勃朗特姐妹的小说也独树一帜，夏洛蒂·勃朗特的《简·爱》控诉了社会的伪善与冷酷；爱米莉·勃朗特的《呼啸山庄》揭露了金钱社会的黑暗与罪恶。托马斯·哈代是19世纪后期现实主义文学的杰出代表，其小说代表作为《德伯家的苔丝》。

俄国的现实主义文学取得了辉煌的成就，诞生了果戈理、屠格涅夫、陀思妥耶夫斯基、托尔斯泰和契诃夫等著名作家。托尔斯泰的代表作《战争与和平》《安娜·卡列尼娜》《复活》成为世界经典巨著。与此同时，还产生了别林斯基、车尔尼雪夫斯基和杜勃罗留波夫三位文艺批评大师。

此外，还有安徒生童话和易卜生的戏剧。

（八）19世纪自然主义文学和其他文学流派

自然主义、唯美主义、象征主义等是19世纪下半叶出现的文学流派，它们是19世纪和20世纪文学之间的桥梁，起着承上启下的作用。

自然主义是19世纪后期在法国兴起的文学思潮。自然主义文学的基本出发点是描写真实，追求不带任何粉饰的真实。左拉是自然主义理论的首创者，被称为自然主义大师。同时还出现了莫泊桑的《羊脂球》和《漂亮朋友》等著作。

唯美主义是19世纪后期在法、德、英等国产生的一种新的文艺思潮，它提倡"为艺术而艺术"，认为艺术只是为本身之美而存在，它强调超然于生活的纯粹美，追求形式完美和艺术技巧。康德哲学是唯美主义的理论支柱。唯美主义的首倡者是法国作家戈蒂耶，代表作家是英国的王尔德。

象征主义文学的艺术特征是着重通过象征物象，挖掘人的内心世界，赋予抽象观念以有声有色的物质形式。波德莱尔是象征派的先驱，代表作是《恶之花》。

（九）20世纪现实主义文学

俄国十月革命创建了第一个社会主义国家，同时诞生了苏联文学。苏联文学具有强烈的政治倾向性、战斗性和乐观主义色彩，代表作家是苏联文学的奠基人高尔基，其代表作为自传体三部曲《童年》《在人间》《我的大学》。肖洛霍夫的代表作《静静的顿河》反映了十月革命后苏联社会生活的发展过程。

此外，英国的戏剧家萧伯纳和小说家劳伦斯、法国小说家罗曼·罗兰、德国戏剧家贝尔托·布莱希特、美国小说家海明威等的文学创作都在现实主义文学创作中具有举足轻重的地位。

与此同时，以后期象征主义文学、表现主义文学、未来主义文学、超现实主义文学、意识流小说为代表的现代主义及存在主义、"垮掉的一代"、荒诞派戏剧、黑色幽默、新小说派、魔幻现实主义也曾经在欧洲文坛涌现。其中，表现主义文学的代表作家卡夫卡的创作别具一格，其代表作包括《变形记》《城堡》。法国作家萨特是存在主义的领袖，他的长篇小说《恶心》抒写了主人公对"荒诞的存在"深深的厌恶情绪，有社会批判因素，更是存在与虚无哲学的诠释。

以美培元

第二节 文学艺术的审美特征

文学，是用语言文字塑造形象、反映社会生活、表现人的思想感情的艺术。文学用语言作为表现手段，使它具有更广泛、更多元、再现现实和表现生活的可能性，也能更细致、更深入地表现人的情感活动和精神世界。"前不见古人，后不见来者，念天地之悠悠，独怆然而涕下"，寥寥数语，我们感受到了一位诗人的情感生活和心理变化并产生深深的共鸣。一部《三国演义》，历时数十年，纵横数千里，经典的战例、生动的人物、宏伟的战争场面和细微的日常生活，都在作者深厚的语言功力中栩栩如生。文学的这种表现力，正是源于作者对语言炉火纯青的运用，从而把作者的审美认识和情感态度淋漓尽致地展露无遗。

文学作品的类型主要有诗歌、散文、小说和戏剧。

一、文学作品的审美特征

（一）形象美

形象美是文学作品最主要的审美特征。文学作品中的艺术形象，是根据现实生活中的各种现象加以艺术概括所创造出来的具体生活画面，一般是指人物和人物生活的环境。人物形象经常在叙事性作品中占主要地位，成为作品中整个艺术形象体系的核心。作家总是通过人与人、人与物的关系来描写人物形象，不仅要描写人的音容笑貌、内心活动、爱好、习惯等，借以刻画人物性格，还要表现人的思想感情和道德面貌，揭示人物的精神世界，表现各种复杂关系。形象美也是文学作品具有强烈艺术感染力的重要因素，读者通过对文字描绘的感受，在脑海中呈现出生动具体的形象图景，并凭借自己的生活经验、审美能力和联想等，获得审美感知，得到超出于字面意义之外的感悟。

（二）典型美

典型是作家在文学作品中塑造的既有鲜明个性特征又高度概括了某类人共性的人物形象。塑造典型是作家的重要使命，也是文学作品创作的核心。典型来自生活，文学作品中的典型人物，是共性和个性高度融合的统一体。揭示的社会本质越深刻，个性特征越鲜明，共性与个性越统一，典型性就越高。

（三）语言美

在文学作品中，语言是作家用以传达审美意识的基础，是文学的第一要素。文学中的语言是作家精心锤炼的一种具有审美性质的特殊语言，它不仅可以激发想象进行艺术创造，而且能绘声绘色、写形传神，使人产生真切的感受、深刻的思考和广泛的联想。文学面对的是广阔的社会生活，它的任务就是运用具有审美性质的文学语言，创造艺术形象或意境，激发读者调动自身的生活经验和美学经验，在欣赏中完成审美的再创造。

（四）意境美

意境，是文学作品通过形象描绘而表现出来的一种艺术境界，读者可以通过联想和想象捕捉意境，形成一种身临其境之感。意境的构成包括景与情两个因素。无论即景抒情还是寓情于景，都要求达到情景和谐交融的境地。只有这样，才能创造出美的意境来。

二、文学作品的欣赏方法

欣赏文学作品是一种强烈的感情活动、深刻的理性活动、能动的再创造活动和审美活动。欣赏文学作品一般从形象感受开始，凭借理性理解作品，并借助自己的生活经验和思想感情丰富作品中的形象内涵，最终在审美创造中获得心灵上和精神上的满足。

（一）诗歌欣赏

一切诗歌都以情感作为自己始终不渝的表达对象。诗歌表达的情感或慷慨悲歌，或欣喜若狂，或愁苦无绪，或缠绵悱恻。即使是叙事诗，也是诗人用激情编织的故事。因此，欣赏诗歌主要从以下几个方面入手。

一是要感受诗歌的情感美。要善于从诗人炽热的情怀中感受诗歌涌动的情思。如从李煜的《虞美人》中，我们感受到的是物是人非的愁苦；从徐志摩的《再别康桥》中，我们感受到的是依依惜别的深情。

二是要品味诗歌的意境美。意境是主观情思与自然景物交融共存的艺术境界。我们要善于捕捉诗歌的景中之情、言外之意。读屈原的《离骚》，虽写香草美人，寄予的却是诗人的政治抱负和现实悲愤；读杜牧的《江南春》，朦胧的烟雨之景蕴含的却是诗人对政治现实的隐忧。

三是要吟咏诗歌的音乐美。诗歌讲求的是韵律与节奏。李清照的"寻寻觅觅，冷冷清清，凄凄惨惨戚戚"，看似舒缓，却是急促，韵律与节奏的和谐组合，让我们于低回婉转中触摸到一份凄苦落寞的心境；戴望舒的"撑着油纸伞，独自／彷徨在悠长，悠长／又寂寥的雨巷"，冗长而凝重的节奏中，我们看到的是一个落寞者的形象，聆听的是惆怅者的叹息。

四是要把握诗歌的技巧美。诗歌在抒情言志中，运用了大量的写作技巧，了解这些技巧，我们才能登堂入室，把握诗歌的意蕴。如《关雎》就是娴熟地运用了比兴手法，在环境的烘托中写出男子爱恋的急切心情；普希金的《致大海》就是用拟人化的手法塑造了大海的形象，抒发了诗人不满现实、渴望自由的感情。

（二）散文欣赏

好的散文总能让读者感受到浓郁的诗情画意，品味到盎然的奇思妙想，让读者在为作者的真知灼见所折服的同时，获得一种韵味悠长的美的享受。散文讲求写真纪实，讲求质朴自然，讲求韵致理趣。要想懂得散文之美，务求从散文的审美特征出发，多读、多思、多感悟，正如刘勰所说："操千曲而后晓声，观千剑而后识器"。欣赏散文主要从以下几个方面入手。

一是把握主线，厘清思路。散文虽然形式、内容自由灵活，但其中必有一个核心，就是人们常说的形散而神不散。作者围绕"神"来组织材料、安排段落结构。欣赏散文，只要抓住作品的"神"，就能很好地厘清文章的脉络。如茅盾的《白杨礼赞》就是通过白杨赞美北方人民的品质与精神。

二是体会情感，领悟主旨。文学作品是作家内心激荡不平之情的流露，阅读散文，应该通过作品体会作者内心的喜怒哀乐，从而领悟作品的主旨。朱自清的《荷塘月色》全文着意写充满诗情画意的荷塘月色，看似写景，但恰如王国维所说"一切景语皆情语"，表达的正是作者想在纷扰的尘世寻求宁静的情感。

三是精研笔法，探究技巧。散文或叙事，或抒情，或议论，为了达到理想的效果，作者往往会借助各种艺术表现手法：或点染勾勒，或烘染衬托；有时惜墨如金，有时浓墨重彩；有时幽默风趣，有时庄重严肃。只有认真研读，才能把握作品的实质。

四是品味语言，感受风格。文学是语言的艺术，好散文的语言往往优美流畅、简洁凝练、富于表现力。例如，同样看到秦始皇南巡，同样都有着帝王之志，项羽的"彼可取而代之"就透露出他的霸王之气，而刘邦的"大丈夫当如此"则深沉许多。成熟的作家往往有自己的风格，影响作品风格的因素是多样的，但最终都会以语言的形式表现出来，仔细品味语言是整体掌握作家作品风格的重要环节。

（三）小说欣赏

小说是以刻画人物形象为中心，通过完整的故事情节和环境描写来反映社会生活的一种文学体裁。黑格尔说："小说能够充分表现出丰富多彩的旨趣、情况、人物性格、生活状况乃至整个世界的广大背景。"可以说，小说是认识社会的窗口。

小说主要通过塑造人物、叙述故事、描写环境来反映生活和表达思想，人物、情节和环境是构成小说的三个基本要素。因此，欣赏小说主要从以下几个方面入手。

一是把握故事情节。把握小说的故事情节，是整体感知小说的起点，是读懂小说的第一步，是欣赏小说艺术特点的基础。对此，我们要训练自己概括故事情节的能力。

二是揣摩人物形象。小说是以塑造人物形象为中心进行创作的，因而在欣赏小说时，分析人物形象就尤为重要。具体来说，就是要能够概括人物的性格特征，对人物进行客观评价，能够总结出小说对人物进行描写的具体方法。这就要求我们通过作品中人物的外貌、语言、动作、心理等描写了解人物的思想感情和性格特征，还要把人物放到一定的社会历史背景下分析。

三是注意环境描写。环境描写是小说的重要内容，小说的环境包括社会环境和自然环境。社会环境描写对揭示小说的中心思想有着举足轻重的作用，但自然环境描写也不可忽视。

四是挖掘作品主题。主题是小说的灵魂，是作品的价值所在，它的深浅往往决定着作品价值的高低。因此，欣赏小说必须挖掘作品的主题。挖掘主题要从情节和人物形象入手，联系作品的时代背景及典型的环境描写，从小说的构思中把握作品主题。

（四）戏剧文学的欣赏

戏剧是指以语言、动作、舞蹈、音乐等形式达到叙事目的的舞台表演艺术的总称。文学上的戏剧是指为戏剧表演所创作的脚本，即剧本。戏剧文学的欣赏主要从以下几个方面入手。

一是把握戏剧冲突。戏剧冲突是戏剧的内在本质，欣赏戏剧的关键是把握戏剧冲突，既要看戏剧冲突对情节的推动作用，又要看戏剧冲突尤其是冲突中人物动作与人物对话对人物塑造的催化作用，还要看戏剧冲突设置的巧妙性。戏剧冲突的结构方式多种多样，越剧《红楼梦》按时间排序，《雷雨》《玩偶之家》则采用了"回顾"的方式。

二是品味戏剧语言。品味戏剧语言既要品味个性化的人物语言，又要品味富有动作性的人物语言，还要注意语言中丰富的潜台词。

三是欣赏人物形象。欣赏人物形象要抓住人物的主要性格特征，弄清人物性格发展变化的脉络及寄予在人物形象上的作者的思想倾向与内心情感。

赏美之心

第三节
文学作品欣赏

一、诗歌作品欣赏

（一）《诗经·蒹葭》

《诗经·蒹葭》

蒹葭苍苍，白露为霜。所谓伊人，在水一方。
溯洄从之，道阻且长。溯游从之，宛在水中央。
蒹葭萋萋，白露未晞。所谓伊人，在水之湄。

溯洄从之，道阻且跻。溯游从之，宛在水中坻。

蒹葭采采，白露未已。所谓伊人，在水之涘。

溯洄从之，道阻且右。溯游从之，宛在水中沚。

《蒹葭》出自《诗经》，它以齐整的四言句式为主，重章叠句，一唱三叹，此诗兼用赋、比、兴手法，王国维曾经赞誉它"最得风人深致"。

诗歌音韵和谐，曲折抑扬地反映了作者内心的情感起伏。在芦苇摇曳的河岸，烟水迷蒙中那在水一方的伊人，是如此可望而不可即。想要去追寻，却又似难以寻找，只是留下一个烟水迷离的梦罢了！那对岸的"伊人"，就像世上一切美好的东西一样，那追寻的过程何尝不是一种甜蜜的折磨。这种追寻的情境和《汉广》有相似之处，"南有乔木，不可休思。汉有游女，不可求思。汉之广矣，不可泳思。江之永矣，不可方思。"钱锺书先生在《管锥编》中称此现象"莫不可以'在水一方'寓慕悦之情，示向往之境"。这种象征式的情境泛化开来，像喻一种阻隔、一种企慕、一种追寻。

（二）《梦与诗》

《梦与诗》

胡适

都是平常经验，

都是平常影象，

偶然涌到梦中来，

变幻出多少新奇花样！

都是平常情感，

都是平常言语，

偶然碰着个诗人，

变幻出多少新奇诗句！

醉过才知酒浓，

爱过才知情重——

你不能做我的诗，

正如我不能做你的梦。

胡适，字适之，安徽绩溪人。他是中国白话诗的开创者。这是一首并不难懂的哲理诗，后编入《尝试集》。西方的尼采曾讲过，阿波罗代表日神精神，狄奥尼索斯代表酒神精神。诗人写诗有时就像做梦一样，平常的经验和情感，到了诗人的笔下往往"旧瓶"能装出"新酒"。写诗的过程像做梦，旨在告诉我们，诗歌被创造出来的过程是常人的思维逻辑所不能论证出的。

同样，作诗与做梦都是个人的体验，旁人无法替代。只有自己去经历、去体验才是最真实的。无论是写诗还是欣赏诗，都是关乎生命的真实体验。

二、小说作品欣赏

（一）《三言二拍》

冯梦龙所编的《三言》名篇《蒋兴哥重会珍珠衫》讲的是湖北襄阳府枣阳市人蒋德，字兴哥，他自幼化名罗德跟随父亲学做珠宝生意。为父守孝一年后，娶王氏三巧为妻，夫妻恩爱。三年后他洒泪别妻南下，中途耽搁，拖了两年未返。其间，街坊薛婆促成了王氏与徽州新安县商人陈大郎，约定陈大郎明年来时，二人便私奔。王氏把蒋家祖传珍珠汗衫赠予陈做纪念。不料想，蒋兴哥、陈大郎二人苏州巧遇，因蒋用化名，陈以为他乡遇故知，知蒋是枣阳市人，便将珍珠衫一事和盘托出，并托他捎书信及礼物给薛婆。蒋心中大骇却未说出，心情是五味杂陈，原文描写：

兴哥口里答应道："当得，当得。"心下沉吟："有这等事！现在珍珠衫为证，不是个虚话了。"当下如针刺肚，推放不饮，急急起身别去。回到下处，想了又恼，恼了又想，恨不得学个缩地法儿，顷刻到家连夜收拾，次早便上船要行。只见岸上一个人气吁吁地赶来，却是陈大郎。亲把书信一大包，递与兴哥，叮嘱千万寄去。气得兴哥面如土色，说不得，话不得，死不得，活不得。只等陈大郎去后，把书看时，面上写道："此书烦寄大市街东巷薛妈妈家。"兴哥性起，一手扯开，却是八尺多长一条桃红绉纱汗巾。又有个纸糊长匣儿，内羊脂玉凤头簪一根。书上写道："微物二件，烦干娘转寄心爱娘子三巧儿亲收，聊表纪念。相会之期，准在来春。珍重，珍重。"兴哥大怒，把书扯得粉碎，撒在河中；提起玉簪在船板上一损，折做两段。一念想起道："我好糊涂！何不留此做个证见也好。"便捡起簪儿和汗巾，做一包收拾，催促开船。急急地赶到乡，望见了自家门首，不觉坠下泪来。想起："当初夫妻何等恩爱，只为我贪着蝇头微利，撇他少年守寡，弄出这场丑事来，如今悔之何及！"在路上性急，巴不得赶回。及至到了，心中又苦又恨，行一步，懒一步。进得自家门里，少不得忍住了气，勉强相见。

（摘自《三言二拍》，江苏古籍出版社，1990）

蒋兴哥回家后就休了王氏，王氏羞愧试图自杀，被父母救起，后来嫁给要去广东任职的进士吴杰为妾，蒋兴哥还送了嫁妆。另一边陈大郎回到家后，妻子平氏觉得珍珠衫有蹊跷，就偷藏起来。陈去襄阳寻王氏，路上遇大盗，写信向妻子求救，又闻说王氏改嫁，伤心卧病，后病死于途中。平氏孤身寻夫，被小人算计钱财尽失，后嫁与蒋德续弦，埋葬其夫。蒋重会珍珠衫，感叹天理昭彰。第二年，蒋兴哥又往广东做买卖，却不想跟人发生纠纷，出了人命。公堂候审时，县令正是吴杰。经王氏求情，蒋无罪获释。曾经的夫妻再次相见，抱头痛哭。吴进士得知真相后，索性把三巧还给了蒋兴哥，连那十六箱财物也一并发还。自此蒋兴哥一妻一妾，团圆到老。

《三言二拍》中的这个故事，情节可谓一波三折，确有许多误会与巧合的地方，但是所展现出来的人物心理却是比较真实的。它较好地反映了明代商品经济发展下普通百姓的思想变化，以及作者较为进步的思想观念。

(二)《基督山伯爵》

19世纪法国皇帝拿破仑"百日王朝"时期,"法老号"大副爱德蒙·唐泰斯受船长委托,为拿破仑党人送了一封信,遭到两个卑鄙小人(一个想取代他即将上任的船长之位,一个是他的情敌)和法官的陷害,在他即将举行婚礼的时候被逮捕打入黑牢。狱友法利亚神甫向他传授各种知识,帮他分析仇人是谁,并在临终前把埋于基督山岛上的一批宝藏的秘密告诉了他。唐泰斯钻入准备运送神甫死尸的麻袋中被丢入大海,越狱后找到了宝藏,成为巨富,从此化名基督山伯爵(水手森巴)。

八年后,他经过精心策划,报答了恩人——"法老号"的船主之后,便去找他的三个仇人。三个仇人中,一个成了巴黎法院的检察官,一个成了银行家,以前的情敌成了莫尔塞夫伯爵,三人都飞黄腾达,地位显赫。最终基督山伯爵凭借智慧、谋略与正义使仇人得到了惩罚。

三、散文作品欣赏

(一)《庄子·逍遥游》

《庄子·逍遥游》是《庄子》的代表篇目之一,也是诸子百家中的名篇。全文充满奇特的想象和浪漫的色彩,寓说理于寓言和生动的比喻中,形成独特的风格。"逍遥游"也是庄子哲学思想的一个重要方面。全篇一再阐述无所依凭的主张,追求精神世界的绝对自由。在庄子的眼里,客观现实中的一事一物,包括人类本身都是对立而又相互依存的,这就没有绝对的自由,要想无所依凭就得无己。因而他希望一切顺乎自然,超脱于现实,把人类的生活与万物的生存混为一体,提倡不滞于物,追求无条件的精神自由。

(二)《少年中国说》

任公曰:造成今日之老大中国者,则中国老朽之冤业也。制出将来之少年中国者,则中国少年之责任也。彼老朽者何足道,彼与此世界作别之日不远矣,而我少年乃新来而与世界为缘。如僦屋者然,彼明日将迁居他方,而我今日始入此室处。将迁居者,不爱护其窗棂,不洁治其庭庑,俗人恒情,亦何足怪!若我少年者,前程浩浩,后顾茫茫。中国而为牛为马为奴为隶,则烹商鞭棰之惨酷,惟我少年当之。中国如称霸宇内,主盟地球,则指挥顾盼之尊荣,惟我少年享之。于彼气息奄奄与鬼为邻者何与焉?彼而漠然置之,犹可言也。我而漠然置之,不可言也。使举国之少年而果为少年也,则吾中国为未来之国,其进步未可量也。使举国之少年而亦为老大也,则吾中国为过去之国,其澌亡可翘足而待也。故今日之责任,不在他人,而全在我少年。少年智则国智,少年富则国富;少年强则国强,少年独立则国独立;少年自由则国自由,少年进步则国进步;少年胜于欧洲则国胜于欧洲,少年雄于地球,则国雄于地球。红日初升,其道大光。河出伏流,一泻汪洋。潜龙腾渊,鳞爪飞扬。乳虎啸谷,百兽震惶。鹰隼试翼,风尘翕张。奇花初胎,矞矞皇皇。干将发硎,有作其芒。天戴其苍,地履其黄。纵有千古,横有八荒。前途似海,来日方长。美哉我少年中国,与天不老!壮哉我中国少年,与国无疆!

(摘自《少年中国说》,陕西师范大学出版社,2010)

作为一篇演讲稿，作者开宗明义即拈出日本人口中的"老大帝国"与他心目中的"少年中国"作为对举，并毫不吝啬地将他的赞美、他的期许给了心目中的"少年中国"。作者连用了18个"如"字比喻句，先进行了人之老少之对比，再讲国之老少。作者站在新旧交替的维度来看"国"之含义，他认为古中国制度之"老"中带着衰朽、落后、不健全，"西风一夜催人老，凋尽朱颜白尽头"，那是中国的过去；而今的"少年中国"带着希望、新生、萌芽，"少年心事当拏云"，那是中国的未来！好一个"少年智则国智，少年富则国富，少年强则国强"！

本文情感的倾泻若江河奔腾，节选的此段以四字句为主，掺以杂言，于规整中富于变化之姿。多押韵，语调昂扬有力。朗朗上口的语言甚有感染力，很能激起人们的爱国主义情怀。

四、戏剧作品欣赏

（一）《茶馆》

《茶馆》是老舍先生的代表作之一。剧中故事全部发生在北京城一个茶馆里，茶馆里人来人往，汇聚了各色人物、三教九流，一个大茶馆就是一个小社会。老舍先生抓住了这个场景的特点，将半个世纪的时间跨度，主、次人物形象高度浓缩在茶馆之中，展现了清末戊戌变法失败后、民国初年北洋军阀割据时期、国民党政权覆灭前夕三个时代的生活场景，概括了中国社会各阶层、数个势力的尖锐对立和冲突，揭示了半封建、半殖民地中国的历史命运。此剧亦是北京人民艺术剧院的经典剧目，是中国话剧史上的一座里程碑，享誉海外。后多次被改编为同名电影、电视连续剧。

（二）《哈姆雷特》

莎士比亚是欧洲文艺复兴时期最为杰出的戏剧大师，是世界大文豪。而《哈姆雷特》则是戏剧史上的巅峰。莎士比亚在戏剧中赋予了这个人物形象以青年王子的身份，从而使这个形象具有非凡的艺术魅力。戏剧情节所表现出来的矛盾冲突进一步丰富了这个形象。在当时特定的社会环境下，莎士比亚通过哈姆雷特这一形象，将社会的黑暗和丑恶批判得体无完肤。内在矛盾与外在矛盾的统一造就了这一悲剧，并成为传世经典。

美的体验

1. 课外阅读

读一位你喜欢的散文家的散文集。

2. 课外活动

写一首诗歌，在班级开展一次"诗歌作品赏析汇报会"。

3. 思维拓展

阅读一部论述清晰而又平易近人的文学理论著作，如童庆炳编著的《文学活动的审美维度》，书中阐述的理论问题，哪几点给你的印象最为深刻？请列出三种以上观点。

士，此皆良实，志虑忠纯，是以先帝简拔以遗陛下。愚以为宫中之事，事无大小，悉以咨之，然后施行，必能裨补阙漏，有所广益。

将军向宠，性行淑均，晓畅军事，试用于昔日，先帝称之曰能，是以众议举宠为督。愚以为营中之事，悉以咨之，必能使行阵和睦，优劣得所。

亲贤臣，远小人，此先汉所以兴隆也；亲小人，远贤臣，此后汉所以倾颓也。先帝在时，每与臣论此事，未尝不叹息痛恨于桓、灵也。侍中、尚书、长史、参军，此悉贞良死节之臣，愿陛下亲之信之，则汉室之隆，可计日而待也。

臣本布衣，躬耕于

先帝创业未半而中道崩殂，今天下三分，益州疲弊，此诚危急存亡之秋也。然侍卫之臣不懈于内，忠志之士忘身于外者，盖追先帝之殊遇，欲报之于陛下也。诚宜开张圣听，以光先帝遗德，恢弘志士之气，不宜妄自菲薄，引喻失义，以塞忠谏之路也。

宫中府中，俱为一体，陟罚臧否，不宜异同。若有作奸犯科及为忠善者，宜付有司论其刑赏，以昭陛下平明之理，不宜偏私，使内外异法也。

侍中、侍郎郭攸之、费祎、董允等，皆良实

第三章

书法艺术

中国书法是世界上最独特的东方艺术，也是东方美学的杰出代表之一。它凭借着点面的组合、线条的变化和笔墨的运用而成为一种独立的艺术门类，在传统艺苑中具有重要的地位。

中国书法作为一门古老的艺术，凭借线条和结构来表现人的气质、品格、情操。它是中华民族审美经验的集中表现，不仅具有悠久的历史，形成了各种书体、流派，并涌现出许多独具风格的书法家。书法在发展中也吸收了其他艺术（如绘画、建筑、音乐、舞蹈等）的经验，丰富了自身的表现力，因而具有无穷的韵味和独特的情趣及重要的审美价值。

思政目标

（1）了解中国书法悠久的历史，感受中华优秀传统书法文化的魅力、书法名家的魅力，增强学生的文化自信、民族认同感和自豪感，激发学生的爱国热情。

（2）欣赏历代经典法帖。字如其人，书法能够反映书法家个人的生活感受、品性、学养、思想境界等。体会楷书四大家欧阳询的学富五车、颜真卿的大气、柳公权的谏臣风度、赵孟頫的雍容华贵。行书三大家王羲之作《兰亭序》时的轻松自在、颜真卿作《祭侄文稿》时的悲痛欲绝、苏轼作《黄州寒食帖》时的郁闷矛盾都可以从他们的作品中探知一二。

美之漫谈

（1）中国书法有哪几种书体？
（2）说说你所了解的中国古代书法家。

寻美之迹

《颜勤礼碑》（图3-1）是颜真卿为其曾祖父颜勤礼所书的神道碑，全文内容主要记载了颜氏家族的世系及颜勤礼的生平事迹。此碑不仅具有极高的历史价值，更是书法艺术的瑰宝。从整体风格来看，此碑笔法浑厚、端庄大气，字形结构严谨而不失灵动，充分体现了颜体"雄秀独出，一变古法"的艺术特色。在字形结构方面，《颜勤礼碑》展现了颜真卿高超的结字能力。他善于处理笔画之间的穿插避让，使得每个字都呈现出和谐的美感。同时，他还注重字与字之间的呼应与对比，使得整篇作品在统一中又不失变化，充满了生动的气韵。在审美价值方面，《颜勤礼碑》不仅具有深厚的传统文化底蕴，还体现了颜真卿高尚的人格魅力。通过此碑，我们可以感受到颜真卿对家族荣誉的珍视和对传统文化的传承与发扬。同时，从他的字里行间，我们还可以体会到他那种刚正不阿、气宇轩昂的精神风貌。

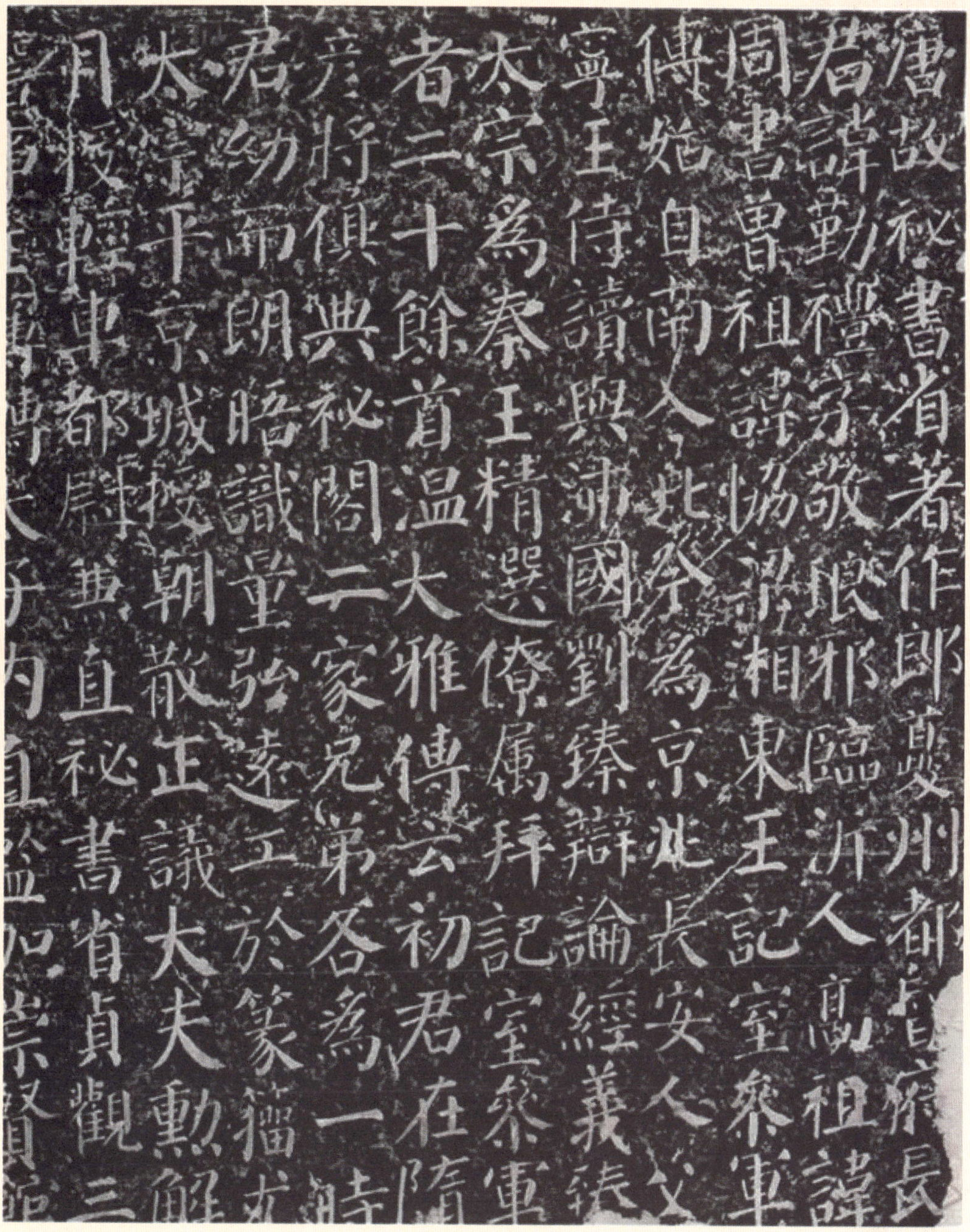

图 3-1　颜真卿《颜勤礼碑》（局部）

知美识美

第一节
书法艺术发展概述

中国书法作为一门古老的艺术，古称"书契"。《尚书·序》说："书者，文字；契者，刻木而书其侧，故曰书契也。"

我国的书法艺术源远流长，历史悠久。早在3700年前，就出现了甲骨文，这是刻在龟甲和兽骨上的最早的象形文字。甲骨文字形大小不一，笔画横平竖直，粗细多有变化，结构平衡对称、疏密相间，已初步具备了书法的用笔、结体和章法三个基本要素。此后，刻在古代钟鼎等器物上的金文诞生了。金文用笔较粗，笔线渐趋圆转，笔画开始讲究起收，开藏锋用笔之先河。随后的石鼓文，经金文之后，笔形渐粗、字大逾寸、笔画圆畅遒劲。从秦代以后，书法才脱离工艺美装饰而成为一门独立的艺术，并逐步发展出了篆、隶、真（正楷）、行、草五种基本字体（图3-2）。

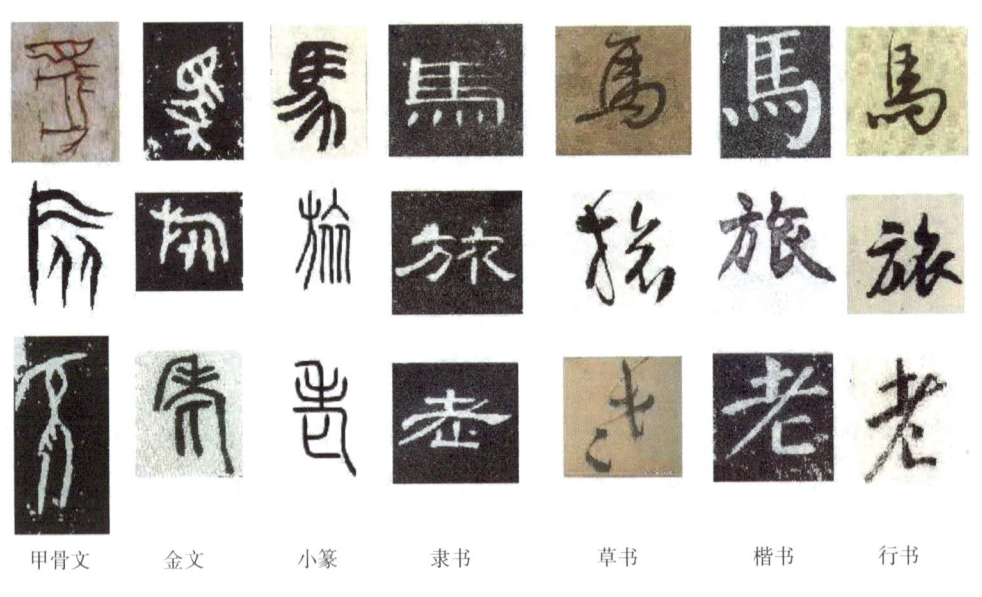

甲骨文　　金文　　小篆　　隶书　　草书　　楷书　　行书

图3-2　汉字演变过程

篆书在甲骨文基础上发展而来，分大篆和小篆两种。大篆始于周代，小篆创于秦代。字形修长、起笔浑圆、转角处带有弧形是篆书的特点。隶书流行于两汉，这种字体的横笔首尾方中带圆，撇和捺下端比楷书宽阔厚重，字形方扁。三国曹魏时期，产生了笔画平直、字形方正的楷书。行书在东晋时渐趋成熟，是楷书的流动与快写，点画之间强调牵丝连系。草书作为一种特定的字体，形成于汉代，是在隶书的基础上为了书写简便演变而来的，沿袭多种古文字变化而成。"草书"尤其是狂草难以辨识,所以它只能作为人们欣赏的艺术作品。

我国的书法艺术发轫于先秦,东晋时期空前繁荣,盛唐达到鼎盛,元、明、清三代众多的书法家在个人风格上比前代更为多样。新中国成立后,我国书法艺术进入了一个崭新的发展阶段,人们以高尚情操、生活情调和人类情感去充实与丰富书法艺术的内涵,从而使其在体现美感形象的同时,又具有深沉的历史感和人生感。

一、书法艺术的产生

甲骨文(图3-3)是我国目前发现的最古老的文字,产生于商代中后期,其笔画多为单线条,线条严整、粗细均匀、瘦劲有力、挺拔爽利,笔画多方折。章法多为纵行,文字大小相依、错落变幻,行款疏密有致,呈现出古朴而又烂漫的情趣。甲骨文已具备了书法艺术的三要素:用笔、章法、结字。特别是甲骨文的用笔,已体现出书法的线条美及结字的造型美。

商周时期出现的金文,又称"钟鼎文",是指铸刻在青铜器上的铭文,其笔法变化丰富,起笔、收笔都比甲骨文要圆润,线条遒劲、结构优美、布局整齐妥帖。金文的代表作有毛公鼎铭文(图3-4)、散氏盘铭文、史墙盘铭文,其书法的艺术性已逐渐显现。

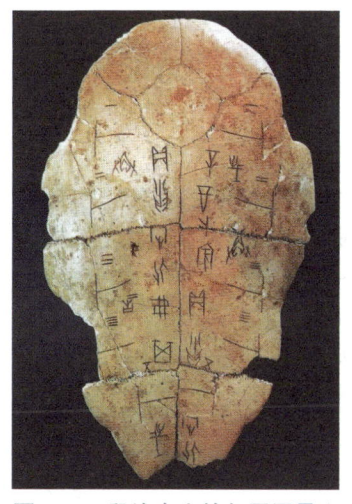

图3-3 殷墟出土的龟甲甲骨文　　　　图3-4 毛公鼎铭文

春秋战国时期,各诸侯称王争霸,社会动荡不安,在不同的文化理念下,各诸侯国朝着自己的审美趋向发展,形成了丰富多彩的书法艺术形式。随着社会的发展,毛笔已开始在书法上广泛应用。毛笔的书写技巧是中国书法的重要元素,书法的笔法、结字、章法、墨法及书法家的性情、审美趣味都依赖用笔技巧去表现。

另外,从这一时期的"石鼓文"可以发现,此时的大篆结字要比金文更有规律性,其笔画遒劲凝练,结构更加浑厚,并开始向小篆转化。

二、书法艺术的发展

秦始皇统一六国后,下令"车同轨,书同文",小篆(图3-5)由此成为统一后使用的文字。文字的统一为书法艺术的发展奠定了基础。小篆笔画圆匀,多为弧线,笔道圆融、笔力雄健,结字对称均衡、结法谨密。但由于小篆不便速写,于是,结构较为简单、书写更为方便的隶书便应运而生。

唐代张怀瓘《书断》说："隶书者，秦下邽人程邈所作也。"隶书（图3-6）虽然产生于秦代，但发展不够成熟，此时的隶书还带有很多篆意。到了汉代，隶书逐渐取得统治地位，成为官方统一字体。汉代隶书去繁就简，笔画变曲为折，点画分明、提顿结合、左波右磔、蚕头燕尾，结构简便，造型趋于扁方。同时，为了字的结构简便和书写便利，隶书结体一改篆书的形象化而为符号化，例如，"刀"做字的右旁时则写成"刂"，使隶书适应了时代发展的要求，从用笔、结字、章法到形成的风格，既显得工整庄重，又变化多姿。汉代隶书上承篆书和古隶，下启草书、行书、楷书。所以隶书在书法艺术上有着重要意义。隶书不仅改变了整个汉字的文字体系和书写方式，而且把书法艺术带入一个崭新的天地。任何书体在使用中都有书写便捷的要求，由此就发生了省简笔画和潦草的趋势，特别是在繁忙急迫之时更是如此。草书的产生便是在由篆到隶的演化过程中，由于书写的便捷和笔法发展所致。唐代张怀瓘《书断》说："汉元帝时，史游作急就章……此乃存字之梗概，损隶书之规矩，纵任奔逸，赴速急就，因草创之义，谓之草书。"这一时期草书略存八分笔意，笔画常带波磔，字与字不相牵连，被称为"章草"，代表人物有史游、杜度、崔瑗（图3-7）、蔡邕等。《宣和书谱》中说："自隶法扫地，而真几于拘，草几于放，介乎两者之间行书存焉。"即隶变后，写得近于严谨的书体即为真书（楷书），写得近于狂放的书体即为草书，介乎真、草之间的书体即为行书（图3-8）。至此，汉字的几种书体均已形成，书写也不仅仅在于实用，审美的需求也成为书法的发展动力，于是书法艺术便进入了成熟时期。

图3-5　李斯《峄山石刻》（局部）　　　　图3-6　《礼器碑》（局部）

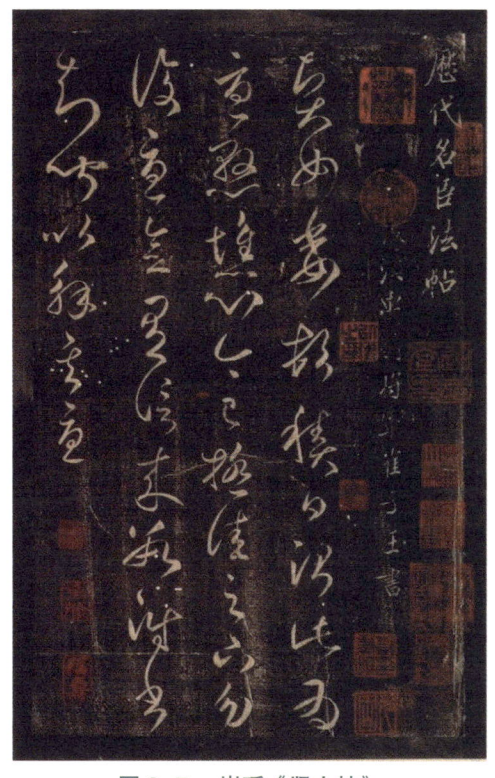

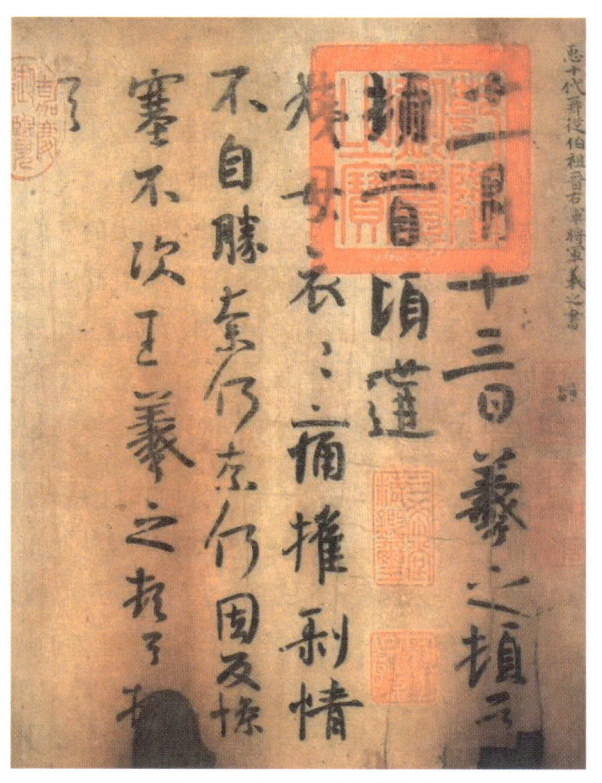

图 3-7　崔瑗《贤女帖》　　　　图 3-8　王羲之《姨母帖》

三、书法艺术的成熟

魏晋南北朝是我国书法艺术进入自觉发展的时期,是书法艺术发展的一个重要阶段。这一时期各种书体交相发展,隶书已发展到了程式化的阶段,楷书也日趋成熟,草书也经章草逐渐发展到今草阶段,行书在隶楷递变过程中发展成熟。这一时期书法艺术呈现以下特点。

(一)草书、楷书、行书已完全成熟

中国书法技法的基本体系已经形成,后世的书法技法虽有所突破和变化,但没有本质的突破。楷书又称真书、正书。三国时期,汉字的书写逐渐将波、磔变为撇、捺,而且笔画中增添了点、长撇、短撇、直钩等笔画,使结构更趋于严整规范。《辞海》说它"形体方正,笔画平直,可作楷模",所以称为"楷书",并一直沿用至今。三国钟繇被尊称为"楷法之祖"。被人们尊称为"书圣"的东晋著名书法家王羲之,兼善隶、草、楷、行各体。王献之的《洛神赋十三行》则是楷书的精品。

(二)书法艺术完全走向自觉的发展阶段

书法已成为社会各阶层普遍欣赏的对象。史载,师宜曾在酒肆壁上作书,观者纷至,致使酒肆兴隆。

(三)文人士族对书法美的追求

文人把书法作为一种高雅的社会活动,并不断尝试新的书法技法,探索新的书法审美风貌。

此时产生了清新婉丽和雄奇朴拙的碑、帖两种书法艺术境界。西晋末年北方战乱，大批文人流入江东。美丽富饶的江南使书法家们在艺术上更加追求婉媚的风格。

在中国书法发展史上，唐代书法是晋代以后的又一座高峰，此时，楷书、行书、草书、篆书各体书法中都出现了具有深远影响的书法家，其中楷书、草书的影响最为深远。唐代书法艺术充分体现了唐朝社会洒脱奔放、恢宏博大的气象，其中楷书的成就最高，今天仍有"学楷书从唐楷入手"的说法。其代表作有颜真卿《勤礼碑》、欧阳询《九成宫醴泉铭》和柳公权《玄秘塔碑》。它们或端正厚重，或刚健险劲，或骨力劲健，体现了书者"心正则笔正"的书法意念。唐代时我国书法艺术进入全盛时期。

四、书法艺术进入个性化时代

自宋以后，书法家仅在原有书体的基础上融入自己的审美趣味，以表现个人的审美意趣为主。在宋代，由于社会环境的改变，书法成为文人们的普遍喜好，流畅洒脱、随意挥洒的行书非常盛行。著名的是宋四家：苏轼的书法（图3-9）丰腴跌宕、天真浩瀚；黄庭坚的书法（图3-10）体势开张，在跌宕中不时露出韵致；米芾因其生性倜傥不羁，其书法（图3-11）也神采淋漓，跳跃、奔放、迅捷、激昂；蔡襄的书法（图3-12）浑厚端庄。元代书家、画家多集于一身，书家不事丹青尤可，画家则决不可不习书法。中国画有题跋即始于元代，这对后世的书法、绘画艺术有着极为深远的影响。明朝时期国家设有中书科，凡能书者，就授之以官职在内阁中办理文书。清代是中国书法史的一个重要转折时期，书坛逐渐形成"帖学"和"碑学"对立的局面。

清代书法家们将中国书法艺术的两大传统流派做了较完整的诠释，对中国近现代书法艺术的发展起到了非常重要的作用。如康有为的《广艺舟双楫》是碑学的重要理论著作，对碑学发展起了很大的推动作用。

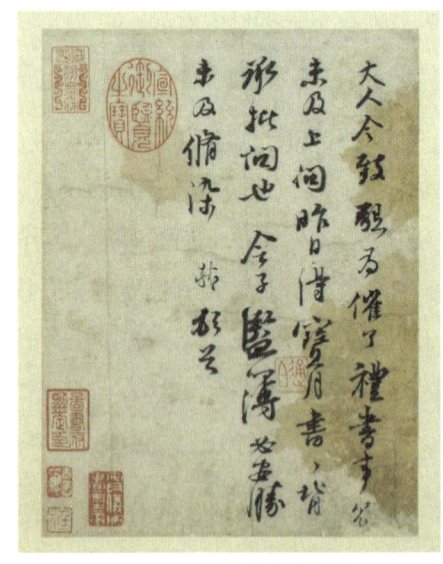

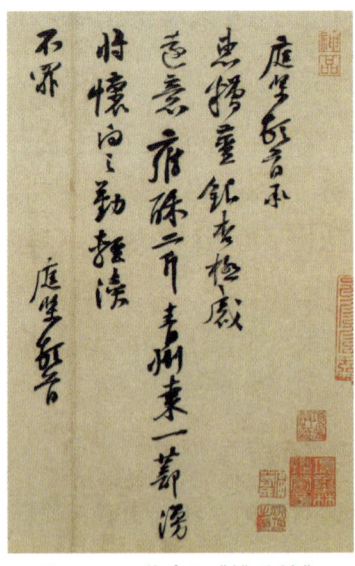

图3-9　苏轼《宝月帖》　　　图3-10　黄庭坚《糟姜帖》　　　图3-11　米芾《伯充帖》

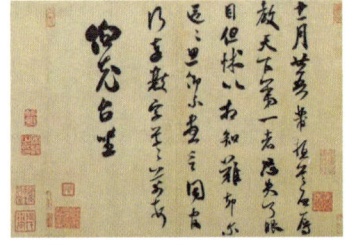

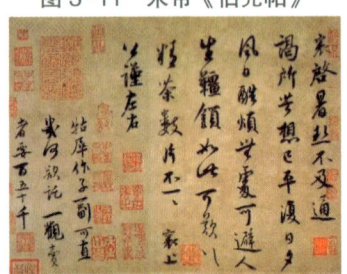

图3-12　蔡襄《暑热帖》

第二节
书法艺术的审美特征

一、书法的艺术语言

书法是以汉字为基础，通过点画运动来表现一定情感和意蕴的艺术。它的艺术语言包括用笔、用墨、结构和章法。

（一）用笔

用笔是指行笔的方式和方法，如运笔中的刚柔、急缓、轻重、藏露、提按等。历代书家都重视用笔，主张用笔要"逆入、涩行、紧收"，也就是落笔要藏、运笔要涩、收笔要回。这是一种以中锋为主、侧锋为辅的用笔方法，正锋取劲、侧锋取妍，可使点画达到刚柔结合。但是，历史上也有一些杰出的书法家是以侧锋为主的。中国书论中所谓"棉裹铁""折钗股"，都是指用笔中刚柔相济的艺术效果。

（二）用墨

用墨是指墨的着色程度及变化，如浓淡、枯润等。墨色对于烘托书法的神采、意境和情趣，具有重要作用。所谓"润含春雨，干裂秋风""以润取妍，以燥取险""带燥方润，将浓遂枯"等，都是描述用墨的审美特性。墨色处理得当，可以产生血润骨坚的艺术效果。用笔和用墨相结合，"以笔取气，以墨取韵"，可以使书法更加气韵生动。

（三）结构

结构是指字的分间布白、经营位置。如果说用笔体现书法的时间特征，那么结构则体现了书法的空间特征，如大小、宽窄、欹正等。用笔赋予线条之美是在字的结构中表现出来的。字的结构犹如建筑，结构对于表现情感也很重要。明代祝枝山说："情之喜怒哀乐，各有分数。喜则气和而字舒，怒则气粗而字险，哀则气郁而字敛，乐则气平而字丽。"这里所说的"舒""险""敛""丽"，都包含了结构的因素。王羲之和颜真卿写同样的字，由于各自结构的差异，可以产生不同的艺术效果。

（四）章法

章法又称"布白"，是指书法作品的整体布局。布白体现了作品的整体效果。欣赏一幅字，首先感受到的是通篇的黑白大效果。考虑布白最紧要的是处理好虚实关系。书法中点画的运动是一个连续的过程，积画成字、积字成行、积行成篇，全篇是一个有生命的整体，在创作中一气呵成。书法中有所谓"一笔书"，并不是说全篇每个字都连接在一起，而是指气脉连贯，即使笔不连也要意连。在点画的运动中形成了各种空间，在布"黑"中同时也在布"白"，这种"白"并不是没有意义的空洞，"白"本身也包含了某种意味。书法创作中的"计白当黑"，就是把空白作为一种表现因素，它和点画的实体具有同等美学价值。

二、书法艺术的欣赏方法

（一）从欣赏笔法入手

笔法，是指书写的笔画要合乎规矩法度。笔画是汉字的构成元素，也是书法美的物质基础。要使写字成为书法，用笔时应讲究提按、粗细、轻重、强弱、徐疾和起笔、收笔的方法技巧，行笔时应具有节奏和韵律，使所写每一个字的点、横、竖、撇、捺、挑、钩、折等笔画都笔笔入法。只有把一笔一画写好，才会有整个字的美观，才会使整个字圆润厚重、富有质感。因此，在欣赏书法用笔时，首先，应注意笔画是否具有实在的形体感。成功的书法用笔，即使是细如游丝、轻若蝉翼，也能使人感到具有某种浑圆的体积或某种厚度；而失败的书法用笔，则是平贴飘浮在纸上的，没有实在的形体感。其次，应注意笔画的长短、粗细和浓淡是否多变而适宜。成功的作品，若干笔画皆有变化，或长或短、或粗或细、或曲或直、或浓或淡、或回锋收笔、或露锋收笔；失败的作品，则若干笔画一模一样。最后，应注意笔画"骨肉"是否相称，"筋脉"是否相通。古人说："善笔力者多骨，不善笔力者多肉；多骨微肉者谓之筋书，多肉微骨者谓之墨猪。"即骨肉筋脉应以骨和筋为主，以肌肤血脉为辅。只有"丰骨多筋"，才能达到美的境界。

（二）重视欣赏结体

结体，又称"结字""结构""间架"等，是指一个字按照文字的构成原则和美的规律，进行笔画间的合理安排。王羲之在《题卫夫人〈笔阵图〉后》中强调，作字必须先"凝神静思，预想字形，大小偃仰，平直振动，令筋脉相连，意在笔先，然后作字"。也就是说，书法要写出仪态活泼而富有生命力的形象，不能以点画的平庸搭配为满足，这种形象的创造，是与"意"紧密关联着的，即受作者艺术构思驾驭的。古代书家们论述"字形在纸，笔法在手，笔意在心，笔笔生意"等，正道出了这一审美原则的内涵。他们要求"行行要有活字，字字须求生动"，对每个字的长短、大小、疏密和宽窄等，有造诣的书法家总是精思熟虑、意随心到、笔随势生，使之曲尽其美、富有生趣，让人从静止的字形中领略出活泼飞舞的动势，给人以凝神观赏及回味无穷的艺术享受。

（三）注意章法布局

章法，是指一件作品中字与字之间、行与行之间，以及所留空白的整篇布局和总体效果。好的章法布局，各字之间顾盼有姿、错落有致，各行之间气势不断。丰子恺在谈欣赏吴昌硕作品的体会时指出："各笔各字各行，对于全体都是有机的，即为全体的一员。字的或大或小，或偏或正，或肥或瘦，或浓或淡，或刚或柔，都是全体构成上的必要，绝不是偶然的。有一次我看吴昌硕写的一方字，觉得单看各笔画，并不好；单看各个字各行字，也并不好。然而看这方字的全体，就觉得有一种说不出的好处。单看时觉得不好的地方，全体看时都变好，非此反不美了。"这段话充分说明书法的美在于整体的和谐，而局部的审美价值也须从整体去衡量。

（四）领悟内在精神

所谓内在精神，就是书法作品中体现出来的书法家的人格美。书法和其他艺术一样，都是富有生命力的。古代书法家一向就有"书者，心之迹也"的说法。好的作品必定倾注着书法家强烈的思想感情，这些内在的感情真实地蕴涵在笔画之中，人们可以从书法的外形，潜移默化地受到书法家人格的熏陶。因此，欣赏书法艺术，固然不可忽视一笔一画、一字一行和整体作品的外形的观赏，但是还需要了解书法家所处的时代，以及他们的生活态度、人格和书写的内容、技巧之间的关系。只有这样，才能进入全面欣赏的境界。

第三节 书法作品欣赏

一、甲骨文"祭祀狩猎涂朱牛骨刻辞"

"祭祀狩猎涂朱牛骨刻辞"（图3-13）出土于河南安阳，长32.2厘米，宽19.8厘米。该骨版保存完整，正面刻辞4条，背面2条。正反两面共有160余字，字内填朱，色彩鲜艳，记录商武王时期社会生活和天气等方面的情况，具有重要的文史价值。该刻辞字体瘦劲有力、工整端严、风格豪放，字形大小相依、长短有致、错落变幻、各尽其态，生动而富有变化，不愧为甲骨文中的杰出作品。

二、篆书《泰山刻石》

《泰山刻石》（图3-14）又名《封泰山碑》，立于秦始皇二十八年（前219年），是泰山刻石中最早的作品。前半部是秦始皇东巡泰山时所刻，后半部为秦二世刻制，均传由丞相李斯所书。《泰山刻石》被列为国家一级文物，堪称稀世珍宝。

图3-13　殷商甲骨文"祭祀狩猎涂朱牛骨刻辞"

图 3-14 李斯《泰山刻石》（局部）

《泰山刻石》书体是秦统一文字后的标准字体——小篆。其书法浑厚谨严、平稳端正，字形端庄匀称、宛转修长，线条圆润流畅、厚重劲健、亦圆亦方，结构横平竖直、左右对称、上紧下松、端庄雄伟、疏密适宜，风格典雅，给人以端庄稳重的感受。章法上行列整齐划一，具有极高的艺术价值。唐张怀瓘《书断》中说，李斯小篆"画如铁石，字若飞动""骨气丰匀，方圆妙绝"。

三、隶书《曹全碑》

《曹全碑》（图 3-15）是东汉王敞等人为纪念曹全的功绩所立。隶书产生于秦代，发展于汉代，尤其到了东汉，隶书碑刻最为兴盛，留下很多书法艺术精品。《曹全碑》可以说是隶书中的精品。

此碑从书法艺术上看，其用笔逆入平出，以圆笔为主，运笔如顺势推舟、不激不励、笔势稳健、婉丽遒媚、磔波较长、姿态丰富。结体精密谨严、圆润平和，虽向背，仍自然和谐。从其风格上看，此碑应属于典雅秀美一路。

图 3-15 《曹全碑》（局部）

四、楷书《九成宫醴泉铭》

《九成宫醴泉铭》（图 3-16）是欧阳询的经典之作，历来为学书者推崇。其笔法谨严、字字规范。点画精致多变、笔力劲健挺拔、结构严谨俊朗、间架纵敛自如、造型凝练缜密、笔势灵活稳健。善于在变化中寻求工稳、欹侧中保持端正、缜密中求疏朗，是一幅法度谨严规范、笔力劲健深厚、结字活泼优美、气韵安详传神的书法佳作。学习书法，从此碑入手，仔细比较，认真临写，做到得心应手，就可以上溯魏晋、下窥唐宋诸家，并可以深入书法艺术的堂奥。

此碑笔法的特征有：点画以方笔为主、方圆兼施，落笔藏露结合、行笔雄健有力，轻重缓急、纵敛自如，点画相互呼应、气韵传神，结字、行笔精到沉着、错落有致，整体章法疏朗，于严肃端庄中见飞动隽永之姿。

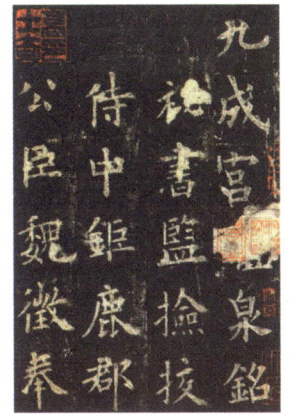

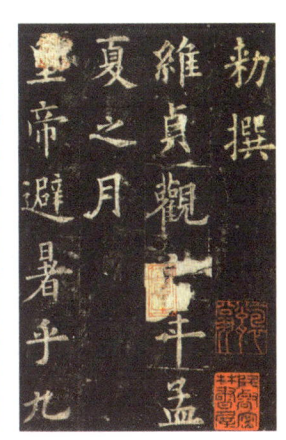

图 3-16 欧阳询《九成宫醴泉铭》（局部）

五、行书《祭侄文稿》

《祭侄文稿》（图 3-17）是唐代书法家颜真卿追祭从侄颜季明的草稿，书于唐乾元元年（758年）。此文稿追叙了常山太守颜杲卿父子在安禄山叛乱时，挺身而出，坚决抵抗，以致取义成仁、英烈彪炳之事。本帖通篇用笔之间情如潮涌，书法气势磅礴，纵笔豪放，一泻千里，常常写至枯笔，更显得苍劲流畅。不仅英风烈气见于笔端，而且悲愤激昂的心情流露于字里行间。此帖用笔极为精妙，纯用中锋行笔，一改中侧并用的传统用笔方法，刚中带柔，娴熟稳健，采用大量枯笔，书写时思如泉涌、肝肠寸断、悲愤至极，速度极快，这也显现出书家技艺之高超。结构上扬抑、刚柔，收放也被运用得生动自然。很多字仍保有颜体字开阔博大的取势特点，文章通篇充斥着浓烈的正义之气，尽显雄浑刚健的神韵。王羲之的《兰亭序》被公认为"天下第一行书"，《祭侄文稿》则被誉为"天下第二行书"，现藏于中国台北故宫博物院。

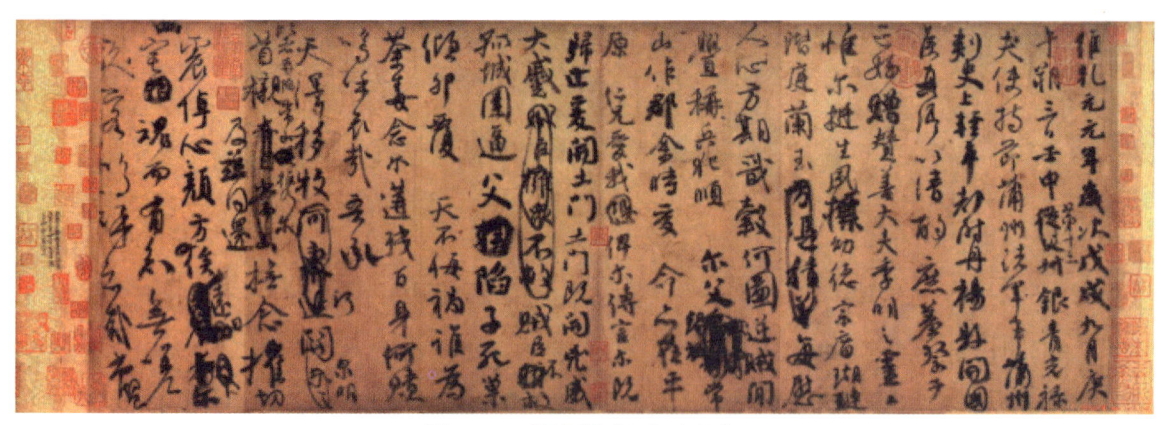

图 3-17　颜真卿《祭侄文稿》

六、草书《自叙帖》

怀素（737—799 年），字藏真，永州零陵（今湖南零陵）人，自幼出家为僧，经禅之余，喜习书法。以"狂草"名世，史称"草圣"，与张旭合称"颠张狂素"。《自叙帖》（图 3-18）细笔劲健，笔画圆转遒逸、曲折盘旋、使转如环，收笔出锋锐利，正所谓"铁画银钩"。全卷草势连绵、奔放流畅，运笔上下翻转、一气呵成、轻重自如、忽左忽右、纵横捭阖，极富感染力。纵有点画分散者，也是笔断意连，互相呼应。

张旭多用隶法作草，故点画多方折；怀素则多用大篆作草，故擅长圆转笔法，藏锋内转、瘦硬圆通、纵横捭阖、运笔迅疾、气势宏大、变幻多端、疏密有度、回环矫健。他的草书结字简练，开创了草书的新风貌。整幅作品章法、体势之新，可谓前无古人。

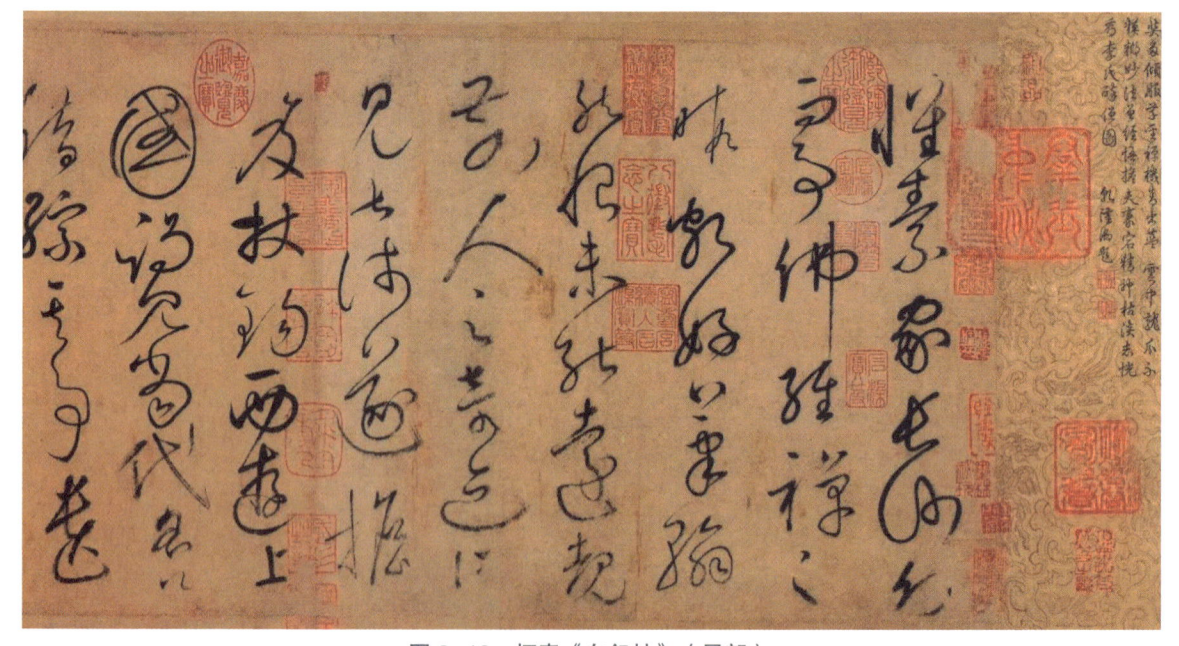

图 3-18　怀素《自叙帖》（局部）

美的体验

1. 课外阅读

观看一次书法展览,感受书法之美。

2. 课外活动

选择自己喜欢的一本字帖进行临摹,参加一次校内举办的书法临摹作品展。

3. 思维拓展

(1)了解书法艺术的构成要素,体会汉字之美。

(2)掌握书法艺术的审美特征与欣赏方法。

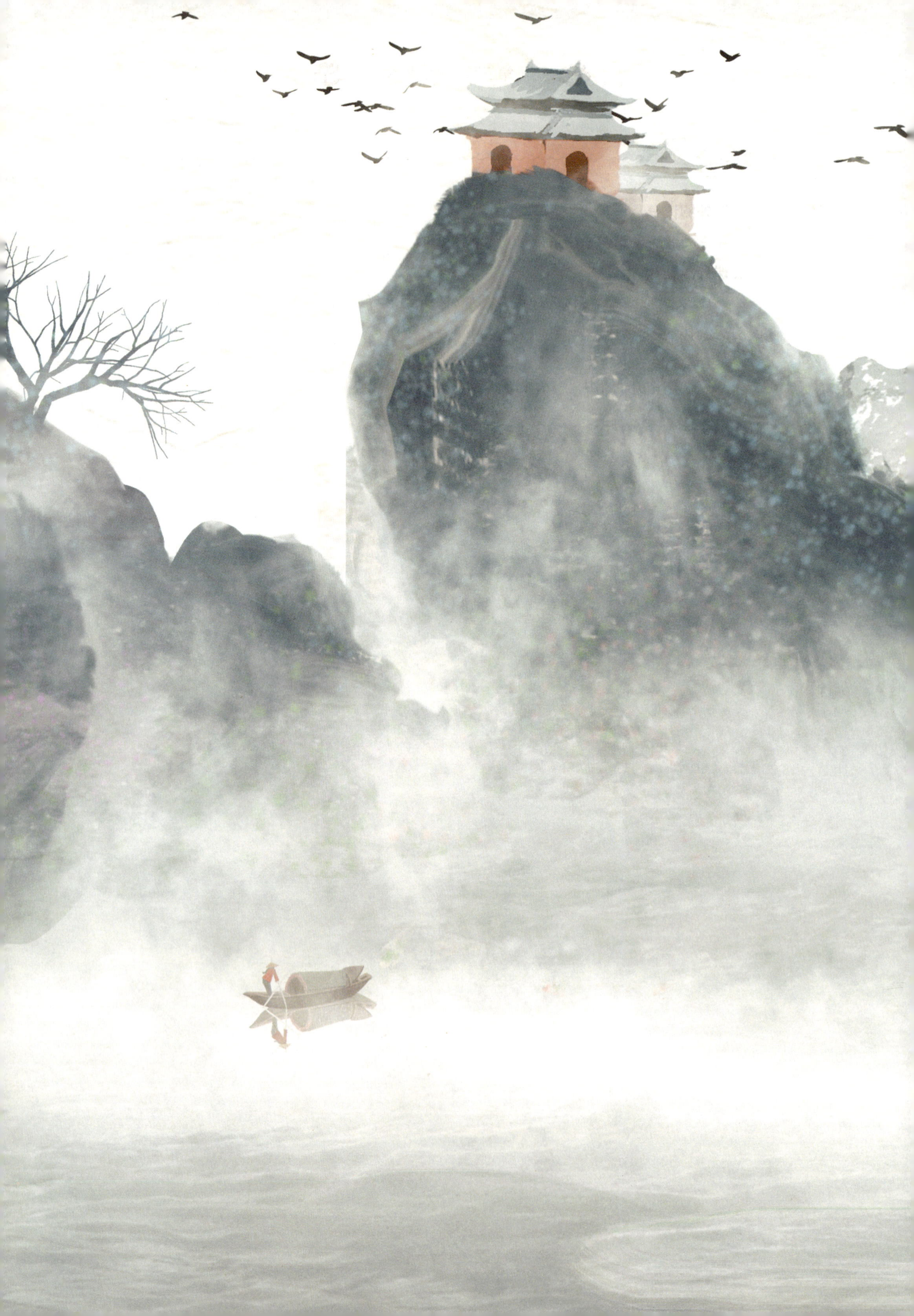

第四章 绘画艺术

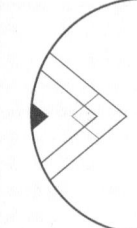

绘画是造型艺术中一种主要的艺术形式。它是指运用线条、色彩和形状等艺术语言，通过造型、色彩和构图等艺术手段，在二维空间（平面）里塑造出静态的视觉形象，以表达作者审美感受的艺术形式。绘画的种类繁多，从不同的角度可划分为不同的类别，主要可分为以油画为主的西方绘画和以中国画为主的东方绘画。

思政目标

（1）美术承载着伟大的民族精神，挖掘中华传统经典绘画作品背后的历史文化、创作理念、画面构图和表现技法。

（2）赏析优秀经典美术作品，尤其是中国红色经典美术作品，如徐悲鸿的《九州无事乐耕耘》、李可染的《万山红遍》等。了解红色经典美术作品背后的历史，领会其中的精神价值。

美之漫谈

（1）你最喜欢的国画大师及作品有哪些？
（2）中国画的绘画工具和材料有哪些？
（3）欧洲文艺复兴"三杰"是哪三杰？

寻美之迹

《清明上河图》（图4-1）是北宋画家张择端所绘的一幅具有重要历史价值和艺术价值的风俗画长卷。

图4-1 张择端《清明上河图》（局部）

《清明上河图》描绘的是清明节日北宋都城汴梁（今开封）和以虹桥为中心的汴河两岸人物活动情景。画面分为郊野、汴河、街市三个段落，画卷右端起首是春意正浓的汴梁郊外，新柳丛簇，阡陌纵横，稀疏的驮畜和市民蹒跚行进，从四面八方向闹市集中，充满生机勃勃又轻松宁静的气息。随着画面的展开，渐渐由静而动。汴河河道和两岸街市的出现，开始显出热闹的景象，岸上人烟渐稠，房屋渐密，河上舳舻相接，或空舟待返，或重载而行。当画面延伸到东门外的虹桥边时，进入全图的中心和高潮。虹桥飞跨，建筑密集，人群拥挤，车马喧闹。桥上商贩叫卖，行人交错，两岸店铺林立，车水马龙，桥下巨大的漕船要穿过拱洞，船夫们正手忙脚乱，桥面上、桥洞内也有人呼应配合，突出众多劳动者的形象和紧张繁忙的动作。画幅末端是城东门内的市区街道，以高大的城楼为中心，两边的屋宇鳞次栉比，有茶坊、酒肆、脚店、肉铺、庙宇、公廨等，车骑轿辇，担驮推拉，虽然人流熙来攘往，却显得井然有序，活泼舒展，把商业都市的繁华景象绘声绘色地展现于人们的眼前。

知美识美

第一节
绘画艺术发展概述

一、中国绘画艺术

(一)秦汉时期的绘画

我们今天能够见到的先秦绘画很少,其主要原因是当时的大部分画作都绘制在易腐烂的木材或织布上。幸运的是,在长沙的楚墓中先后出土了两幅战国时期的带有旌幡性质的帛画,它们都是公元前3世纪的作品。两画描绘的都是墓主的肖像,一幅为妇人,其上方绘有飞腾的龙凤,另一幅则是一位有身份的男子,驾驭着一条巨龙或龙舟(图4-2)。当时的绘画已达到如此高的艺术境界,令世人惊叹。

(二)魏晋南北朝时期的绘画

魏晋南北朝是中国画的滥觞期,也是真正意义上的中国画出现的时期。此时人物肖像是主要的创作内容。顾恺之提出"传神写照"的理论,要求绘画作品应注重表现人物的风貌、气质,开中国画重"气韵"之先河。东晋顾恺之的《洛神赋图》(图4-3)是这一时期的代表作品。

图 4-2 长沙楚墓帛画《人物御龙图》

图 4-3 顾恺之《洛神赋图》(局部)

(三)隋唐时期的绘画

隋唐时期是中国画发展的一个高峰期。初唐时期人物画发展最显著，山水画则沿袭隋代的细密作风，花鸟画开始崭露头角，宗教绘画的世俗化倾向逐渐明显。盛唐时期是中国绘画发展史上另一个空前繁盛的时期，不仅出现了一些艺术巨匠，而且绘画风格焕然一新。以周昉的《簪花仕女图》（图4-4）为代表，绘画风格由初唐的注重宫廷事件描绘转为注重日常生活描写，无论题材、造型、心理刻画，还是细节描写都超过前代。山水画获得独立地位后，涌现出如李思训、李昭道、吴道子等一批风格迥异的画家。牛马画也诞生了曹霸、韩干、韦偃等一批名家。著名画家王维（图4-5）更是名重一时。中、晚唐的绘画在传承盛唐风格的同时，不断开拓新的领域。

图4-4　周昉《簪花仕女图》（局部）　　图4-5　王维《江干雪霁图卷》（局部）

(四)五代时期的绘画

五代时期中国画的风格为之一变。在北方，荆浩和关仝开创了雄伟壮美的全景式山水画。在南方，以董源、巨然为代表的江南画派则善于表现平淡自然的江南风景。董、巨画风逐渐流行，对中国画风格的发展产生了巨大影响。花鸟画坛出现了黄筌的精工富丽和徐熙（图4-6）的天然逸趣两种画风的分野，一直影响了历代的花鸟画风格。

(五)宋代时期的绘画

在整个中国画的风格演变中，宋代是一个极为重要的朝代。文人画带来的审美观念变化是导致中国画风格改变的重要原因。宋代山水创作一度繁荣。北宋崇"北宗"，上承唐之青绿山水和荆、关的全景山水。南宋山水画的主要代表人物是号称"南宋四家"的李唐（图4-7）、刘松年、马远、夏圭，他们各自在继承前代的基础上有所创造，山水画风为之一变，出现"一角半边"式的构图及所谓"院体"画风，对后世的山水创作有极为重要的意义。黄筌与黄居寀父子的"黄家富贵"已经占据画院主流并为宫廷所推崇，徐熙的"野逸"只好于民间发展，其孙徐崇嗣继其祖业，创"没骨法",别具一格。另外,宋徽宗赵佶的精笔水墨花鸟是一种新的创造(图4-8)。宋代画家不拘成法,以写生为基础,创造出大量生动多样的艺术精品。

图4-6 徐熙《花鸟图卷》(局部)

图4-7 李唐《采薇图》(局部)

图4-8 赵佶《池塘秋晚图》(局部)

(六)元代时期的绘画

元代审美的改变,给中国画的发展带来深刻影响。元代绘画风格的整体发展趋势是重视在古代传统的继承上创新立意,突出表现就是文人画开始占据画坛的主导地位。因此,适合于表现文人画家意识的山水画和枯木、竹石、梅、兰等形象大量涌现,人物故事画相对减少。随着文人画的繁荣,绘画作品中诗、书、画进一步密切结合而且成为普遍的风尚。这增强了中国画的文学趣味,更好地体现了中国画的民族特色。元代时间虽然不长,但是在绘画上却是名家辈出,成就可观,有赵孟頫、黄公望、王蒙、倪瓒、吴镇等。

(七)明代时期的绘画

中国画在明代产生了许多流派,各派又在创作和理念上自成体系。以吴门画派为代表的文人写意水墨画,在元代传统基础上形成了新风尚。山水题材重意趣和文雅淡逸。写意花鸟继元代后大胆创新,变化突出,对后世影响深远。晚明又有董其昌(图4-9)提出文人画的"南北宗论"之说,将文人画推为至尊,对清代的山水画风格具有深远影响。

图4-9 董其昌《昼锦堂图》(局部)

(八)清末民初时期的绘画

清代文人画日益占据画坛主流,山水画及水墨写意画盛行。清初"四王"(王时敏、王鉴、王原祁、王翚)成为画坛正统派,他们以摹古为主旨,崇尚董其昌和"元四家"(有二说,一说是指赵孟頫、吴镇、黄公望、王蒙,二说是指黄公望、王蒙、倪瓒、吴镇),讲求笔墨之韵,影响整个清代山水画坛。同时"四僧"(弘仁、髡残、朱耷、石涛)和龚贤领导的"金陵派"等反传统画家在江南兴起,他们主张抒发个性,因此,作品风格新颖独特,感情真挚,其中"四僧"贡献最为突出,对后世影响也最大。"康乾盛世"时期,宫廷绘画活跃一时,"扬州画派"兴起于扬州地区，接过石涛、朱耷的"反传统"旗帜，以革新的面貌现于画坛。他们钟爱梅、兰、竹、菊等题材和泼墨大写意手法，他们的艺术对近现代花鸟画产生了深远影响。图4-10是朱耷的《鹫梅花图》，图4-11是弘仁的《黄海松石图》。

鸦片战争后的中国一直处于动荡之中，随着西方文化的传入，要不要接受西方艺术，怎样接受西方艺术，怎样保持本土艺术的面貌，成了中国画家思考最多的问题。清末民初的绘画几乎可以用"萧条"二字概括，只有以吴昌硕为代表的海派画家及岭南派的"二高一陈"（高剑父、高奇峰、陈树人）才使得中国画坛有了生气。同时，接受了新思想和革命洗礼的艺术家开始仿照西方的模式开办新学校，倡导"美术革命"，对古代绘画重新加以评定。

图4-10　朱耷《鹫梅花图》　　　　图4-11　弘仁《黄海松石图》

（九）新中国成立后的绘画

1949年，中华人民共和国的成立标志着中国进入了新的历史时期，许多已有成就的老画家艺术臻于成熟，一批新人也开始登上画坛。特别是20世纪80年代伊始，美术界冲破多年的思想禁锢，各种思潮迭起，流派纷呈，涌现出一大批优秀的美术家。他们以独特的面貌延续了中国数千年美术史的辉煌，创作了众多经典的艺术杰作。

二、西方绘画艺术

（一）古希腊、古罗马时期绘画和中世纪时期绘画

恩格斯曾说过："没有奴隶制，就没有希腊国家，就没有古希腊的艺术和科学；没有奴隶制，就没有古罗马帝国。"由于战争与自然原因，没有留下纯粹的希腊绘画，唯一的资料来自希腊瓶画（图4-12）。希腊艺术的两种追求：一是真实再现，二是优雅和谐。而对罗马绘画的了解主要来自庞培古城（图4-13）。

图4-12　希腊瓶画　　　　　　　　　　图4-13　庞培古城

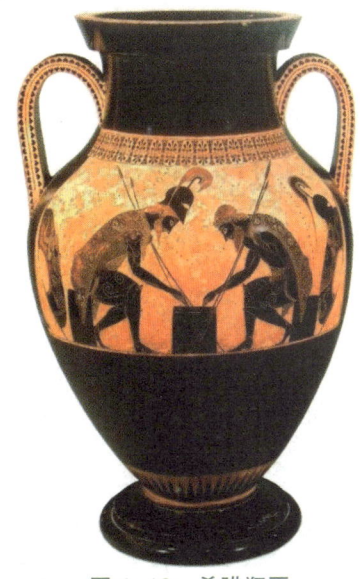

中世纪时期绘画可分为五个时期：早期基督教艺术（2—5世纪）；拜占庭美术（5—15世纪）；蛮族艺术和加罗林文艺复兴（5—11世纪）；罗马式美术（10—12世纪）；哥特式美术（12—15世纪）。中世纪的绘画艺术留给后世最重要的是它的精神体现，它影响画作是否成功的主要因素是在于蕴含在画作中的画家情感。中世纪的画作，以宗教给人们精神的寄托，让人们能够感受到它所描绘的世界是多么的理想，希望给人们的心灵带来抚慰。

（二）文艺复兴时期的绘画

中世纪后产生了欧洲文艺复兴运动（14—16世纪）。文艺复兴时期艺术的显著特点是关注现实与人文，在追溯古希腊、古罗马的精神旗帜下，创造了最符合现实人性的崭新艺术。

意大利是文艺复兴的中心地，乔托、马萨乔等人把人文思想与对自然的真实描绘相结合，显示出与中世纪不同的现实主义风格。乔托被视为西方绘画的开创性大师，他是第一个把写实风格和明暗远近法结合起来的艺术家，其代表作有《逃亡埃及》《犹大之吻》（图4-14）等。

图 4-14 乔托《犹大之吻》

15世纪末至16世纪中叶,出现了文艺复兴"三杰"——达·芬奇、米开朗基罗、拉斐尔。达·芬奇(1452—1519年)是一位思想深邃、学识渊博、多才多艺的艺术大师,也是科学巨匠、工程师和发明家,他在很多领域都做出了巨大的贡献。他一生的绘画作品并不多,但都是不朽之作。壁画《最后的晚餐》、祭坛画《岩间圣母》(图4-15)和肖像画《蒙娜丽莎》是他的三大杰作,也是他留给世界艺术宝库的珍品。

图 4-15　达·芬奇《岩间圣母》

米开朗基罗（1475—1564年）不仅是伟大的画家、雕塑家，还是一位了不起的建筑家、军事工程师和诗人。其著名作品有西斯廷教堂天顶壁画《创世纪》《最后的审判》（图4-16），以及雕塑《被缚的奴隶》《垂死的奴隶》《大卫》等。米开朗基罗代表了欧洲文艺复兴时期雕塑艺术的最高峰，他创作的人物雕像雄伟健壮、气魄宏大，充满了无穷的力量。他的大量作品显示了在写实基础上非同寻常的理想加工，成为整个时代的典型象征。他所塑造的英雄既是理想的象征又是现实的反映，这些都使他的艺术创作成为西方美术史上一座难以逾越的高峰。

图4-16　米开朗基罗《最后的审判》

拉斐尔（1483—1520年）是意大利文艺复兴时期最伟大的画家之一。他一生创作了许多作品，其风格代表了当时人们最崇尚的审美趣味，其中《西斯廷圣母》《雅典学派》等成为后世古典主义者不可企及的典范。

这一时期出现的提香、乔尔乔内等威尼斯画派画家，注重光与影的表现，追求享乐主义的情调，对后世产生了深远影响。

（三）17—18世纪的绘画

17世纪的西方绘画开创了一个生机勃勃的新局面。最具代表性的是巴洛克、古典主义、学院派和写实主义等流派。

巴洛克风格起源于意大利，后风靡欧洲，其特点是追求激情和运动感的表现，强调华丽绚烂的装饰性。佛兰德斯的鲁本斯是巴洛克绘画的代表人物，同时代的现实主义大师有荷兰的伦勃朗、西班牙的委拉斯贵支等，也在一定程度上具有巴洛克的特点。古典主义强调理性、形式和类型的表现，忽视艺术家的灵性、感性和情趣的表达。写实主义拒绝遵循古典艺术的规范及"理想美"，也不愿意对自然进行美化，即忠实地描绘自然。

18世纪，西方画坛洛可可风格兴盛一时，其特点是追求华丽、纤巧和精致。代表画家有法国的乔托、布歇和弗拉戈纳尔。随着1789年法国资产阶级大革命的到来，进步的美术家们又一次重振了古希腊、古罗马的英雄主义精神，开展了一场新古典主义艺术运动。其代表画家是法国的大卫和安格尔。随后，浪漫主义随着新古典主义的衰落而兴起。法国籍里柯的《梅杜萨之筏》被视为浪漫主义绘画的开山之作。浪漫主义画派的代表还有德拉克洛瓦，其绘画色彩强烈、用笔奔放、充满强烈的激情，代表作有《希阿岛的屠杀》和《自由引导人民》（图4-17）等。

图4-17　德拉克洛瓦《自由引导人民》（局部）

（四）19世纪的绘画

19世纪，法国绘画在欧洲起着主导性作用。法国绘画的发展大致分为新古典主义、浪漫主义、现实主义、印象主义、新印象主义和后印象主义等阶段。

19世纪中期是现实主义蓬勃兴旺的时期。法国画家库尔贝是现实主义的倡导者，他的代表作有《奥尔南的葬礼》等。

19世纪后期产生的印象派以创新的姿态出现，反对当时已经陈腐的古典学院派的艺术观念和法则，其受到现代光学和色彩学的启示，注重在绘画中表现光的效果。代表画家有马奈、莫奈、德加、毕沙罗、雷诺阿、西斯莱等。继印象派之后出现了以修拉、西涅克为代表的新印象派和以塞尚、梵·高、高更为代表的后印象派。其中梵·高的绘画着力于表现自己强烈的情感，色彩明亮、线条奔放（图4-18）；高更的绘画多具有象征性的寓意和装饰性的线条与色彩；塞尚的绘画追求几何性的形体结构，因而他被尊称为"现代艺术之父"。

图4-18 梵·高《星空》

（五）20世纪的绘画

20世纪以来，现代美术呈现出流派迭起、千姿百态的局面。1905年诞生的以马蒂斯为代表的野兽画派，强调形的单纯化和平面化，追求画面的装饰性。1908年崛起的以毕加索和布拉克为代表的立体画派继承了塞尚的造型法则，将自然物象分解成几何块面，从而根本上挣脱了传统绘画的视觉规律和空间概念。随着德国1905年桥社和1909年蓝骑士社的先后成立，表现主义作为一种重要流派登上画坛，他们注重表现画家的主观精神和内在情感。1909年，意大利出现了未来主义美术运动，画家热衷于利用立体主义分解物体的方法表现活动的物体和运动的感觉。抽象主义的美术作品于1910年前后产生，其代表人物有俄罗斯画家康定斯基（图4-19）和荷兰画家蒙德里安，而两人又分别代表着抒情抽象和几何抽象两个方向。

图4-19 康定斯基《构成第四号（战争）》

  第一次世界大战期间产生了达达主义艺术运动，这一流派的艺术家不仅反对战争、反对权威、反对传统，而且否定艺术自身、否定一切。杜尚将达·芬奇的《蒙娜丽莎》画上胡须，并将小便池作为艺术品。随着达达主义运动的消退，在此基础上出现了超现实主义艺术思潮。此派画家以柏格森的直觉主义、弗洛伊德的精神分析学和梦幻心理学为理论基础，力图展现无意识和潜意识世界。其绘画往往把具体的细节描写与虚构的意境结合在一起，表现梦境和幻觉的景象。代表画家有恩斯特、马格利特、达利、米罗等。

  第二次世界大战后，在美国产生的以波洛克、德·库宁（图4-20）为代表的抽象表现主义绘画，综合了抽象主义、表现主义的特点，强调画家行动的自由性和自动性。20世纪50年代初萌发于英国，20世纪50年代中期兴盛于美国的波普艺术，继承了达达主义精神，作品中大量利用废弃物、商品招贴、电影广告和各种报刊图片做拼贴组合，故又有"新达达主义"的称号。代表人物有美国画家约翰斯、劳生柏、沃霍尔等。

图 4-20 德·库宁《女人 1 号》

第二节 绘画艺术的审美特征

绘画艺术之美，美在作品深刻的思想内涵和形式的完美结合。自绘画艺术诞生伊始，艺术家们创造了无数辉煌的艺术作品，其风格流派更迭变幻、纷纭繁复、百花齐放。

一般来说，西方绘画以具象摹写、再现客观对象为基础，重在反映客体的真实性，故重视远近、大小和明暗的正确性，讲究透视、明暗和投影的关系，以达到空间实体如能触摸的效果。随着时代的发展，油画既重视真实地再现对象，又强调主观精神、表现自我，从具象到抽象，各种流派纷呈。中国绘画则以"神形兼备"为皈依，以追求"气韵生动"为最高境界，重在抒发主体精神。通过画家的主观精神因素，包括修养、品德、秉性等，与客观世界相融合，从而创造出具有深刻内涵的美的形象和境界。在透视规律上，中国绘画有别于西方绘画的"焦点透视"，而以"散点透视"为造型法则。中国绘画在长期的发展演变过程中，又积累了极其丰富的技法经验，讲究笔墨效果，包括以毛笔纵横挥洒，皴擦，运用线描、墨、色的变化，来表现形体和质感，强调传达神韵和气势。文人画派又将诗、书、画、印相结合，形成富有东方特色的艺术情趣。

无论中国绘画还是西方绘画，其审美特征主要体现在三个方面。

（1）线条之美。线条是绘画艺术构成视觉形象的最基本元素，线条不仅可以勾勒形象，而且具有情感意味，可以表达画家精微、细腻的感受与意趣。线条分为直线与曲线两种形式。直线又分为水平线、垂直线、斜线三类。水平线常用来表现舒展、开阔、深远的场面，表达宁静、平稳的感受。垂直线具有伟岸、挺拔、庄严、宏大之感。斜线则具有激荡、运动、危急、冲突之感。曲线分为圆线、螺旋线、抛物线、波纹线等。与直线相比，曲线具有柔和、流动、变化、优美等特征，可以表现轻快、愉悦、飘逸等意趣。直线与曲线，各有其妙。

（2）色彩之美。色彩是辨别物体的重要依据，并具有强烈的表现性。色彩作为造型语汇，对于绘画而言至关重要。色彩由物体借助光的照射而形成。色彩包括固有色、光源色、环境色三种。色彩又由色相、色度、纯度三要素构成。色彩具有温度感，称为"色性"。一般来说，分为暖色和冷色两种。色彩还具有情感意义与象征意义，叫作"情感色"和"象征色"。例如，红色表达欢乐、喜庆的情感，象征光明。色彩运用的好坏直接关系到作品的优劣。

（3）构图之美。构图是指根据一定的美学原则、题材、主题的要求，在平面上布置、安排所要表现的物像的各个部分和各种因素，包括线条、形体、明暗、色彩等，使之成为一个完整的艺术形象。构图是绘画艺术最重要的元素，绘画主要凭借构图而成为一门独立的艺术形式。构图的主要语汇是几何图形，包括三角形、正方形、长方形、圆形、波浪形、S形等。

欣赏绘画作品，应该掌握以下四种方法。

（1）理解美术作品的立意和主题。美术家对客观事物的认识、情感通过作品传达出来，中国画就有"意在笔先，画尽意在"的哲理和方法，所以欣赏画作要注重作品的立意。作品的立意有高低之分，意境深远当然给人以共鸣。

（2）体味美术作品的情趣和意境。美的首要特征，是具有吸引人、感染人、鼓舞人的魅力，从这一特征出发，美的形象总是耐看的，总是令人过目不忘、心花怒放的。美是和谐的，美从对立统一中求得和谐。因此，欣赏美术作品时，应该尽情地去享受它为我们创造的优美情趣和意境。

（3）了解作者本人及作品创作的时代背景。美术作品是作者人生态度、审美价值的具体表现，即所谓的"画如其人"。如果没有对作者生平的了解，那么将很难对作品做出正确的理解。同时，一幅绘画作品总是一个时代生活的映射，也体现着一个时代的本质特征，没有对作品创作背景的了解，就无法深刻体会作品的精妙之处和创新之处。

（4）多看是提高自身欣赏能力的一个关键过程。在艺术中，美是第一位的，离开了美，世界的一切都将变得憔悴和枯萎。因此，无论怎样理解作品，首先还是要能看出它的美。在提高自身艺术修养的同时，多看作品是一个提高自身欣赏能力的便捷途径。有比较才能有鉴别，看得多了自然会有一些自己的体会。

赏美之心

第三节
绘画作品欣赏

一、中国画作品欣赏

（一）《写生珍禽图》

中国名画《写生珍禽图》（图4-21）是五代西蜀画家黄筌传世的重要作品。画家用细密的线条和浓丽的色彩描绘了大自然中的众多生灵，在尺幅不大的绢素上画了昆虫、鸟雀及龟类共二十余只，均以细劲的线条画出轮廓，并赋以色彩。这些动物造型准确、严谨，特征鲜明。鸟雀或静立、或展翅、或滑翔，动作各异，生动活泼；昆虫有大有小，小的虽仅似豆粒，却刻画得十分精细，须爪毕现，双翅呈透明状，鲜活如生；两只乌龟是以侧上方俯视的角度进行描绘，前后的透视关系准确精到，显示了作者娴熟的造型能力和精湛的笔墨技巧，令人赞叹不已。

图 4-21　黄筌《写生珍禽图》

（二）《游春图》

《游春图》（图 4-22）是隋代画家展子虔的作品，是中国迄今为止最古老的山水画。此图描绘了江南二月桃花争艳时人们春游的情景。图中有山水、有人物。青山叠翠、湖水融融，士人策马在山径或驻足湖边，美丽的仕女泛舟水上。清风和煦，水面上微波粼粼，岸上桃杏绽开，绿草如茵。画上有宋徽宗题写的"展子虔游春图"六个字。画家用青绿重着山水、用泥金描绘山脚、用赭石填染树干，遥摄全景，人物布局得当，开唐代金碧山水之先河，在早期的山水画中非常具有代表性。这种色彩的使用，被称为"青绿法"，开创了中国山水画独具风格的一种画法。

图 4-22　展子虔《游春图》

（三）《步辇图》

《步辇图》（图 4-23）是唐代画家阎立本的作品，画面右侧是在宫女簇拥下坐着步辇的唐太宗，左侧三人分别为典礼官、禄东赞和通译者。唐太宗是全图焦点。作品设色典雅绚丽、线条流畅遒劲、构图错落富有变化，为唐代绘画的代表作品，具有珍贵的历史和艺术价值。

图 4-23　阎立本《步辇图》

（四）《墨竹图》

《墨竹图》（图 4-24）是清代画家郑板桥的作品，画中修竹数竿，高低错落、挺拔清秀，颇具清爽高润之精神。用笔遒劲圆润、疏爽飞动。竹后石柱挺立，纯用淡墨，与后竹叶浓淡相映、虚实相照，妙趣横生、气势骏逸，傲气风骨令人感慨。

郑板桥画墨竹，多为写意之作。他的画中生活气息十分浓厚，一枝一叶，无论枯竹新篁、丛竹单枝，还是风中之竹、雨中之竹，都极富变化之妙。如竹之高低错落、浓淡枯荣，点染挥毫，无不精妙。画风清劲秀美、超尘脱俗，给人与众不同之感。

（五）《虾》

齐白石曾说："为万虫写照，为百鸟张神，要自己画出自己的面目。"他经常注意观察花、鸟、虫、鱼的特点，揣摩它们的精神。其画虾堪称画坛一绝，落墨成金、笔笔传神。他笔下的虾灵动活泼、栩栩如生。他的作品《虾》（图 4-25）细笔绘须、爪、大螯，刚柔并济、凝练传神，体现了画家高妙的书法功力。

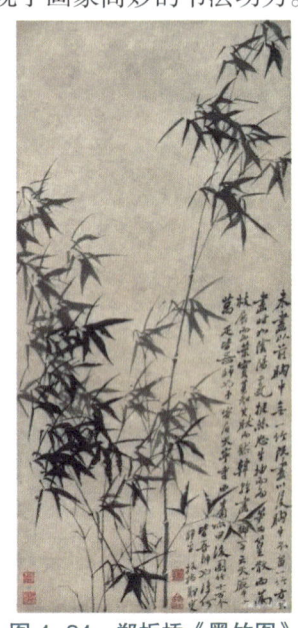

图 4-24　郑板桥《墨竹图》　　　　图 4-25　齐白石《虾》

（六）《九州无事乐耕耘》

《九州无事乐耕耘》（图4-26）是徐悲鸿为庆贺郭沫若获得"'加强国际和平'斯大林金质奖"而作。徐悲鸿以"九州无事乐耕耘"为此巨作的题目，并送给郭沫若，自有一番巧妙的用意：郭、徐二人亦是"儒臣"，却都有着一颗为国为民奔走呼号的文人侠客之心，以此砥砺，共同为建设新中国尽自己的微薄之力。

《九州无事乐耕耘》是一幅农耕题材的作品，这种人与动物相结合的宏幅巨制在徐悲鸿的创作中是极为少见的。就题材而言，徐悲鸿出身贫寒，对农民的生活有切身感受，徐悲鸿画过多幅以农民为对象的写生作品，如作于1950年的一幅曾由黄养辉收藏的《农民》油画，不过以国画为媒介创作的农民图并不多。

图4-26 徐悲鸿《九州无事乐耕耘》

（七）《万山红遍》

李可染创作于1964年的《万山红遍》（图4-27），可谓其积墨山水艺术创作的巅峰。该作题材取毛泽东"看万山红遍，层林尽染"诗意而成，是成就李可染在中国近现代画坛地位的重要里程碑式画作。据悉，1962—1964年，李可染偶得故宫内府半斤朱砂，便大胆尝试用朱砂作积墨山水，创作了《万山红遍》。

图 4-27　李可染《万山红遍》

二、西方作品欣赏

（一）《蒙娜丽莎》

《蒙娜丽莎》（图 4-28）堪称世界上最负盛名的传世杰作之一，也是巴黎卢浮宫的镇馆之宝。此画描绘了一名女子，静静地坐在风景前，双手自然地搭放在一起，丰满的体态、端庄的表情中流露出神秘的性感。最让人琢磨不透的是她的微笑，显露出人物神秘莫测的心灵活动，富有魅力，打动人心。因此，蒙娜丽莎的微笑也被后人称为"神秘的微笑"。

（二）《戴珍珠耳环的少女》

维米尔是 17 世纪荷兰著名画家。《戴珍珠耳环的少女》（图 4-29）是他 1665 年所作。这幅画作以少女戴着的珍珠耳环作为视角的焦点，黑色的背景衬托出少女侧身回眸的情貌。此画面世三百多年来，世人都为之惊叹不已：那柔和的衣服线条、耳环的明暗变化，尤其是少女侧身回首、欲言又止、似笑还嗔的回眸，唯蒙娜丽莎的微笑可与之媲美。

维米尔的作品大多是风俗题材的绘画，基本上取材于市民平常的生活，画面温馨、舒适、宁静，给人以庄重的感受，充分表现出了荷兰市民对洁净的环境和优雅舒适的气氛的喜好。

图 4-28　达·芬奇《蒙娜丽莎》　　　　图 4-29　维米尔《戴珍珠耳环的少女》

（三）《泉》

在西方美术史上，有很多描绘女性人体的优秀作品。安格尔的《泉》（图4-30）再次将女性人体的描绘提上了新的高峰。《泉》中的少女赤裸着身体立在一处泉水边的石头上，她的身体并不是僵硬地直立着，而是有些轻微的弯曲。少女用手举起水罐，水罐里的水从身体的左侧倾泻而下。少女的脸上没有表情，可是双眼却透出了心灵的无邪和纯真。画中的少女圆润细腻、健康柔美，好像不是来自人间，而是来自天堂。少女是安静的，而水罐里的水是流动的，这泉水给生命带来了鲜活的动力。可以说，《泉》是新古典主义的杰出代表，展现了清高绝俗和庄严肃穆的美。

图4-30　安格尔《泉》

（四）《日出·印象》

莫奈被人称为"印象派之父"。他是自然的观察者，也是人生的观察者。在印象派出现之前，人们普遍认为只有画得工整的画才是好画。而印象派作品的出现，颠覆了人们这一传统观念。《日出·印象》（图4-31）描绘了阿弗尔港口一个多雾的早晨，旭日东升，晨曦笼罩下的海水呈现出橙黄色和淡紫色，天空被各种色块晕染得微微发红，雾气反光中形成了多彩的世界，给人一种朦胧的美感。

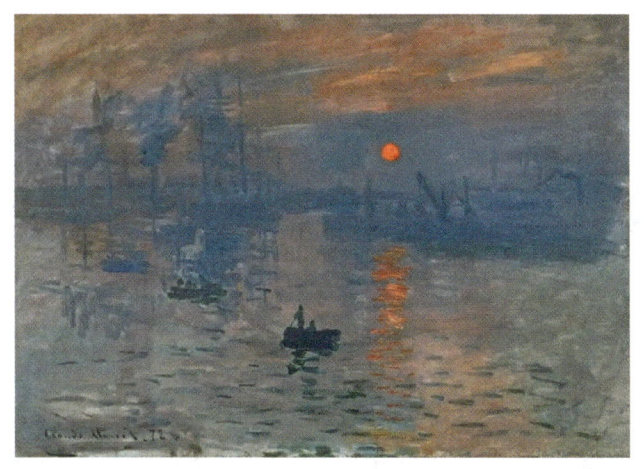

图4-31　莫奈《日出·印象》

（五）《向日葵》

《向日葵》（图4-32）是荷兰画家、印象主义画派代表画家梵·高的名作之一。很多人将梵·高称为"向日葵画家"，因为向日葵是表现他思想的最佳题材之一。这幅画描绘了花瓶里的向日葵，它们热烈地盛放着，金色的花瓣、低垂的花蕊、醒目的绿茎和花萼，铺陈着蓝绿色的桌围，共同展现出向日葵充沛且热烈的生命。

图4-32　梵·高《向日葵》

(六)《亚威农少女》

《亚威农少女》(图4-33)是现代艺术创始人、西方现代派绘画大师毕加索早期的代表作品，也是一幅颠覆了以往艺术风格的立体主义经典画作。这幅画看起来像一个浮雕图像，毕加索有意消除人物与背景间的距离，力图使画面的所有部分都在同一个面上显示。可以说，《亚威农少女》是毕加索一生的转折点。没有它，也不会诞生现在的立体主义，所以，人们往往称呼它为现代艺术发展的里程碑。

图4-33 毕加索《亚威农少女》

美的体验

1. 课外阅读

阅读齐白石、郑板桥、梵·高等艺术家的传记,了解他们的艺术思想和他们所处的时代背景。以"我最喜欢的画家"为题写一篇1000字左右的读书笔记,发布在班级课程平台。

2. 课外活动

观摩名画《千里江山图》,谈谈自己的心得体会。

3. 思维拓展

油画和中国画在欣赏方法上有什么区别?对此你有何感想?

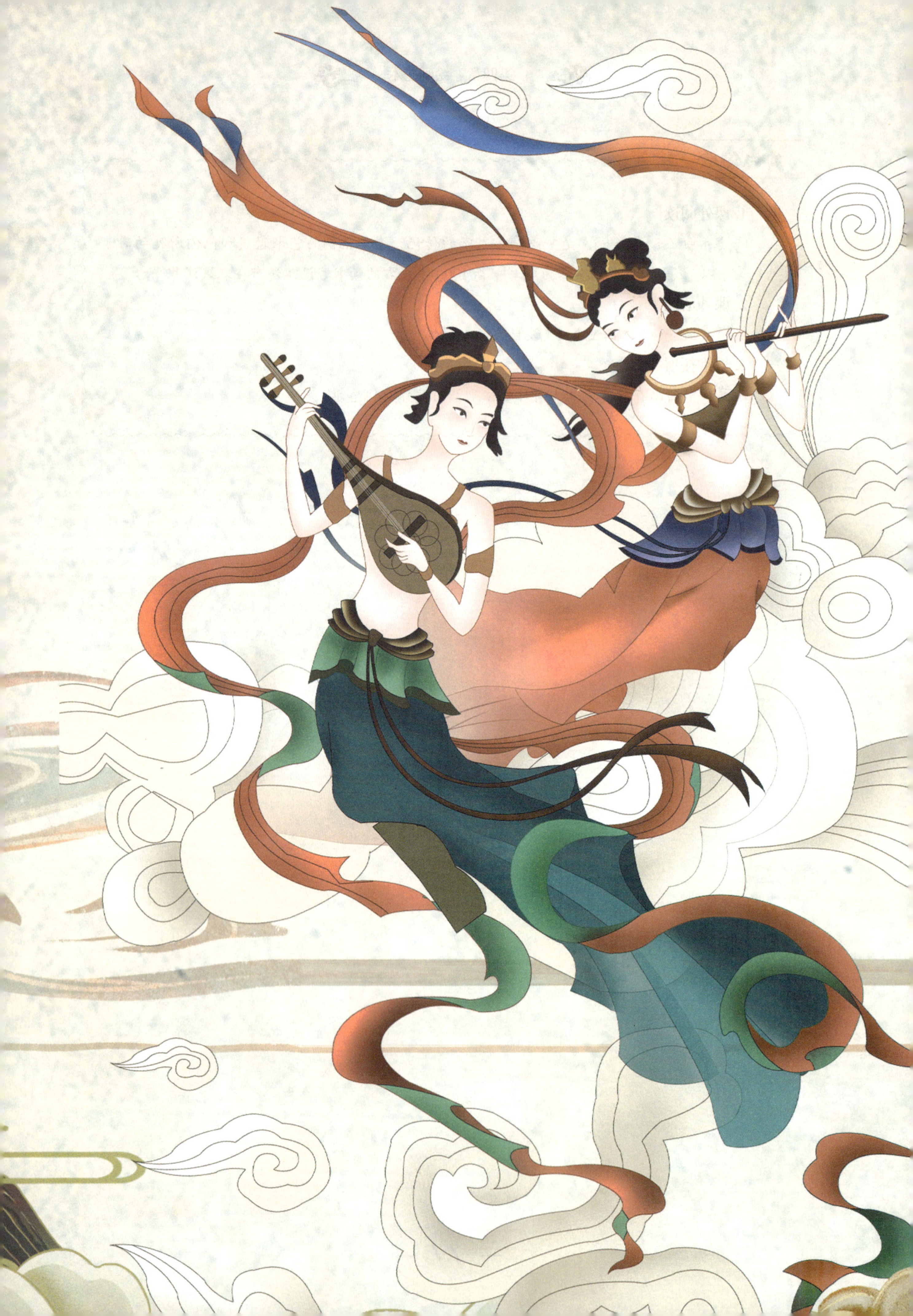

第五章

音乐艺术

贝多芬说，音乐当使人精神爆发火花。音乐以其特有的艺术魅力，给人以智慧，给人以美感，给人以激励，给人以启示，显示出音乐艺术美的价值。

思政目标

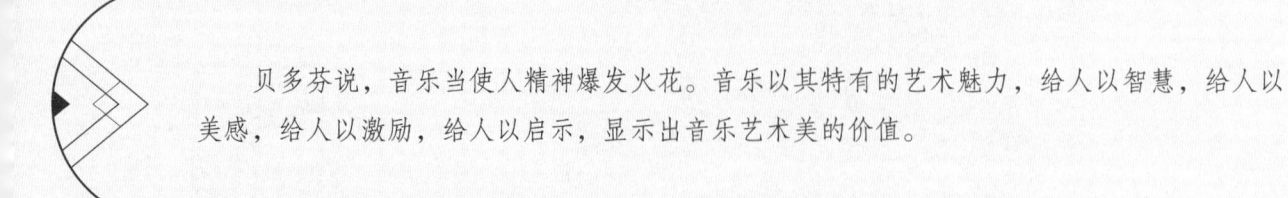

（1）通过聆听经典旋律片段，了解作品背后的音乐文化、思想内涵与历史积淀，体会不同作品带来的地域美、民俗美，体会作曲家的家国情怀，体会人与人的真情实感，从而为学生形成高尚的道德品质、崇高的理想、良好的行为与优秀的人格助力。

（2）通过观看红色经典合唱曲目展演，引导学生触摸历史、感知现实，在歌声中领悟中国共产党人的理想情怀。

美之漫谈

（1）通过网络观看一部歌剧和一部音乐剧，感受音乐之美。
（2）学唱一首经典民歌，感受来自民间音乐的淳朴气息。

寻美之迹

古筝曲《高山流水》具有清新脱俗的音乐风格，以及空幻悠扬的审美意蕴，能够起到戒骄戒躁、净化心灵的作用。"高山流水"本义是指大自然的壮丽，而古筝曲《高山流水》不仅凭借抑扬顿挫的曲调突显了秀丽山水的自然意境，也表达了弹奏者寻觅知音的内心情感。

古筝曲《高山流水》是我国传统音乐曲目的典型代表，也是十大古筝名曲之中最负盛名的作品。《高山流水》之所以受到艺术家的推崇与青睐，不仅在于其具有质朴而脱俗的风格、委婉而细腻的情感，还在于其浓缩了我国古代深厚的文化底蕴。为此，中华儿女应当传承与弘扬民族非物质文化遗产，保证民族文化火种的经久不息。

第一节
音乐艺术发展概述

一、中国音乐发展概述

中国音乐是光辉灿烂的中国文化的一个重要组成部分，在数千年的漫长岁月中，以其绚丽多姿的品种和内涵丰富的独特体系闻名于世。

中国古代音乐经历了远古、中古、近古三个发展阶段。1840年以后，随着中国社会的历史性变革和中西文化的广泛交流，音乐创作不但在观念上，而且在体裁、技法等方面出现了大胆突破和长足发展的势头。为了与古代音乐相区分，人们通常将1840年以后的中国音乐称为近现代音乐。

《吕氏春秋·大乐》说："音乐之所由来者远矣。"根据大量历史文献和考古发现，中国古代音乐的可考历史最早上溯至新石器时代，与西洋音乐相比，整整早了两千多年。远古时期，我们的祖先在劳动中不仅创造了语言和文字，而且创造了音乐和舞蹈。鲁迅曾在《门外文谈》中写道："我们的祖先的原始人，原是连话也不会说的，为了共同劳作，必须发表意见，才渐渐练出复杂的声音来，假如那时大家抬木头，都觉得吃力了，却想不到发表其中有一个叫道'杭育杭育'，那么，这就是创作。"

新石器时期音乐的总特征是诗、舞、乐三位一体，统称为"乐"。《尚书·益稷》中"击石拊石，百兽率舞"的记载就描述了先民们一边敲击土鼓、石磬，一边模仿各种兽类动作的欢歌场景。当时最具代表性的音乐体裁是"六代乐舞"，即从黄帝时期开始到周代诞生的歌颂帝王功德的大型乐舞，分别是《云门》《大咸》《大韶》《大夏》《大濩》《大武》。这些原始乐舞场面宏大，具有史诗性质。如《大夏》颂扬的是夏禹治水，《大武》描述的是武王伐纣。这些作品代表了远古时期中国音乐的发展成就。

这一时期还出现了最早的乐器骨哨、骨笛，它们源于先民的狩猎生活，是用禽类动物的中段肢骨加工制成，距今已有8000年的历史。先民们利用它们诱捕禽鸟，也可吹奏简单的曲调。

周秦时期在中国古代音乐发展史上有两个特别值得称道的贡献。一个是雅乐，一个是编钟。宫廷雅乐是统治者为了巩固王权，以"礼"为中心，礼、乐、刑、政并举而制定的一系列礼仪和相应的典礼音乐，一般用于祭祀、宴饮、祝捷和狩猎。这一时期不仅诞生了著名的《诗经》等作品，还诞生了师旷、伯牙、高渐离、瓠巴、韩娥等著名艺人。1978年出土的曾侯乙编钟距今有2400余年历史，它是20世纪中国音乐考古的一次最伟大的发现。全套编钟共计65件，不仅数量多、制作精美，钟体上的铭文也记录了当时各国使用的律名、阶名、音名情况，是中国古代音乐研究极具价值的文献。

西汉初年经济繁荣，国力强盛，汉武帝设置了专门从事音乐活动的机构"乐府"。乐府里集中了千余名民间音乐家从事采风和创作。《汉书·礼乐志》记载："至武帝定郊祀之礼……乃立乐府，采诗夜诵，有赵、代、秦、楚之讴。以李延年为协律都尉，多举司马相如等数十人，造为诗赋，略论律吕，以合八音之调。"汉代音乐最具代表性的是"相和歌"，它是汉代各种民间歌曲的总称。如"江南可采莲，莲叶何田田。鱼戏莲叶间。鱼戏莲叶东，鱼戏莲叶西，鱼戏莲叶南，鱼戏莲叶北。"这首歌被认为是相和歌的正声，也是传于后世的最古的一首五言体乐府。到东晋时期，相和歌逐渐与长江流域的吴歌、楚声融合，形成了一种新的音乐，这就是历史上著名的"清商乐"，其风格清婉、细腻、柔美。随着西域交通的开通，琵琶、箜篌、羯鼓等乐器传入，产生了鼓吹乐的雏形。古琴形制有了重要改进，演奏技巧也有进步，创造了初期的文字谱。京房的六十律和荀勖的笛律代表了当时的律学成就。

隋唐时期音乐文化繁盛的标志是燕乐。燕乐又称宴乐，是当时汇集于宫廷的俗乐的总称，也是在隋唐与周边民族进行音乐交流的基础上形成并发展起来的流行音乐。燕乐的范围十分广泛，既有各种声乐、器乐及舞蹈，也有散乐百戏，但它的主体是具有较高艺术水平的歌舞大曲。隋唐时期不仅产生了大乐署、教坊、梨园等音乐机构，还产生了古代几种主要的乐谱。其中最具代表性的是文字谱、减字谱、唐燕乐半字谱、工尺谱等。如现藏于日本的《碣石调·幽兰》就是用汉字记录的一份古琴谱。

自宋以下四代约九百年间，中国古代音乐的一个主要发展趋势是走向民间，以曲子词、说唱、戏曲为代表的新兴音乐体裁强化了这种趋势，并在俗化的进程中，将中国古代音乐的艺术水准提到了一个崭新高度。两宋时期最流行的音乐体裁是曲子词，它直接成就了宋词创作的大繁荣。而戏曲艺术的发展和成熟更是宋元时期对中国古代音乐的一个伟大贡献。关汉卿、王实甫、马致远、白朴等人创作的《窦娥冤》《西厢记》《汉宫秋》《墙头马上》成为彪炳史册的艺术杰作。

明清时期是中国古代音乐发展的集大成时期。以弹词、鼓词为主的说唱音乐空前繁盛，海盐、余姚、弋阳、昆山四大声腔争奇斗艳，汤显祖《牡丹亭》、洪昇《长生殿》、孔尚任《桃花扇》的相继诞生，京剧艺术的成熟定型，陕西锣鼓、十番锣鼓、江南丝竹乐、弦索十三套等器乐合奏的百花齐放，及明代朱权的《神奇秘谱》和朱载堉创造的"新法密率"等理论研究成果均从不同侧面勾勒了音乐艺术发展的历史成就。

20世纪初开始，在中国社会的剧烈变革与中西文化广泛交流的历史背景下，中国音乐也随之发生了嬗变与转型，新旧乐之间的相互交融和相互碰撞，在某种程度上极大地改变了中国音乐的面貌。《义勇军进行曲》《黄河大合唱》等歌曲创作，《白毛女》《江姐》《洪湖赤卫队》《伤逝》等歌剧创作，《宝莲灯》《红色娘子军》《白毛女》《丝路花雨》等舞剧音乐创作，《梁祝》《民族解放交响乐》《春节序曲》《春江花月夜》《喜洋洋》《长城随想》等器乐作品创作，都标志着现代音乐发展的巨大成就。

二、西洋音乐发展概述

西洋音乐，实际是指欧洲音乐。公元前3000年，古希腊由于其政治、经济和地理位置等原因，成为欧洲文化的发祥地，同时也成为欧洲音乐文化的中心。

在斯巴达城，有专业的音乐家，有希腊第一所音乐学校，有最初的弹拨乐器，有威武雄壮的行军歌曲，有歌颂酒神的歌曲。希腊人毕达哥拉斯发明"五度相生律"，创立和发展了音乐理论，包括音乐美学。古希腊时期的音乐活动及成就，对欧洲音乐文化的发展有着深远的影响。中世纪，基督教成为欧洲占统治地位的宗教。宗教音乐中的赞美歌、多声部音乐是宗教音乐活动的主要内容，为后来音乐的发展提供了广阔的前景。

西方音乐史上比较重要的时期，是从16世纪末开始的。这时，世俗音乐逐渐占据主导地位，主调音乐取代了复调音乐，器乐得到了相当大的独立发展，特别是诞生了歌剧这一综合了音乐、戏剧、美术、舞蹈的新艺术形式。也正是从这个时期开始，西方涌现出许多著名音乐家，如巴赫、亨德尔等，创作出许多优秀的音乐作品。各种不同的音乐形式具有各自独特的艺术风格，西方音乐呈现出繁荣发达的局面。

近现代欧洲音乐史上最重要的音乐流派主要有：

古典乐派。它是从18世纪下半叶至19世纪初在维也纳形成的以古典风格为创作标志的音乐流派，以海顿、莫扎特和贝多芬三人为主要代表，这个流派推崇理性和情感的统一，追求艺术形式的严谨和完美，创作手法上注重戏剧的对比、冲突和发展，成为当时的典范。

浪漫乐派。浪漫乐派是19世纪在欧洲兴起的音乐流派，它最大的特点就是强调激情，强调抒发主观情感，强调表现个性。前期浪漫乐派的代表人物主要有奥地利的舒伯特和德国的舒曼、匈牙利的李斯特、波兰的肖邦、法国的柏辽兹等人；后期浪漫乐派的代表人物主要有德国的瓦格纳和勃拉姆斯、俄国的柴可夫斯基等。

民族乐派。19世纪中叶以后，在欧洲各国兴起和发展了民族乐派。民族乐派音乐具有鲜明的民族风格和民族特色，注重采用本国的民间音乐作为创作素材，将传统音乐成果与本民族音乐密切结合起来。民族乐派的主要代表人物有挪威的格里格（管弦乐组曲《培尔·金特》等）、捷克的德沃夏克（交响曲《自新世界》等），以及俄国"强力集团"的一批著名音乐家，如穆索尔斯基（交响音画《荒山之夜》等）、里姆斯基－科萨科夫（交响组曲《舍赫拉查德》）和鲍罗丁（交响音画《在中亚细亚草原上》）等。

20世纪的西方音乐更是流派繁多，难以尽述，其中主要有以法国音乐家德彪西为代表的印象派音乐、以奥地利音乐家勋伯格为代表的表现派音乐、以意大利音乐家布梭尼为代表的新古典主义音乐等，并且相继出现了爵士乐、摇滚乐、电子音乐等，尤其是偶然音乐与观念艺术，在20世纪中期影响很大。

总之，20世纪的欧洲音乐经历的是一个动荡变化的发展历程，各种音乐流派纷纷出现，在各自的道路上不断地探索和演变，为世界音乐向前迈进奠定了基础。

第二节
音乐艺术的审美特征

一、音乐语言的基本要素

音乐是声音的艺术，它通过有组织的乐音及节奏、速度、音区、音色、调式等的变换、对比与组合，体现在音乐的音响中，形成艺术形象并抒发内心情感，反映社会生活。

音乐作品的内容非常广泛，有的叙述具有重大社会意义的事件，有的反映风俗人情生活，有的描绘自然风光，有的抒发思想感情。但无论涉及什么题材，反映什么主题，其艺术形象塑造主要通过音乐语言来实现。音乐语言的基本要素包括旋律、节奏、节拍、速度、力度、音区、音色、和声、复调、调式、调性和配器等。如果旋律是人的灵魂，节奏就是人的骨骼，而调式、和声、配器元素就好比是人的器官、血液、皮肤，这样才会让人的形象鲜活起来。

（一）旋律之美

旋律又称"曲调"，它是塑造音乐形象最主要的手段，是音乐的基础和灵魂，也是一首歌曲或乐曲流传的生命之源。旋律分声乐旋律和器乐旋律两种。声乐旋律为人声演唱创作，器乐旋律为乐器演奏创作。旋律将音乐的基本要素有机整合，呈现出不同的风格与特征。

音乐的主要魅力来自旋律。许多音乐作品把旋律的美体现为音调的曲折流畅、起伏平衡及主题的完整对称，以此来表现人们繁杂多样、深刻细腻的内心情感。正因如此，我们可以在音乐欣赏中感受到贝多芬作品旋律的激情奔放、莫扎特作品旋律的优美细腻、柴可夫斯基作品旋律的忧郁深沉。

（二）节奏之美

节奏常被喻为音乐的骨架。许多音乐作品把音乐节奏的美体现为时值长短有序、张弛有致的韵律之美。音乐中各具特征的节奏，反映出所表现的事物、情感的运动特征，形成不同的风格。正因如此，我们从柴可夫斯基《悲怆交响曲》沉重、缓慢的节奏中能感受到作者对理想的追求、对生活的赞美以及对光明和幸福的向往心情；从贝多芬《命运交响曲》命运敲门的节奏声中能感受到英雄多方面的性格与情感；从冼星海《黄河船夫曲》铿锵有力的节奏中能感受到给人带来的无形的力量和团结一心的精神。

（三）和声之美

和声是丰富旋律的手段之一。许多音乐作品把音乐和声的美体现为多声部音响丰满的美、和弦从不稳定到稳定的协调的美。正因如此，德彪西的交响素描《大海》，能够通过丰富多彩的和声手法及绚丽多彩的管弦配乐，使人们联想到辽阔的海面变幻无穷的景象，联想到阳光映照下充满生机与活力的大海；贝多芬《第九交响曲》把《欢乐颂》人声合唱的和声效果融入交响乐和声之中，以恢宏的气势唱响"拥抱起来，亿万人民"的主题，给人以和声音响之美的感受。

二、音乐作品的类别

音乐作品大致可以分为声乐作品和器乐作品两大类。声乐作品可根据形式、风格的不同，分成歌曲、说唱、戏曲、歌剧等不同种类。器乐作品根据演奏形式的不同，可分成独奏、齐奏、重奏和合奏曲；根据体裁的不同，可分为交响曲、协奏曲、奏鸣曲、进行曲、圆舞曲、幻想曲、随想曲等。

从声乐作品演唱者看，人声分为女声、男声、童声三种，形式则分为独唱、重唱、对唱、合唱等。

从器乐作品演奏方式看，器乐分为民族乐器和西洋乐器。民族乐器分为以二胡、板胡为代表的拉弦乐器，以琵琶、古筝、古琴、扬琴为代表的弹拨乐器，以笛、箫、笙、唢呐为代表的吹管乐器及以鼓、锣为代表的打击乐器。西洋乐器则分为以小提琴、中提琴、大提琴为代表的弓弦乐器，以木管、长笛、双簧管、单簧管为代表的木管乐器，以圆号、小号、长号为代表的铜管乐器及以定音鼓为代表的打击乐器。乐器的演奏一般分为独奏、重奏、合奏等。

三、音乐艺术的欣赏方法

欣赏一件音乐作品，主要从三个方面入手。

首先，熟悉音乐语言。音乐主要是通过有组织的乐音而形成的听觉艺术形象。一件音乐作品的思想内容和艺术之美，总是通过旋律、节奏、和声、调式等音乐语言要素来表现。所以，欣赏音乐作品首先必须熟悉丰富多彩的音乐语言，进而借助这些音乐语言领会作品中的情感，理解作品中的音乐形象。

其次，了解作者和作品的创作时代。一件音乐作品，总是表现了作者对现实生活的感受、体验和思考，也寄予了作者的思想与情怀。要深刻领会音乐作品，就必须了解作者生活的时代和作者的生平及作者的创作风格。聂耳的《义勇军进行曲》是在中华民族遭遇日寇侵略，全国上下救亡图存的历史背景下创作的。它展示的是中国人民为了拯救祖国，视死如归奔赴抗日前线的决心与信心。正是因为这一点，它才能很快风靡全国，并最终成为我们的国歌。

最后，在音乐实践活动中培养自己的欣赏能力。一般来说，欣赏一件音乐作品，大致会经历音响感知、情感体验、想象联想和理解认识四个阶段的心理认知过程。如我们听到一首歌曲时，首先觉得旋律动听，然后逐渐理解作品中蕴含的情感，最后才能领会作品的意境。因此，我们一方面要多参加艺术实践活动，培养自己对音乐艺术的广泛兴趣；另一方面要多阅读、多涉猎各种门类的艺术经典，提高自己的艺术修养和审美能力。

第三节
音乐作品欣赏

一、中国声乐作品欣赏

（一）《黄河大合唱》

《黄河大合唱》1939年作于延安，由现代著名诗人光未然（1913—2002年）作词，被誉为"人民音乐家"的冼星海（1905—1945年）作曲。这是一部在中国音乐史上具有较高艺术成就、享誉中外的、里程碑式的大型声乐套曲。

1938年，诗人光未然赴延安途经黄河时，面对着汹涌澎湃的黄河，目睹着船夫与惊涛骇浪搏斗的情景，聆听着高亢、激奋的船夫号子，心中激起了强烈的感情和创作欲望。到延安后，他仅用了五天时间便一气呵成完成了全诗，并在1939年除夕晚会上登台朗诵。冼星海听后激动不已，用了近三个月时间完成音乐创作。1939年4月，《黄河大合唱》首演便获得了极大成功，很快就流传全国。

《黄河大合唱》全曲由九个乐章组成，依次为《序曲》《黄河船夫曲》《黄河颂》《黄河之水天上来》《黄水谣》《河边对口曲》《黄河怨》《保卫黄河》《怒吼吧！黄河》。内容上它以黄河为背景，热情歌颂中华民族源远流长的光荣历史和中华儿女坚强不屈的斗争精神，痛诉侵略者的残暴，展现了抗日战争的历史画面，并向全中国、全世界发出了民族解放的奋斗目标，从而塑造起中华民族的英雄形象。形式上，它以诗朗诵贯穿全曲，采用了独唱、齐唱、轮唱、重唱、合唱等多种声乐演唱形式，或急促、或舒展、或慢板抒情、或叙事对唱、或含悲控诉、或波澜壮阔。音调上，它既有中国民间音乐风格，也有群众歌曲的特点，从而成为我国现代大型声乐作品的典范。

（二）《长江之歌》

《长江之歌》是电视系列片《话说长江》的主题曲。词作者是国家一级编剧胡宏伟，曲作者是作曲家王世光。全曲以哺育了一代又一代中华儿女的母亲河长江为主题，形象地描绘了长江气势磅礴的雄姿和温婉秀丽的情怀，洋溢着对祖国山河的赞美之情。音乐深情厚实、简洁明朗。跌宕起伏的宏大场景令人荡气回肠，舒展流畅的优美旋律让人充满眷恋。在一唱三叹的演绎中，将长江之险峻、长江之柔美、长江之豪迈、长江之依恋展现得淋漓尽致。

（三）《掀起你的盖头来》

《掀起你的盖头来》是著名词曲作家王洛宾根据风趣而诙谐的歌舞曲——乌孜别克族民歌《卡拉卡西乌开姆》改编创作而成的一首脍炙人口的民歌。这首歌曲描写了新婚之夜新郎掀起新娘头纱时兴奋愉悦的情景。恣意奔放的情感、半遮半露的羞涩，构成一首青春的欢歌。王洛宾一生创作了近千首歌曲，被人们誉为"西北民歌之父"和"西部歌王"。

二、中国器乐作品欣赏

（一）古琴曲《流水》

古琴（图5-1）又称七弦琴，是最早的弹拨乐器之一，它以其历史久远、文献浩瀚、内涵丰富和影响深远为世人所珍视。唐宋以来历代都有古琴精品传世，现存南北朝至清代的琴谱百余种，琴曲达三千余首，还有大量关于琴家、琴论、琴制、琴艺的文献，遗存之丰硕堪为中国乐器之最。古时，琴、棋、书、画中的琴就是指古琴。汉代以前，古琴曲的传授完全依靠口传心授，到汉魏之交随着古琴在形制上的定型及演奏技巧的成熟，有人便创造了初期的文字谱。著名的古琴曲有《高山》《流水》《广陵散》《胡笳十八拍》《酒狂》等。

《流水》是一首非常著名的琴曲。相传，《高山流水》原来是一个曲子，到了唐朝才分成《高山》和《流水》两个曲子。《吕氏春秋》中记载，俞伯牙擅长弹奏古琴，他的好友钟子期非常善于听琴。可以在他的琴声中，听出"巍巍乎若泰山，洋洋乎若江海"的意境。钟子期死后，俞伯牙砸碎古琴，从此不再弹琴。由于这个故事，人们用"高山流水"比喻知音难觅或乐曲高雅精妙。《流水》的谱本最早见于朱权的《神奇秘谱》，现在最流行的是清代张孔山留下来的版本。乐曲意境深邃、若行云流水，旋律流畅，用多样的演奏手法体现出流水的不同形态。1977年，美国发射了"旅行者1号"宇宙探测器，船上有一张欲用来与外星生物交流的唱片，其中就收入了我国著名古琴演奏家管平湖演奏的《流水》。

图5-1 古琴

（二）琵琶曲《十面埋伏》

琵琶（图5-2）是中国历史悠久的主要弹拨乐器。琵和琶原是两种弹奏手法的名称，琵是右手向前弹，琶是右手向后弹。南北朝时，通过丝绸之路与西域进行文化交流，曲项琵琶由波斯经今新疆传入我国。到了唐代后期，琵琶的演奏技法、制作构造等都得到了很大的发展。著名乐曲有《十面埋伏》《霸王卸甲》《浔阳月夜》《阳春白雪》《月儿高》《春雨》《彝族舞曲》《昭君出塞》《歌舞引》《大浪淘沙》《赶花会》《飞花点翠》《天鹅》《狼牙山五壮士》《草原英雄小姐妹》等。

《十面埋伏》是一首著名的琵琶独奏曲，也是中国十大古曲之一。乐曲以公元前202年楚汉战争为题材，以音乐的形式生动描绘了项羽、刘邦垓下决战的情景。汉军用十面埋伏的阵法击败楚军，项羽自刎于乌江。乐曲共分十三段，分

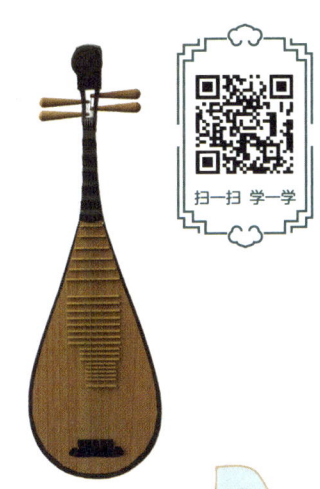

图5-2 琵琶

别是列营、吹打、点将、排阵、走队、埋伏、鸡鸣山小战、九里山大战、项王败阵、乌江自刎、众军奏凯、诸将争功、得胜回营。乐曲描绘了短兵相接、刀光剑影的交战场面。音乐多变，节奏急促，在演奏上连续运用了弹、扫、轮、绞、滚、煞等手法，以描写激烈的厮杀及英雄末路的项羽发出的惊天动地、动人心弦的"悲歌慷慨之声"。

（三）二胡曲《二泉映月》

二胡（图5-3）是我国独具魅力的拉弦乐器。它既适宜表现深沉、悲凄的内容，也能描写气势壮观的意境。二胡形制为琴筒木制，筒一端蒙以蟒皮，张两根金属弦，定弦时内外弦相隔纯五度。主要作品有《赛马》《二泉映月》《月夜》《江河水》《三门峡畅想曲》《长城随想》《战马奔腾》等。通过许多名家的革新，二胡成为一种重要的独奏乐器和大型合奏乐队中的弦乐声部重要乐器。

《二泉映月》是中国民间音乐家华彦钧（阿炳）的代表作。这首乐曲自始至终流露的是一位饱尝人间辛酸和痛苦的盲艺人的思绪情感，作品展示了独特的民间演奏技巧与风格，以及无与伦比的深邃意境，显示了中国二胡艺术的独特魅力，它拓宽了二胡艺术的表现力，曾获"20世纪华人音乐经典作品奖"。

图5-3　二胡

（四）笛子曲《鹧鸪飞》

竹笛，又称笛子（图5-4），是我国最古老的乐器之一。在河南舞阳县贾湖村东新石器时代早期遗址中发掘出的16支竖吹骨笛，据测定距今已有8000余年历史。竹笛一般分为南方的曲笛和北方的梆笛。曲笛因伴奏昆曲而得名，广泛流行在中国南方各地，音色浑厚而柔和、清新而圆润，是江南丝竹、苏南吹打、潮州笛套锣鼓等地方音乐和昆曲等戏曲音乐中富有特色的重要乐器之一。梆笛因伴奏梆子戏曲而得名。笛音色高亢、明亮，主要流行在北方，多用于北方的吹歌会、评剧和梆子戏曲（秦腔、河北梆子、蒲剧等）的伴奏，现今也经常用来独奏。代表作品有《喜相逢》《五梆子》《早晨》《姑苏行》《中花六板》等。

图5-4　笛子

《鹧鸪飞》是江南笛曲的主要代表曲目之一，原是湖南民间乐曲，乐谱最早见于1926年严固凡编写的《中国雅乐集》，现在常被演奏的是陆春龄先生和赵松庭先生改编的版本。此曲以唐代诗人李白诗"越王勾践破吴归，义士还家尽锦衣。宫女如花满春殿，至今只有鹧鸪飞"为依据改编，运用了大量的"颤""叠""赠""打""循环换气"等技法，把鹧鸪鸟那时远时近、忽高忽低，在天空尽情翱翔的形象刻画得极为生动，反映出了人们对幸福生活的向往和追求。

（五）古筝曲《渔舟唱晚》

古筝（图5-5）是我国传统的民族乐器，距今已有两千多年的历史。古筝音色柔美、委婉动听，音域宽广、演奏技巧丰富，具有相当的表现力，因此深受广大人民群众的喜爱。主要代表作品有《渔舟唱晚》《高山流水》《秦桑曲》《寒鸦戏水》《战台风》《黔中赋》《雪山春晓》《幻想曲》《溟山》等。

图 5-5 古筝

《渔舟唱晚》乐曲的第一部分以优美典雅的旋律和舒缓的速度，描绘出一幅傍晚时分夕阳西下，阳光洒在河面上波光粼粼的景象。第二部分以三次反复逐层推进，表现了渔人悠然自得、片片白帆随波逐流、渔船满载而归的场景。

三、中国流行音乐作品欣赏

（一）《乡恋》

《乡恋》是电视旅游风光片《三峡传说》的插曲，也是中国内地流行歌曲的开山之作，1979年经歌唱家李谷一用柔美的气声唱法演唱，迅速风靡大江南北。这首曲调优美、歌词清新、饱含深情、深受广大观众喜爱的歌曲。当年曾在音乐界、评论界乃至整个社会掀起了一场轩然大波，直到 1983 年，李谷一在春节联欢晚会上重新演唱《乡恋》，这首著名的中国经典歌曲才又回到了舞台，重新回响在广大听众的耳边。这不仅意味着思想的解放，更彰显着时代的进步。

（二）《童年》

《童年》是中国台湾音乐家罗大佑创作的一首广为传唱的校园歌曲，曲调轻松活泼，形象地刻画出莘莘学子在校园中的生活、学习状态，以及他们对未来充满希望、期盼长大的感情。歌词"池塘""知了""山的那一边""长大的童年"非常有童趣且朗朗上口。

（三）《海阔天空》

《海阔天空》是香港摇滚乐队 Beyond 的一首音乐作品，它收录在 Beyond 于 1993 年发行的粤语专辑《乐与怒》。歌曲通过记述 Beyond 乐队十年来成长经历的风风雨雨，刻画出他们的心路历程。有起起伏伏，有意气风发，有疲倦无奈，也有奋战不懈。

（四）《传奇》

《传奇》这首歌曲旋律清新、缥缈、空灵，展现了一个唯美的爱情故事。2010 年央视春晚，王菲演唱了由刘兵作词、李健作曲的《传奇》，歌曲迅速在全国走红，成为 2010 年度炙手可热的金曲,同时蝉联各大排行榜冠军达三个月之久。

(五)《我和你》

《我和你》这首歌曲是陈其钢为2008年北京奥运会开幕式创作的一首主题曲,由中国歌手刘欢和英国歌手莎拉·布莱曼演唱。这首歌曲选择了中国民族五声调式进行创作,大气、空灵的旋律感,一音一字简单而不张扬的风格,将中国对和平与和谐的诉求通过温暖的音乐传向世界。

四、西洋声乐作品欣赏

(一)《我的太阳》

民歌是人们在劳动生活中口头传唱而产生和发展起来的歌曲艺术,具有口头性、集体性、流传变异性等特色。民歌一般分为山歌、小调、号子三种形式。

《我的太阳》是一首意大利民歌。卡普鲁在创作歌词时,借用了莎士比亚的戏剧作品《罗密欧与朱丽叶》中"是什么光从那边窗户透出来?那是东方,朱丽叶就是太阳"两句台词的立意,把爱人的笑容比喻为"我的太阳",又用赞美太阳来表达真挚的爱情。全曲具有浓郁的意大利那不勒斯风格,旋律优美华丽,情绪热情奔放。第一乐段在歌曲的中音区,用优美流畅的音调赞美暴风雨后的晴空和灿烂的阳光,第二乐段在歌曲的高音区,曲调热情奔放,倾诉了对心爱之人的爱慕之情。

(二)《伏尔加船夫曲》

《伏尔加船夫曲》是一首俄罗斯民歌。伏尔加河是欧洲最长的一条河流,被称为俄罗斯人民的"母亲河",全长3590千米。这首民歌早在20世纪便流传于民间。听到这首沉重、粗犷而又富有反抗精神的纤夫之歌,使人们想起了俄罗斯著名画家列宾的名画《伏尔加河上的纤夫》。一群衣衫褴褛、胸前套着纤索的纤夫,用整个身体负着沉重的货船前行,在伏尔加河空旷辽阔的沙滩上留下一串串脚印,前面的路程仿佛永没有尽头……这首歌真实反映了船工们痛苦的劳动生活,表达了俄罗斯人民在沙皇统治下向往光明的思想情感。缓慢的速度和小调式旋律渲染了歌曲忧郁、深沉的风格。20世纪初,这首民歌经俄罗斯著名男低音歌唱家夏利亚平的演唱受到人们的热烈欢迎,后来流传到世界各地。

(三)《欢乐颂》

合唱是一种分声部的集体演唱形式。按音色可分为同声合唱(男声合唱、女声合唱、童声合唱)、混声合唱(男女声合唱、童声与男声或童声与男女声合唱)。按伴奏类型可分为有伴奏合唱和无伴奏合唱。按声部可分为二声部、三声部、四声部或更多声部。四声部往往由女高音、女低音、男高音、男低音构成,称为混声四部合唱。合唱最重要的特点就是队员之间、各声部之间、队员与指挥之间、歌曲与合唱表演、指挥、乐队等之间的默契与融合,他们共同创作出富有层次而又和谐统一的美妙艺术。

《欢乐颂》是德国著名作曲家贝多芬创作的一部合唱作品。贝多芬(1770—1827)是维也纳古典乐派向浪漫乐派过渡的杰出代表。他幼年便显露出超常的音乐天赋，4岁学钢琴，8岁登台演奏，13岁出版个人作品。贝多芬一生坎坷，贫困交加，孤单一生。虽然他从28岁起就受到失聪的折磨，但他以惊人的毅力创作了大量不朽的音乐作品。他的创作，承古典乐派之精华、开浪漫乐派之先河，使他成为横跨两个时代的音乐巨人。他的作品不仅涉及当时所有体裁，而且表现了崇高的思想境界、鲜明的个性和时代特征、完美的艺术形式、深刻的戏剧性和哲理性及对人类的无限热爱之情，后人称他为"乐圣"。其主要代表作品有《英雄》《命运》《田园》《第九交响曲》等交响曲9部，《月光》《热情》《悲怆》等钢琴奏鸣曲32首，弦乐四重奏16部及1部歌剧及其他作品。

《欢乐颂》是贝多芬《d小调第九交响曲》第四乐章的第二部分。这部交响曲于1824年5月在维也纳首次演出。全部创作思想是"从黑暗到光明、从痛苦到欢乐、从斗争到胜利"的总结。贝多芬根据交响曲内容的需要，融合了自己的意念，体现了他崇高而伟大的思想，并创造性地将合唱引入了交响曲。在交响曲中，有独唱、重唱、领唱、合唱、交响合唱等部分，其中以德国诗人席勒的《欢乐颂》为歌词而谱写的大合唱，以恢宏的气势唱响"拥抱起来，亿万人民"的主题，表达了贝多芬真挚的思想与感情。这部交响曲在世界范围内能产生这么大的影响，且如此感人，与第四乐章中的《欢乐颂》合唱大有关系。

（四）《摇篮曲》

《摇篮曲》的作者舒伯特（1797—1828年），奥地利浪漫派作曲家，生于维也纳。幼年随父兄学习小提琴、钢琴，11岁系统学习作曲理念。1814年任小学教师并开始创作歌曲，两年多时间共创作140多首歌曲，其中有《野玫瑰》《魔王》等名作。舒伯特一生写了10多部歌剧、9部交响曲、100多首合唱曲和500多首歌曲。他继承了古典乐派音乐的传统，同时广泛吸收民间音乐的因素，创作了大量浪漫派的音乐作品，被誉为"歌曲之王"。他常用各种音乐手法来刻画个人的心理活动，将瞬间的遐想写于乐谱，把内心的感受变成音乐形象，创作出独特的旋律。主要代表作品有《未完成交响曲》《鳟鱼五重奏》《美丽的磨坊姑娘》等。

《摇篮曲》是一首著名的女声独唱艺术歌曲，创作于1819年。歌曲由三段歌词构成，全曲结构方整，为有再现性的单二部曲式，速度缓慢，旋律流畅，伴奏有如摇篮在轻摇，旋律没有强烈的对比，表现了一个轻轻摇动着摇篮的母亲对将入睡的小宝贝亲切的爱抚和美好的祝愿。

（五）《跳蚤之歌》

《跳蚤之歌》的作者穆索尔斯基（1839—1881年）是俄国民族乐派作曲家。他的音乐作品风格豪爽、形象生动，充满了对被压迫者的同情。主要作品有歌剧《鲍里斯·戈杜诺夫》、管弦乐曲《荒山之夜》、钢琴组曲《图画展览会》及大量声乐作品。

《跳蚤之歌》是一首创作于1879年并获得了世界声誉的讽刺歌曲，成为各国男低音歌手竞相演唱的曲目。作曲家借用德国诗人歌德的诗剧《浮士德》中的诗句谱写了此歌。它深刻地揭露了俄国沙皇的黑暗统治和专横跋扈，无情地鞭笞了权势者的昏庸和狂妄，同时也热情地肯定了人民群众不畏强暴、勇于斗争的精神。歌曲具有深刻的思想内容和生动的音乐形象。它以旋律小调和中板速度及谐谑性的"笨拙"的宣叙性曲调，塑造了固执、蛮横而又愚蠢的国王形象，用进行曲调描写了狂妄、骄横而又虚弱的跳蚤形象，又通过艺术化的"笑声"和带有嘲讽口气的音乐语汇，充分表达了人民群众对国王和跳蚤的否定。

五、西洋器乐作品欣赏

（一）交响曲《第九十四（惊愕）交响曲》

交响曲一词源于希腊文，原意为"一齐响"。后来经过发展，指的是由交响乐队演奏的由若干个独立但又相互内在联系的乐章组成的大型器乐曲。以"交响乐之父"海顿、"音乐神童"莫扎特和"乐圣"贝多芬为代表的维也纳古典乐派在交响乐发展史上竖立了一座不朽的丰碑。交响乐曲一般为四个乐章。第一乐章为快板，奏鸣曲式；第二乐章为慢板，具有抒情性和歌唱性；第三乐章为中速的小步舞曲或诙谐曲；第四乐章为急板，回旋曲式或奏鸣曲式。

《第九十四（惊愕）交响曲》的作者海顿（1732—1809年）是奥地利作曲家，维也纳古典乐派代表人物。童年受到奥地利民间音乐的熏陶，8岁开始接受传统音乐教育。海顿的创作面很广，其中以交响曲与弦乐四重奏最为杰出。他为交响曲创造了一个固定而完美的典型形式，并形成了一套完美的交响曲乐队编制。他一生共写了100多部交响曲，为交响曲的发展奠定了坚实基础，被人们称为"交响乐之父"。他还创作了80余部弦乐四重奏乐曲，被称为"弦乐四重奏之父"。

《第九十四（惊愕）交响曲》创作于1791年。关于这部作品曾流传有一段有趣的故事。当时伦敦的贵妇们是音乐会的常客，她们借欣赏交响曲附庸风雅，但却经常在乐队演奏时打瞌睡。海顿对此非常不悦，于是打算让贵妇们出丑。因此在这部交响曲的第二乐章中插入乐队全奏，爆发了强烈的和弦和定音鼓的猛击声，酷似惊雷忽起，将打盹的贵妇们吓得丑态百出。因此，这部作品被大家称为"惊愕"。全曲共分四个乐章。第二乐章为行板，是人们最熟悉的乐章，优美的旋律展现内在的美和魅力。

（二）独奏曲《土耳其进行曲》

独奏曲是用各种乐器单独演奏的音乐作品。如弦乐器中有小提琴独奏曲、大提琴独奏曲等，铜管乐器中有小号独奏曲、圆号独奏曲等，木管乐器中有单簧管独奏曲等，键盘乐器中有钢琴（图5-6）独奏曲、手风琴独奏曲等。

《土耳其进行曲》（钢琴曲）的作者莫扎特（1756—1791年）是奥地利作曲家，维也纳古典乐派的杰出代表。他3岁显露音乐天赋，4岁开始学钢琴，5岁开始作曲，6岁到欧洲各地演出，被誉为"音乐神童"。主要作品有歌剧19部、交响曲47部、钢琴协奏曲27部、小提琴演奏曲5部。著名代表作品有歌剧《费加罗的婚礼》《魔笛》《G大调弦乐小夜曲》等。他奠定了近代协奏曲形式，丰富了交响乐和室内乐的表现力，对后世音乐创作产生极大影响。

钢琴曲《土耳其进行曲》是《A大调钢琴奏鸣曲》的第三乐章。标题为"土耳其风格"，后被称为《土耳其进行曲》。这个乐章风格突出，常作钢琴小品单独演奏，旋律轻快活泼、富有朝气，土耳其军鼓的节奏，更增强了其进行曲的特点，具有威武雄壮的英雄气势。

第五章 音乐艺术

图 5-6　三角钢琴

（三）管弦乐《动物狂欢节》

管弦乐曲是除交响曲、协奏曲外的由管弦乐队演奏的其他类型的作品。管弦乐队主要由弦乐组、铜管组、木管组、打击乐组等乐器组成（图 5-7），他们在乐队指挥下共同完成对音乐作品的演绎（图 5-8）。长笛高音区音色明亮，最高音区更为明亮而尖锐，也更富于光彩，中音区音色柔和而优美，低音区音色略带沙哑，但很有特色，有些像箫的音色。短笛的高音区音色明亮而有穿透力，低音区没有长笛效果好。双簧管高音区音色明亮，中音区音色甜美、柔和，低音区发音饱满但"鼻音重"，适于表现优美抒情的音乐，具有田园风味。单簧管也叫黑管，高音区音色饱满、明亮，中音区发音柔弱，低音区是表情区，发音低沉、饱满、紧张。大管也叫巴松，高音区与最高音区发音极富个性，表现力丰富，中音区发音柔和略带管风琴特色，低音区发音饱满、浑厚。小号高音区发音嘹亮、穿透力强，中音区音色优美、有透明性，低音区音色较暗淡。圆号高音区音色洪亮，表现力丰富，中音区发音柔润、丰满，低音区音色较粗糙。短号与小号基本相同，音色比小号柔和，表现力不如小号。长号高音区音色辉煌有力，有凯旋般的气势，中音区音色饱满、圆润，音色宏大，低音区强奏时有庄严感，弱奏时音色淡。大号高音区发音效果差，较少用，中音区发音饱满有力，低音区音色浓厚、低沉。定音鼓是有固定音高的打击乐器。大鼓是没有固定音高的打击乐器，发音宏大而且饱满。小鼓也是没有固定音高的打击乐器。小鼓在管弦乐队中既可以用来描写部队的行进与战斗场面等，又可以用来营造恐怖、紧张、阴森的效果。三角铁也是没有固定音高的打击乐器，音色独特又清脆、明亮，穿透力很强，无论强奏还是弱奏都可以听得到。

长笛　　短笛　　单簧管　　双簧管

小号　　长号　　大号　　圆号

定音鼓　　小鼓　大鼓　　三角铁

图 5-7　管弦乐队的部分乐器

图 5-8　管弦乐队合奏座

管弦乐曲《动物狂欢节》的作者卡米尔·圣-桑（1835—1921年），法国作曲家，曾在巴黎音乐学院学管风琴和作曲，后担任教堂的管风琴手，1877年起专门从事音乐创作。他是法国民族音乐协会创始人之一，主要作品有管弦乐组曲《动物狂欢节》、歌剧《参孙与达利拉》、交响诗《骷髅之舞》及《大提琴协奏曲》、小提琴作品《引子与回旋随想曲》等。

《动物狂欢节》创作于1886年，圣-桑运用了以两架钢琴与一个小型管弦乐队相结合的乐器编制，别出心裁地以拟人化的手法和性格化的旋律，描写各种动物的狂欢活动，形象诙谐有趣、生动活泼。这部作品的副标题是"动物园大幻想曲"，把人带入一个神奇的动物世界。

（四）弦乐四重奏《如歌的行板》

弦乐四重奏由第一小提琴、第二小提琴、中提琴、大提琴组成（图5-9）。四件乐器各演奏一个不同的声部。它的特点是具有多样化的演奏技巧和丰富的表现力，最擅长旋律的歌唱性，有宽广的音色、音区和音域对比，对个人演奏技巧要求极高。小提琴的第一弦发音华丽而富有光彩，第二弦与第三弦发音柔和、典雅，第四弦发音深沉而富有厚度。中提琴音色较暗淡，带有"鼻音"，适于演奏柔和、忧郁、略带伤感的旋律。大提琴的第一弦音色明朗，并且具有宽广的特色，第二弦音色柔和，第三弦音色深沉饱满，第四弦音色深沉、粗野，类似男低音的音色。低音提琴发音浑厚、低沉有力。

小提琴　　　中提琴　　　大提琴　　　低音提琴

图5-9　弦乐四重奏的乐器

弦乐四重奏《如歌的行板》的作者柴可夫斯基（1840—1893年），俄国作曲家。10岁开始学习钢琴和作曲。1862年进入彼得堡音乐学院学习作曲，毕业后到莫斯科音乐学院任教。他的作品注重内心刻画，尤其把知识分子在沙皇统治下不满现实、渴望自由，但找不到出路的苦闷心情描写得淋漓尽致。艺术上，他在旋律、配器等方面造诣极高，在各种体裁领域都有所建树，其音乐充满心灵感受和戏剧力量。主要作品有《第六（悲怆）交响曲》等交响曲6部，《叶甫根尼·奥涅金》等歌剧10余部，《天鹅湖》等舞剧3部及各种器乐重奏曲、钢琴奏鸣曲等。

《如歌的行板》创作于1871年，是作曲家创作的《D大调第一弦乐四重奏》的第二乐章。它以俄罗斯民歌《孤寂的凡尼亚》为主题，经变奏手法的处理，在乐曲中一再出现，情绪极其沉郁、伤感。轻吟低回、如泣如诉的琴声,将专制政治之下人民的悲惨生活与难言的苦楚表达得淋漓尽致。作家托尔斯泰听完演奏后说:"从这首乐曲里,我已经接触到忍受苦难的人民的心灵深处。"

六、西洋流行音乐作品欣赏

流行音乐起源于布鲁斯(Blues)音乐,在百余年的发展中,逐渐成为有别于古典音乐与现代音乐的音乐体系。它以爵士和声、拉丁音乐节奏、非洲音乐节奏、现代编曲技法为理论依据,主要特征有调式不限于大小调体系、和声功能性为主、多元化、即兴及不稳定的节奏律动等,同时也具有大众性、时尚性、新奇性、娱乐性、商业性、快速更替性、参与性、即兴性等特征。

(一)Hand In Hand(《手拉手》)

《手拉手》是由享有美国"通俗音乐之父"之称的乔吉奥·莫罗德尔为第24届汉城奥运会创作的主题歌,它体现了友谊、团结的奥运精神,一经问世就广为传唱,为世人所喜爱。

1940年4月26日出生的乔吉奥·莫罗德尔是意大利音乐家,曾分别三次获得奥斯卡音乐奖和格莱美音乐奖。他创作的《手拉手》这首主题歌歌词内容浅显、易懂,主题鲜明、深刻,情感洋溢、激荡,很有感染力。歌词分两大节,每节的前两句都强调了"友谊""团结"的主旋律。这首歌通过反复吟唱"我们手拉手,友谊传四方",把"友谊、团结、理解"的主题鲜明地凸显出来,颂扬了友谊、团结和公平竞争的奥运精神,突出了体育给人们带来的美好的心灵感受。

(二)My Heart Will Go On(《我心永恒》)

《我心永恒》是电影《泰坦尼克号》的主题曲,由好莱坞主流电影著名作曲家詹姆斯·霍纳一手制作,具有浓烈民族韵味的爱尔兰锡哨在他的精巧编排下,更显悠扬婉转而又凄美动人。歌曲的旋律从最初的平缓到激昂,再到缠绵悱恻的高潮,一直到最后荡气回肠的悲剧尾声,短短四分钟的歌曲实际上是整部影片的浓缩。该曲在全球取得了名副其实的战绩,登上多国单曲榜第一位,并成为全球畅销单曲,全球销量过千万。此曲还获得第70届奥斯卡最佳电影歌曲大奖和第41届格莱美音乐奖。

(三)Love Me Tender(《温柔地爱我》)

《温柔地爱我》是埃尔维斯·普雷斯利(猫王)于1956年根据自己的同名电影创作的经典金曲。1956年秋,猫王以该曲闯入电影界,此后,他拍了许多部电影。不管他在电影里饰演什么角色,那深情而富有磁性的声音总是能感动所有的观众。一般来说,一首电影插曲,大都是"对号入座",即归宿于某部特定的影片。但这首《温柔地爱我》却是例外,它是1956年美国影片《兄弟情仇》的插曲,而1957年美国影片《情暖童心》上映时,又将这首歌作为该片的主题曲。该曲曾经多次被评为奥斯卡金曲。

美的体验

1. 课外阅读

阅读几部中外著名音乐家传记,以"我最喜欢的音乐家"为题写一篇1000字以内的读书笔记,发布在班级公众平台。

2. 课外活动

上网或去音乐厅欣赏中外音乐作品演唱或演奏会,并与同学分享自己的心得体会。

3. 思维拓展

查阅资料,叙述中国音乐的风格特征。

4. 简答题

(1)你能说出10个以上中国的民族乐器吗?

(2)西方交响乐中使用的乐器一般分为哪四大组?

(3)西方音乐史上的"维也纳三杰"是指哪三杰?

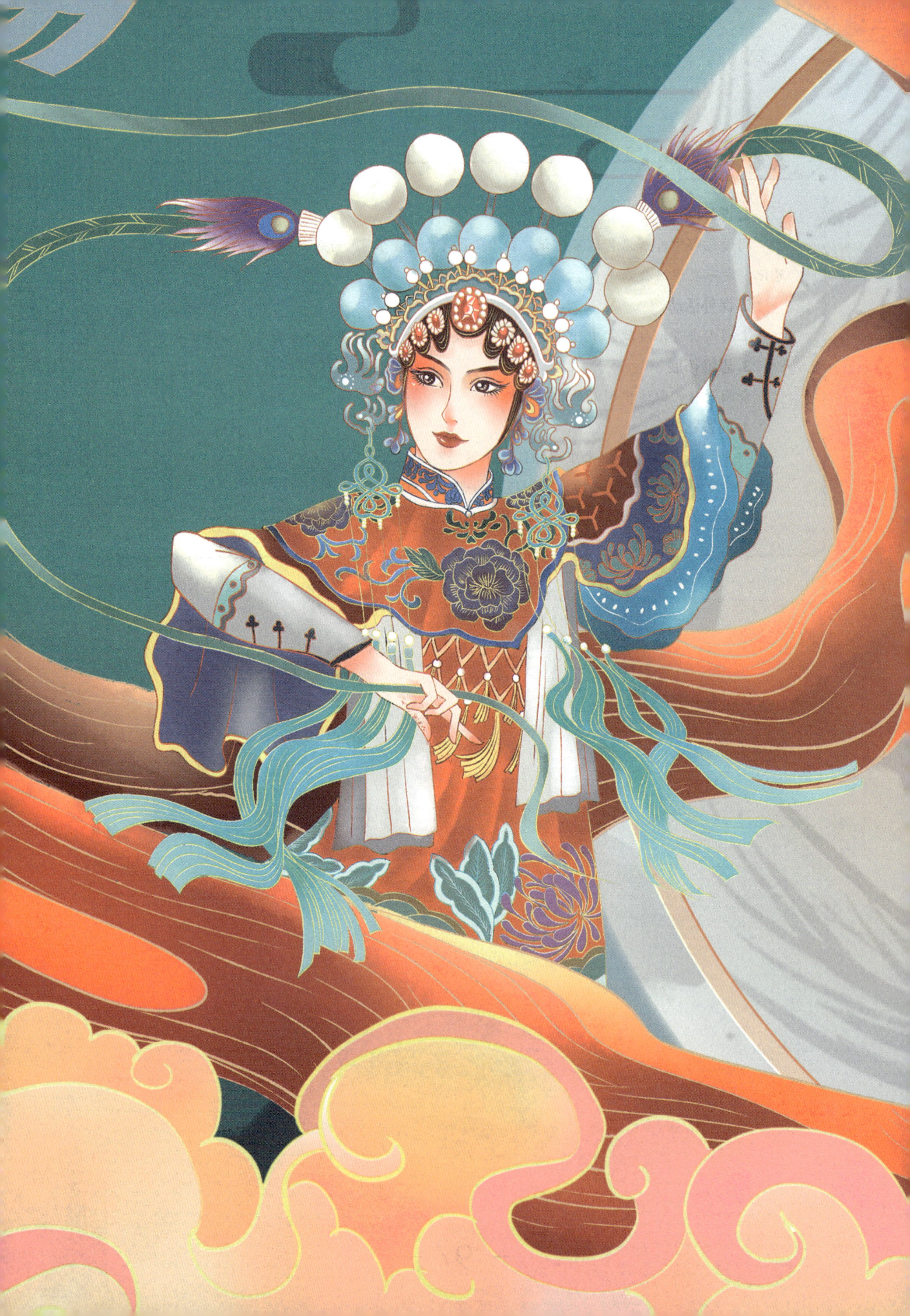

第六章

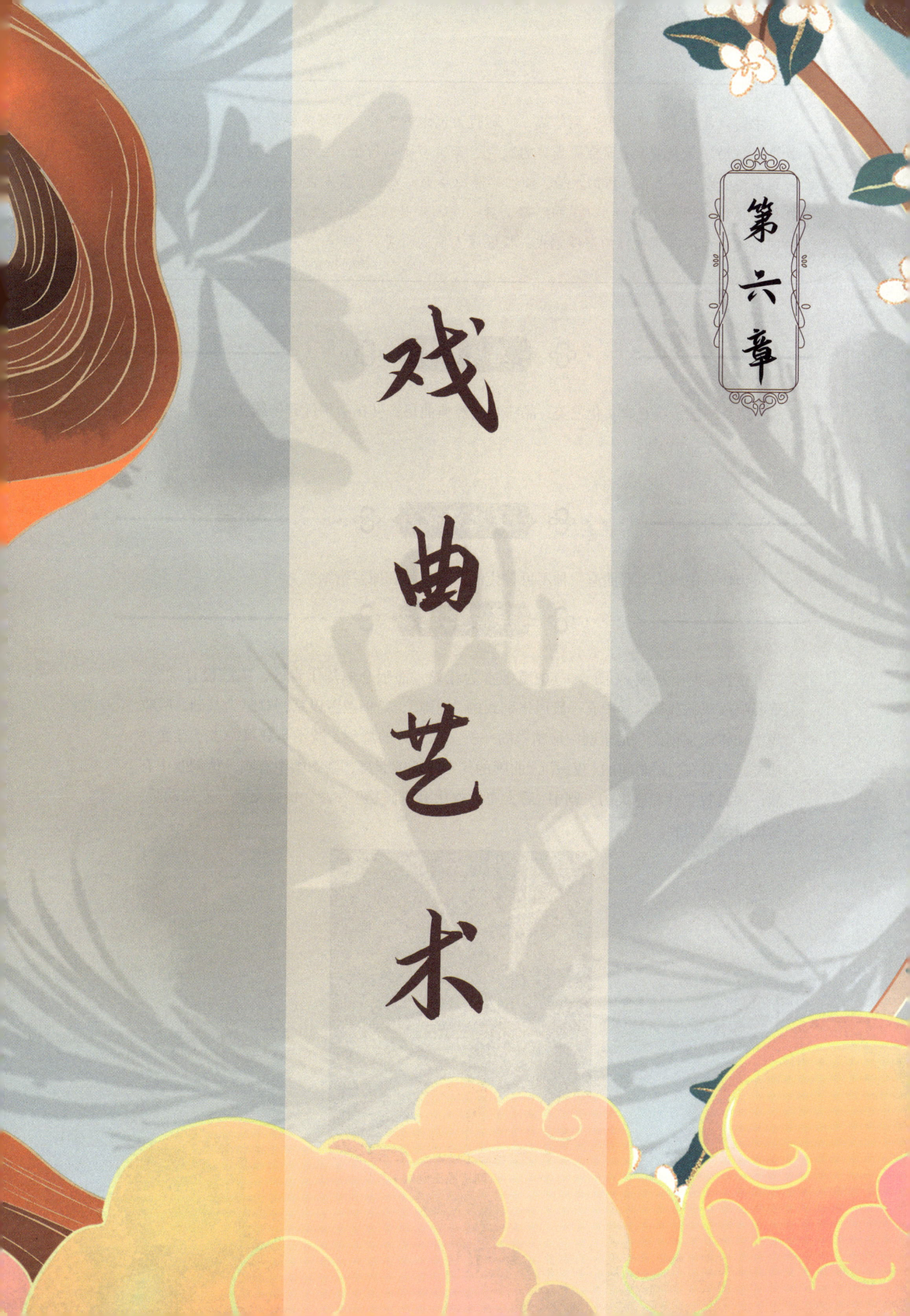

戏曲艺术

中国戏曲艺术是歌、舞、剧的统一。那行云流水的唱腔、婀娜多姿的身段、曲折动人的故事，打动了无数观众；那艳丽华美的服装、奇特夸张的脸谱，装点了色彩斑斓的舞台；那盼顾多情的眼神、长袖善舞的水袖、细细碎碎的台步，表现了东方古国的神韵。唱、念、做、打是中国传统戏曲的表演形式；手、眼、身、法、步是中国传统戏曲精益求精的表演技法。中国传统戏曲用丰富多彩的演绎方式，征服了人们的心灵。

思政目标

感受中国传统戏曲文化之美，品味戏曲经典曲目，弘扬中华优秀传统文化。

美之漫谈

为什么中国人对戏曲有一种不可替代的情感依赖和原乡情结？

寻美之迹

京剧《霸王别姬》（图6-1）中虞姬本为花衫，而唱念取法于青衣，唱腔设计优美，重要唱段载歌载舞。其中有一段风格别致的"剑舞"，是梅兰芳以京剧舞蹈为基础，吸收武术动作而编创的，是全剧中最精彩的一折。梅兰芳的舞剑，既不是狂舞，也不是卖弄功夫，而是在疾缓相间的《夜深沉》曲牌的伴奏下翩翩起舞，姿态柔中有刚，情调悲中有烈，颇具观赏性和感染力。剧中"看大王在帐中和衣睡稳"一段，情景交融，悲凉动听，为梅派经典唱腔。

图6-1 京剧《霸王别姬》剧照

第六章 戏曲艺术

知美识美

第一节
戏曲艺术发展概述

中国戏曲史是民俗史，也是民众史，它反映人民的生活，表达人们的喜、怒、哀、乐。中国戏曲在民间广为流传，民众的道德观念、历史知识、民族情感等可以通过看戏获得。戏曲起到了讽喻现实、劝善惩恶之功，担负了"厚人伦，美风化"之职。博大精深的中国传统戏曲也像其他艺术形式一样，经历了萌芽时期、草创阶段，最后走向繁荣和成熟。

一、戏曲的缘起

中国传统戏曲的源头众说纷纭：有学者认为起源于原始歌舞，有学者认为起源于"巫"与"优"，有学者认为起源于乡傩等。戏曲是一门综合性的艺术，无论是原始歌舞，还是祭祀礼仪、巫觋扮演都是形成戏曲美的元素，都为戏曲的形成起到了促进作用。当历史的车轮驶入巍巍盛唐，高度发达的经济和空前开明的政治，唤起了蛰伏在人们内心的激情与冲动，才华横溢的唐代文人不仅把诗歌的写作水平发挥到了极致，而且创造了优美的音乐、舞蹈和绘画，从而为戏曲的形成创造了有利条件。

唐朝的歌舞小戏就是戏剧的初步形态。《踏摇娘》是当时著名的歌舞小戏，它的内容大致是这样的：北齐时有一位姓苏的丑汉子，他很爱面子，虽没有做官，却自称"郎中"。他嗜酒成瘾，每次喝醉了就打骂妻子。他的妻子长得很美，挨打之后只能向邻里哭诉，乡亲们十分同情她。演出时，扮演妻子的演员徐步入场，唱述心中的哀怨，每到一段，旁边的人齐声应和："踏摇和来！踏摇娘苦和来！"演员边唱边踏步，踏步时还摇顿其身，所以称"踏摇娘"。后来那个醉醺醺的丈夫上场了，夫妻斗殴。丈夫丑态百出，引起观众笑乐。《踏摇娘》有人物、有故事、有歌舞、有对白，又是代言性的表演，是中国戏曲出现的前兆。

唐代另一种戏曲形式是"参军戏"，演员主要有两个：一个装痴卖傻自称"参军"，是被戏弄嘲讽的对象；一个机灵活泼，叫作"苍鹘"。两人一问一答。参军戏开创了一方调笑另一方的"套路"，是相声的滥觞，也是中国戏曲的雏形。后赵时有一个叫周延的"参军"，担任馆陶地方的县令，他因贪污官绢数百匹而获罪，被打入俳优之列，统治者为了警诫其他官员，在宴会上经常要俳优将此事表演一遍。一个演员穿绢衣出场，另一个演员问他："你是什么官？为何做了俳优？"他回答："我本是馆陶令，"并拉动身上的绢衣，"因为这个做了俳优。"引起参加宴会的官员们一阵哄笑。参军戏继承了以滑稽调笑的手段进行讽谏的传统，直接干预时政、针砭时弊，其代言性的特点非常突出。

二、杂剧的繁荣和南戏的兴盛

北宋时，随着商品经济的发展、城市人口的增加和市民文化生活的需要，戏曲演出空前活跃，城市里出现了规模巨大的"瓦舍"和"勾栏"。一些怀抱着"朝为田舍郎，暮登天子堂"理想的寒门学子，在求官无门的窘态下，为了生计只能"屈尊"为瓦舍创作脚本，人称"书会先生"或"京师老郎"。以上这些因素，使得宋朝戏曲走向繁荣。至此，中国戏曲艺术终于撩开了神秘的面纱，展示出美丽的芳容。

宋代戏曲的代表样式有杂剧和南戏。宋杂剧的体制十分稳定，一般分为艳段、正杂剧和散段三部分，角色行当一般有末泥、引戏、副净、副末、装孤等。宋杂剧由唐参军戏发展而来，以讥讽嘲笑为要旨，是瓦舍里主要的表演类型。《东京梦华录》里就记述了瓦舍、勾栏因演杂剧而观者倍增的情况。据周密《齐东野语》记载：北宋宣和年间，上将军童贯用兵燕蓟，败而窜。在一次内廷宴会上，教坊的演员们表演，上场的三四个婢女发式各不相同。一个梳着当额髻的婢女说："我是蔡太师家的，因我家太师经常觐见皇帝，所以我梳的发髻叫'朝天髻'。"一个发髻偏坠的婢女说："我是郑太宰家的，我家太宰守孝奉祠，不能打扮，只能梳这种'懒梳髻'。"一个像小孩一样满头为髻的婢女说："我是童大王家的，我家大王正在用兵，我梳的是'三十六髻'。"

通过这则杂剧，我们可以看到，宋杂剧在唐参军戏的基础上又勇敢地向前迈进了一步。它不避锋芒，把矛头直指社会重大问题，巧妙地利用谐音等修辞手法进行劝谏和讽喻。用"三十六髻"暗讽童贯"三十六计，走为上计"。这种技巧犹如拨云见日，最后揭开谜底，让观众恍然大悟，达到强烈的艺术效果。

南戏是出自南方的歌舞小戏，用南曲演唱，又称"温州杂剧"或"永嘉杂剧"。南戏的题材偏向于爱情故事及家庭纠纷，演唱历史故事和英雄故事的戏文很少。剧情较杂剧曲折、复杂。由于受程朱理学禁欲主义的排斥，南戏戏文流传下来的很少，以《张协状元》的成就最高。宋朝南渡后，一部分杂剧家留在北方，他们创造了可与宋杂剧争辉的金院本。金院本和宋杂剧的渊源很深，其体制有很多相似之处，是宋杂剧的发展。南戏和金院本已经不再是有歌舞的戏曲表演，而是以讲故事为主、有稳定角色分工的综合舞台艺术，是中国戏曲的成熟形态。

三、元杂剧的兴盛

当蒙古统治者的铁蹄踏进宋朝的富贵温柔之乡，知识分子的地位不可避免的下滑，失去梦想的文人们，要么与文绝缘，甘做一个"不识字的烟波钓叟"，要么寄身勾栏，用曾不屑尝试的"下里巴人"式的戏文来宣泄心声，大多数落魄文人选择了后者。他们的加入为久旱的戏曲艺苑带来了知识的甘霖，迅速提升了戏曲的文化品位，扭转了中国舞台艺术以插科打诨、嬉戏娱乐为主的倾向，带领中国戏曲大踏步地走向精神层面，使元曲成为可以与唐诗、宋词、汉赋媲美的文学艺术。元杂剧代表着中国戏剧进入黄金时代。

元杂剧的体制非常严格，基本形式是四折一楔子。折是指音乐上一个完整的套曲，一折是指与一套曲子相适应的一个较大的剧情段落。一本四折是指一个剧本采用不同宫调的四套曲子和穿插其间的科白，构成剧情发展的四个段落。楔子是对剧情的补充，用来交代人物、情节等，一般放在第一折之前，相当于序幕，也可放在折与折之间，相当于过场。

元杂剧的角色分为旦、末、净、杂四行，只有正旦和正末，才可以成为主角。表演时只能正旦或正末一人主唱，正旦主唱的叫旦本，正末主唱的叫末本。

元代杂剧数量有六七百种之多。大都时期是元杂剧的鼎盛时期，关汉卿的《窦娥冤》《救风尘》、白朴的《梧桐雨》、王实甫的《西厢记》、马致远的《汉宫秋》等是元杂剧的杰出代表。元朝后期是元杂剧的衰落期，活动中心南移到了杭州。杂剧离开了适合自己生长的土壤，逐渐衰落，加上元朝统治者恢复了科举制度，致力于杂剧创作的人大大减少，虽有姓名可考的作家有二十多位，但真正有影响的作家只有郑光祖、乔吉、宫天挺等人。郑光祖和关汉卿、白朴、马致远被称为元曲四大家，他的《倩女离魂》是元后期杂剧中最优秀的作品之一。其剧情大致是：王文举与张倩女出生前就被指腹为婚，后来王文举父母双亡，家道中落，王文举到张家提亲时，遭张母拒绝。文举上京应试后，倩女相思成疾，魂魄离开身体随文举到了京城，并在京城与文举生活了三年，王文举状元及第后携倩女回到家中，倩女的魂魄与躯体合二为一。作者以浪漫主义的手法，表现了幽闭深闺的女性对自由美好爱情的向往，成功地刻画了倩女热情、大胆、执着的性格特征。这部剧对汤显祖《牡丹亭》的创作有很大的影响。

四、明传奇的发展

元朝后期，科举制度得以恢复，无数读书人又展开了对仕途的苦苦追寻，瓦舍勾栏里的喧天锣鼓渐渐平息，元杂剧的艺术水平大大降低。而曾经仅流行于南方民间的南戏却吸收了杂剧的长处，向传奇过渡，《荆钗记》《白兔记》《拜月亭记》《杀狗记》是南戏向传奇过渡时的重要作品，是传奇初步形成的标志，又被称为"四大传奇"。高明的《琵琶记》被称为"南戏中兴之祖"，也是过渡时期的重要作品。高明把丈夫高中状元后抛弃糟糠之妻的悲剧改编成夫妻团圆的喜剧，是为了在舞台上树立一个"子孝妻贤"的形象。正如他自己所说："不关风化体，纵好也枉然。"至此，戏曲与"以文治国""文以载道"的文学传统衔接起来，也担负起了教化民众的重任。

明朝戏剧品种繁多，可以分为两大系统，一是由元杂剧发展而来的明杂剧，二是由南戏发展而来的明传奇。明中叶以后传奇的繁荣，是我国戏曲史上继元杂剧后的第二次高潮。《宝剑记》《鸣凤记》《浣纱记》被称为"三大传奇"。《鸣凤记》取材于真实生活，揭露了严嵩父子的残暴罪行，给观众强烈的震撼，在明朝舞台上常演不衰。它还首开中国戏曲描写重大政治事件的先河，给后人很大的启发。梁辰鱼的《浣纱记》是第一部用昆腔写作的剧本，对昆曲的发展和传播起了很大的作用。明初，由于南戏的流行，不同地方因方言曲调的差异出现了不同的声腔，余姚腔、海盐腔、弋阳腔、昆山腔是当时流行的四大声腔。嘉靖年间，音乐家魏良辅对昆腔进行了改进，使它成为剧坛霸主。明朝后期，传奇的创作更加繁荣，大批剧作家不断涌现，流派纷呈、竞争不断，其中最主要的有以汤显祖为首、注重文采的临川派和以沈璟为首、注重格律的吴江派。《临川四梦》是汤显祖的代表作，包括《牡丹亭》《紫钗记》《南柯记》《邯郸记》四部，以《牡丹亭》成就最大，当时就已家喻户晓。

五、地方戏曲的兴起

清初剧坛承袭了明朝剧坛的繁荣，杂剧的创作成就较高，出现了吴伟业和尤侗等作家，他们的作品，大多借历史故事，表现出深沉的故国之思。这些作品曲辞优美、用事工巧，不适宜演出，只适合文人欣赏，是典型的"案头之曲"。清代传奇的创作在明朝的基础上得到了进一步的发展，涌现出较多的名人名剧。李玉是苏州作家群的代表，他早年创作的《一捧雪》《人兽关》《永团圆》《占花魁》受到人们称赞，而后期创作的《清忠谱》写的是天启年间的一次民变，把群众斗争成功地搬上了舞台。李渔是清朝著名的戏曲理论家和剧作家，他十分重视戏曲的娱乐功能，是第一个意识到应根据观众的水平和需要来写戏的剧作家，他的戏曲理论见于《闲情偶寄》中。李渔的戏曲创作以喜剧为主，他的《笠翁十种曲》对我国喜剧的发展有重要影响。清代传奇的高峰是洪昇的《长生殿》和孔尚任的《桃花扇》，这两部传奇不但语言精美、音律和谐、穿插得当，而且把历史性和现实性结合在一起，取得了空前的成就。

清乾隆年间，大兴文字狱，杂剧与传奇受到打压，加上其创作脱离舞台、远离现实，创作走向衰落。而民间一些粗俗但贴近生活的地方戏曲却受到了普通百姓的热烈欢迎，如江浙越剧、湖北楚剧、安徽黄梅戏、江西采茶戏、湖南花鼓戏等。各种声腔技艺也大大提高，如京腔、秦腔、弋阳腔、梆子腔、罗罗腔、二黄调等。李斗在《扬州画舫录》中，把昆腔称为雅部，其他称为花部。随着地方戏曲的影响越来越大，在当时的戏曲中心北京，开始了著名的花雅之争，最终花部取得了胜利。乾隆中期，四大徽班（三喜班、四喜班、春台班、和春班）相继进京，轰动京城，盛极一时，成为北京剧坛的霸主。后来徽剧又吸收汉调、昆曲、秦腔的优点，根据北京观众的习俗和爱好，形成了一个新的全国性的剧种，即京剧。京剧的发展带动了地方戏的繁荣，也实现了中国戏曲的重大转折：由以剧本创作为中心的戏曲活动，逐渐过渡到以表演为中心。戏曲艺术的重点不再是剧本创作而是表演艺术。

以美培元

第二节
戏曲艺术的审美特征

一、戏曲艺术的特征

（一）综合性

戏曲是一种综合性的舞台艺术样式。王国维在《戏曲考源》中指出："戏曲，必合言语、动作、歌唱以演绎故事。"可见戏曲融合了文学、舞蹈、音乐、武术、服装、道具、布景等多种元素，以歌舞来演绎故事，具有高度的综合性。

（二）虚拟性

戏曲艺术的虚拟性首先表现为时空的虚拟性。戏曲舞台上的时间是灵活自由的，是对生活时间的虚拟。有时为了强调，故意将时间拉长，有时又有意缩短，只用简单的语言进行交代。舞台是一个流动的空间，地点更迭十分频繁，演员三五步就表示走遍天下，说句"人行千里路，马过万重山"就已远隔千山万水。

其次是动作的虚拟性。戏曲舞台上动作的对象，常常被省略。人物骑马，无须牵上马匹，手挥马鞭即可；人物行船，也可以持桨当舟。如《拾玉镯》中孙玉姣穿针、引线、刺绣、数鸡、喂鸡等一连串的表演，都是通过演员微妙的、虚拟式的动作告诉观众的。

最后是对周边环境的虚拟。戏曲舞台的表现原则是用最为简单的布景和装置表现尽可能多的内容，所以周围的环境常被虚化。一些戏曲演员在没有任何布景、道具的情况下，凭借行为和演唱来表明人物所处的环境，才实现了无花木但显春色、无波涛但知江河。

（三）程式性

所谓程式性是指根据生活的真实形态提炼出一套规范的、固定的、精美的动作形态，再用这些有限的程式去表现多彩的生活。程式性不仅指动作，还包括表演、情节和人物塑造等方面的程式化。如传统戏曲的角色行当、人物脸谱等。

戏曲的程式性是中国古典戏曲观的反映。中国古典戏曲观、苏联斯坦尼斯拉夫斯基戏剧观、德国布莱希特戏剧观是三种不同的戏剧理论体系。斯坦尼斯拉夫斯基体系认为话剧是再现生活，演员与角色之间、舞台和生活之间存在第四堵墙，为了再现生活，就必须遵循生活的本来面目，所以演员与角色、舞台与生活必须融为一体。布莱希特体系则认为应推倒所谓的第四堵墙，演员和角色之间、观众和演员之间、观众和角色之间必须保持一定的距离，防止演员和观众都过于感情用事，从而失去理智。中国古典戏曲观认为戏曲是表现生活，根本不存在第四堵墙，舞台与生活之间、演员与剧中人物之间可以保持一定距离。

二、戏曲的"四功"

戏剧的一般特征是用演员扮演人物，以人物的唱词、对话和动作来表现故事情节。所以，一台好戏必须有动人的唱腔、不凡的身段、精彩的剧情，必须是音乐性的对话、舞蹈化的动作和文学化的剧情的统一，必须是歌、舞、剧的统一，具体来讲，唱、念、做、打是传统戏曲的艺术手段，被称为"四功"，手、眼、身、法、步是传统戏曲的技术方法，又叫"五法"。"四功"和"五法"不但是戏曲主要的表演形式，也是演员应具备的基本功。

（一）唱

"唱"是戏曲艺术主要的表现形式，列唱、念、做、打之首。其实，唱诗的传统中国古已有之，《史记》中说"诗三百篇，孔子皆弦歌之"，曹操的《观沧海》《龟虽寿》等诗作后均有"幸甚至哉，歌以咏志"等句，到宋朝词的唱风日盛，不但文人们唱，老百姓也唱，"凡有井水处，即能歌柳词"就是明证。唱主抒情，常用来抒发剧中人物的内心情感，或表达剧中人物的思想观点。戏曲的唱功十分讲究，从吐字发声到行腔转调都有一定的规矩，不能信口开河、荒腔走板。演唱不但要求字清、音纯、腔圆、板正，还讲究声情并茂，唱腔的急徐寓低、长短转折要能够传情达意，打动观众。演员们最渴望的就是有一副"好嗓子"，都希望自己的演唱能"余音绕梁，三日不绝"。许多戏曲表演上的"流派"，常常是以演员的嗓音和唱腔来作为主要特点的，如京剧的"梅派""程派""荀派"等。

（二）念

"念"是戏曲演出中人物间的对白或独白的总称，是一种诗歌化、音乐化的戏剧语言。一般剧种的念白与剧种所在省份的地方音大致相同。"白"主叙事，分为"韵白"和"散白"。"韵白"是有韵的念白，高低抑扬又舒缓自如，较接近朗诵，有比较明显的旋律和节奏，多用诗词或是文雅一些的语句。"散白"在京戏里称为"京白"，比较接近日常生活的口语，但又不相同，它比口语要夸张，而且也有旋律和节奏。中国戏曲对念白特别重视，所谓"千斤念白四两唱"，此话道出了念白在戏曲艺术中的重要地位。余叔岩说："唱的最高境界就是念"，说明了念白的难度。念白除有少量锣鼓调节、点缀外，没有一点帮衬，全靠演员的句清字准，来摹写人物的情态和传达剧情。念白要求吐字准确、清楚流利、活泼自然、音节铿锵，就跟炒蹦豆一样，干脆、利落、爽快，要富于旋律感、节奏感，富于音乐性。

（三）做

"做"指舞蹈化的形体动作，讲求细腻而不烦琐、洗练而不粗率。做要求"走有走相，坐有坐相""浑身有戏"，舞要求"身似轻燕脚如钉"。即使是反面人物的动作和声态，到戏曲舞台上也要尽可能地美化处理，所以，相貌丑恶、品德恶劣的无赖，在舞台上出手伸脚的动作也都经过精雕细琢的处理。演员在创作角色时，手、眼、身、法、步各有多种程式，髯口、翎子、甩发、水袖也各有多种技法，灵活运用这些程式化的舞蹈语汇，突出人物性格、年龄、身份等特点，塑造的艺术形象就会更成功。做并不是纯技术性表演，一举手、一投足，既有内心的体验，又能通过动作和形象加以外显，内外交融，得心应手，全为塑造形象服务。

（四）打

"打"是戏曲形体动作的另一重要组成部分，它是传统武术的舞蹈化，一般分为"把子功""毯子功"两大类。用兵器对打或独舞的，称"把子功"；在毯子上翻滚跌扑的技艺，称"毯子功"。凡武将上场（或主帅登台点将），多用"起霸"的动作，这里有一连串的舞蹈身段，表示武将上阵之前整盔束甲的各种准备。如果武将骑马，演员要做出拉缰、颠摇、前扑、后仰、回旋种种身段。战斗紧张时，武打动作骤然加快；势均力敌时，动作就要慢下来；战斗结束时，胜利的一方就在台上舞弄兵器，表示勇武胜利的气概。武戏中还有许多特技，如"走钢丝""走矮子""椅子功"等。打戏不仅要有深厚的功底，还必须善于运用这些难度极高的技巧，准确地展示人物的精神面貌和神情气质。

三、传统戏曲的舞台艺术

中国传统戏曲历来重视剧本的创作，涌现出了关汉卿、王实甫、汤显祖、孔尚任等一些优秀的戏剧大师。到了清初，李渔开始把目光转向舞台，他认为："填词之设，专为登场。"突出戏曲的舞台性，强调戏曲创作要充分尊重戏曲的舞台艺术特点，不像前人一样把戏曲视同诗词，作为案头艺术来欣赏。清道光年间，京剧形成并迅速发展，戏剧文化发生了重大变化：戏曲艺术的核心不再是文学创作，而是表演艺术，剧本的创作服务于演员的舞台演出。因此在京剧演出中，观众对演员的表演十分关注。为了追求"名角效应"，有些剧本还为"名角"量身定做。而演员们为了成为"名角"，勤练"内功"，把追求尽善尽美的舞台艺术作为自己的终极目标，极大地提高了舞台艺术水准，形成了中国传统戏曲无与伦比、精妙绝伦的艺术特色。下面介绍几种常见的舞台艺术形式。

（一）脸谱

戏曲化妆也俗称"扮相"，指戏曲人物的面部化妆。可分为"俊扮"和"彩扮"两种类型。一般的生行和旦行用"俊扮"，即只略施彩墨来达到美化效果，也称"素面"。"彩扮"主要适用于净、丑两行，也称"脸谱"。脸谱化妆充分运用夸饰的手法，以色彩和图案对眉、眼、鼻、口及脸庞、脸纹加以夸张铺饰，强调人物的面目特征。脸谱还具有"寓褒贬，别善恶"的艺术功能，从中可以看出绘制者对人物的道德评价。脸谱中每种设色都具有特定的象征意义，红色象征忠勇侠义，白色象征阴险奸诈、刚愎自用，黑色象征直爽刚毅、勇猛智慧。所以，忠肝义胆的关羽，被画成了红脸；奸诈阴险的曹操，脸上涂满了白色；公正无私的包拯，则成了黑脸（图6-2）。

图6-2 脸谱

（二）髯口

生、净、末、丑各行角色所戴的髯口，又称"口面"，是人物面部两腮和颔下胡须的象征物。它是代表剧中人物年龄、性别、性格的一种不可缺少的艺术装饰。髯口是用犀牛尾、马尾、细尼龙丝或假发制成的。髯口不仅是遮盖演员演唱时口型的美化手段，也是刻画人物心情与神态的艺术工具。演员通过各种髯口的表演技巧，如搂、撩、推、捋、抖、吹等来传达人物的情态。

搂髯多用于昂首观望与低头俯视，撩髯多表现思忖和自叹，推髯多反映慨叹，捋髯多展示安闲，抖髯多用于惊怕，吹髯则反映生气等。还可以通过髯口的形状、样式、长短、疏密及颜色来表示剧中人的年龄、身份、容貌和所处的境遇等。髯口的色彩主要包括黑、黪（灰色）、白三种（图6-3）。包拯所戴的髯口是乌丝长髯，它有助于塑造人物刚正不阿、铁面无私的威严气概；项羽所用的长髯，更衬托了他武勇、骄横的气质。

图6-3 髯口

（三）水袖

"水袖"是戏曲人物服装袖子前面装饰的一块白绸子。演员在表演中可以通过使用水袖的各种不同技巧来刻画人物性格，表达喜怒哀乐，运用得当则能胜过千言万语。水袖功也能展现演员的表演功力，起到增光添彩的作用。演员表演水袖功必须有思想、有内容、有生活根据并达到一定的目的性，不能单纯地卖弄技巧。程砚秋曾将水袖的基本动作归纳成勾、挑、撑、冲、拨、扬、掸、甩、打、抖十种。水袖技巧的基本要领在于肩、臂、肘、腕、指等各个部位的协调配合，演员必须经过专门训练，熟练地掌握水袖的性能和动作要领，运用时才能得心应手。这些基本动作经过精心的设计和组合，可以表现出多种感情。例如，表示哀痛害羞，用一只手扯起另一只水袖遮住脸；表示礼貌恭敬，一只手横着扯起另外一只水袖；表示痛苦悲伤，用水袖轻轻地虚拭脸庞。

（四）行头

戏曲舞台上用的衣、帽、鞋履等，称为"行头"。戏衣是戏曲表演中所穿戴服装的总称，传统戏曲在穿戴上有较为严格的程式规范，"宁穿破，不穿错"。根据角色行当的不同，衣着有较大的区别。戏曲的服装不仅具有装饰性，而且是人物身份、地位的标志。戏曲服装分为五类：蟒、靠、帔、官衣、褶子。蟒是蟒袍的简称，上绣云龙、海水纹图案，是帝王将相的正服，颜色多样。皇帝穿的蟒为明黄色，其他人因其身份、地位、年龄不同而异。靠是武将的戎装，有软硬之分。硬靠背扎三角形靠旗四面，软靠不扎靠旗，颜色也与人物的年龄、性格相关。帔为对襟中分，是皇帝、文官和士绅的便服。官衣主要分红、蓝两色，样子和蟒差不多，但不绣花，圆领大襟，是官员穿的官服。褶子是戏衣中最常见的，是帝王将相的衬衣及平民的便服，分花、素两种，多为斜襟，男褶子为硬质，女褶子为软质。传统戏曲中把剧中人所戴的冠帽通称为盔头。盔头可分为冠、盔、巾、帽四类。冠一般指帝王、贵族的硬质礼帽；盔一般为武士所戴；巾多为缎制品的软帽子，有花有素，属于便装；帽用于不同身份的人物，软硬质均有。戏鞋是传统戏曲演出中的各式靴、鞋，如厚底靴、彩鞋等。

赏美之心

第三节 戏曲艺术作品欣赏

一、昆曲《牡丹亭》

汤显祖的《牡丹亭》（图 6-4）是我国古代戏曲史上最优秀的作品之一。《牡丹亭》讲述了贵族小姐杜丽娘梦中与一青年在牡丹亭畔相会，醒后相思成疾，抑郁而死。书生柳梦梅赴临安应试，途经南安郡，拾得杜丽娘画像，悦其貌美，赞慕不已。此时，杜丽娘的幽魂显现，认出了柳梦梅乃旧日梦中所会的那位书生，向他表白了爱慕之情，并让其掘坟而使自己获得重生。杜丽娘复活以后，两人求杜丽娘父母许婚。其父大怒，诬柳梦梅私掘女坟，上书奏明皇帝。柳梦梅此时已高中状元，两人得皇帝恩准，夫妻团圆。

图 6-4 昆曲《牡丹亭》剧照

《牡丹亭·游园》这段唱词写杜丽娘到花园赏春，看到繁花似锦的迷人春色无人赏识，只能付与破败的断井颓垣。杜丽娘以此比喻自己的青春正在悄然逝去，自然的天性受到禁锢。这大好春色将她内心深藏的活力唤醒，身心的美和大自然的美产生了强烈的共鸣。

二、京剧《武家坡》

《武家坡》（图6-5）是京剧《红鬃烈马》中的一出折子戏，讲的是王允丞相的女儿王宝钏下嫁乞丐薛平贵。王允愤怒，与王宝钏断绝关系。王宝钏身住寒窑。后来薛平贵因降服红鬃烈马有功而封官，出征西凉，薛平贵无奈与王宝钏告别，挥泪而去。出征西凉之战中，被奸人灌醉，缚马驮至敌营。西凉王爱才，将代战公主嫁给他。王宝钏十八年清守寒窑，倍尝艰苦，托鸿雁传书至西凉。薛平贵见王宝钏血书，急回国探望。

《武家坡》这段唱词写薛平贵路过武家坡，遇见王宝钏。夫妻分离18年，容颜难辨，不敢贸然相认。薛平贵借问路试探王宝钏，王宝钏坚守贞节，逃回寒窑。薛平贵赶至窑前，细说缘由，赔诉前情，夫妻才得以相认。

图6-5 京剧《武家坡》剧照

三、越剧《梁山伯与祝英台》

《梁山伯与祝英台》（图6-6）是越剧中的经典剧目。该剧写祝英台女扮男装往杭城求学，与梁山伯同窗三载，结为兄弟。祝父催女归家，祝英台行前向师母吐露真情，托媒许婚梁山伯。但祝父将祝英台许婚马文才。祝英台与梁山伯姻缘无望，梁山伯悲愤而死，祝英台誓以身殉。马家迎娶之日，祝英台花轿绕道至梁山伯坟前祭奠，霎时风雷大作，坟墓爆裂，祝英台纵身跃入。后梁山伯与祝英台化作蝴蝶，双双飞舞。

《梁山伯与祝英台·十八相送》写祝英台离开杭城返家时,梁山伯依依不舍相送,祝英台假托为妹做媒,嘱梁山伯早去迎娶。

图 6-6　越剧《梁山伯与祝英台》剧照

四、黄梅戏《女驸马》

黄梅戏代表作《女驸马》(图 6-7)是一部极富传奇色彩的古装戏,说的是民女冯素贞自幼许配李兆廷,后李家败落,岳父母嫌贫爱富,逼李兆廷退婚。冯素贞花园赠银于李兆廷,冯父撞见,诬李为盗,将其送官入狱,逼冯素贞另嫁宰相之子。

《女驸马·谁料皇榜中状元》这段唱词写冯素贞男装出逃后,在京冒李兆廷之名应试中魁,被皇家强招为驸马。花烛之夜,冯素贞冒死陈词,感动公主。

图 6-7　黄梅戏《女驸马》剧照

五、豫剧《花木兰》

豫剧又叫"河南梆子",是河南省的主要剧种之一。《花木兰》(图6-8)是豫剧大师常香玉的代表剧目。该剧是1951年常香玉为抗美援朝捐献"香玉剧社号"战斗机进行义演时的主要剧目。讲的是南北朝时番邦犯境,边关告急,花木兰女扮男装代父从军的故事。

《花木兰·谁说女子不如男》是其中的经典唱段,反驳了刘大哥的话语,塑造了女子勤劳、能干及为国拼杀的巾帼英雄的形象。

图6-8 豫剧《花木兰》剧照

美的体验

1. 课外阅读

中国古典戏曲是中华文化之瑰宝。但是在现代生活中,越来越多的年轻人没有兴趣看戏、听戏。但是,"古典未必就古,传统依然要传",古典戏曲其实也别有风味,建议同学们走进戏园感受经典,体验传统文化带来的心灵震撼。

2. 课外活动

组织一次"百家戏苑"活动。有表演欲望或有基础的同学可以表演一段家乡戏,不善于表演的同学可以介绍家乡戏。

3. 思维拓展

互联网时代,人们获取信息和娱乐的方式呈现出快速化和多样化的趋势,戏曲逐渐被年轻人所遗忘,有些剧种甚至到了后继无人的境地,对此你有何看法?要振兴中华戏曲,你认为有什么好方法?

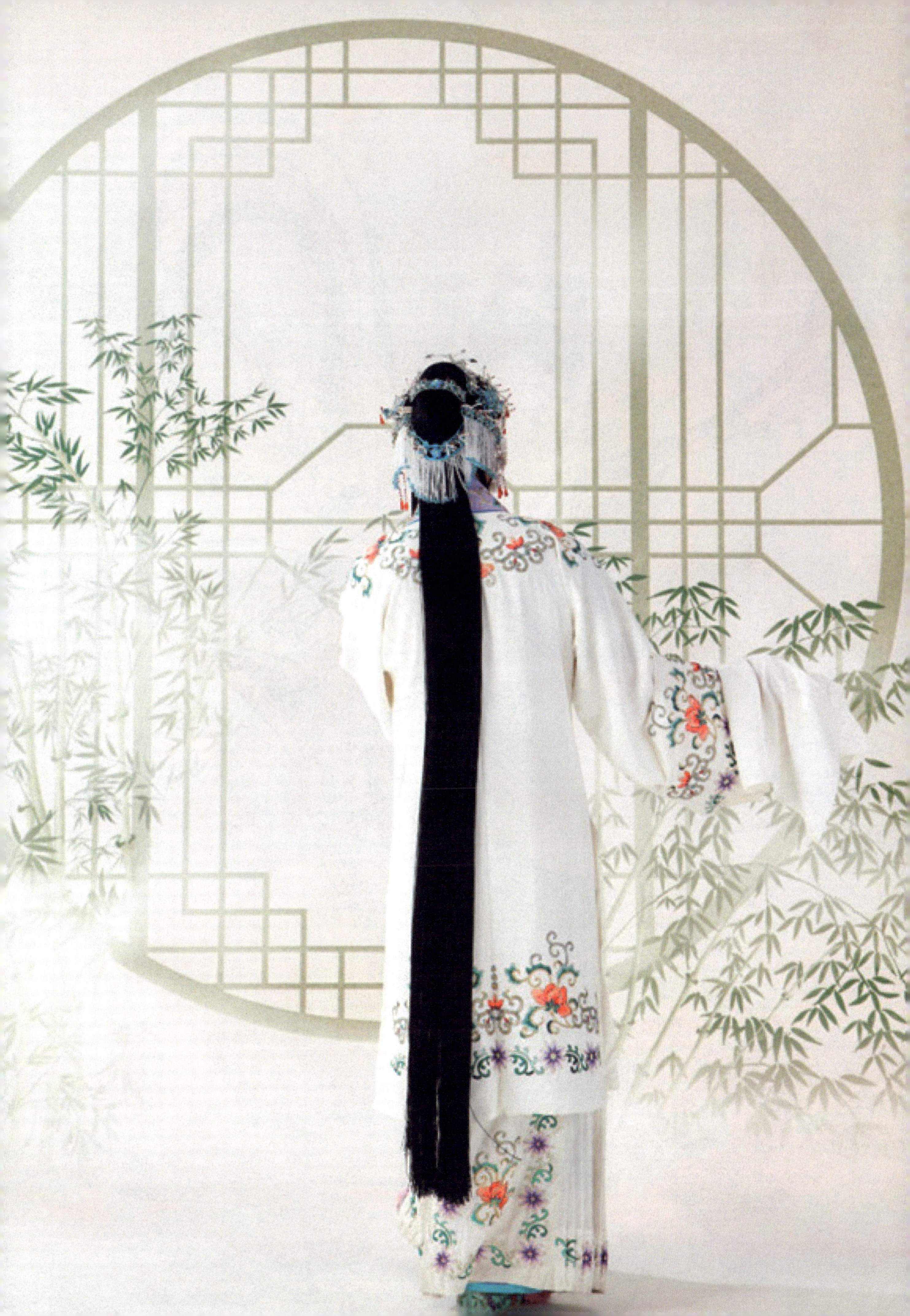

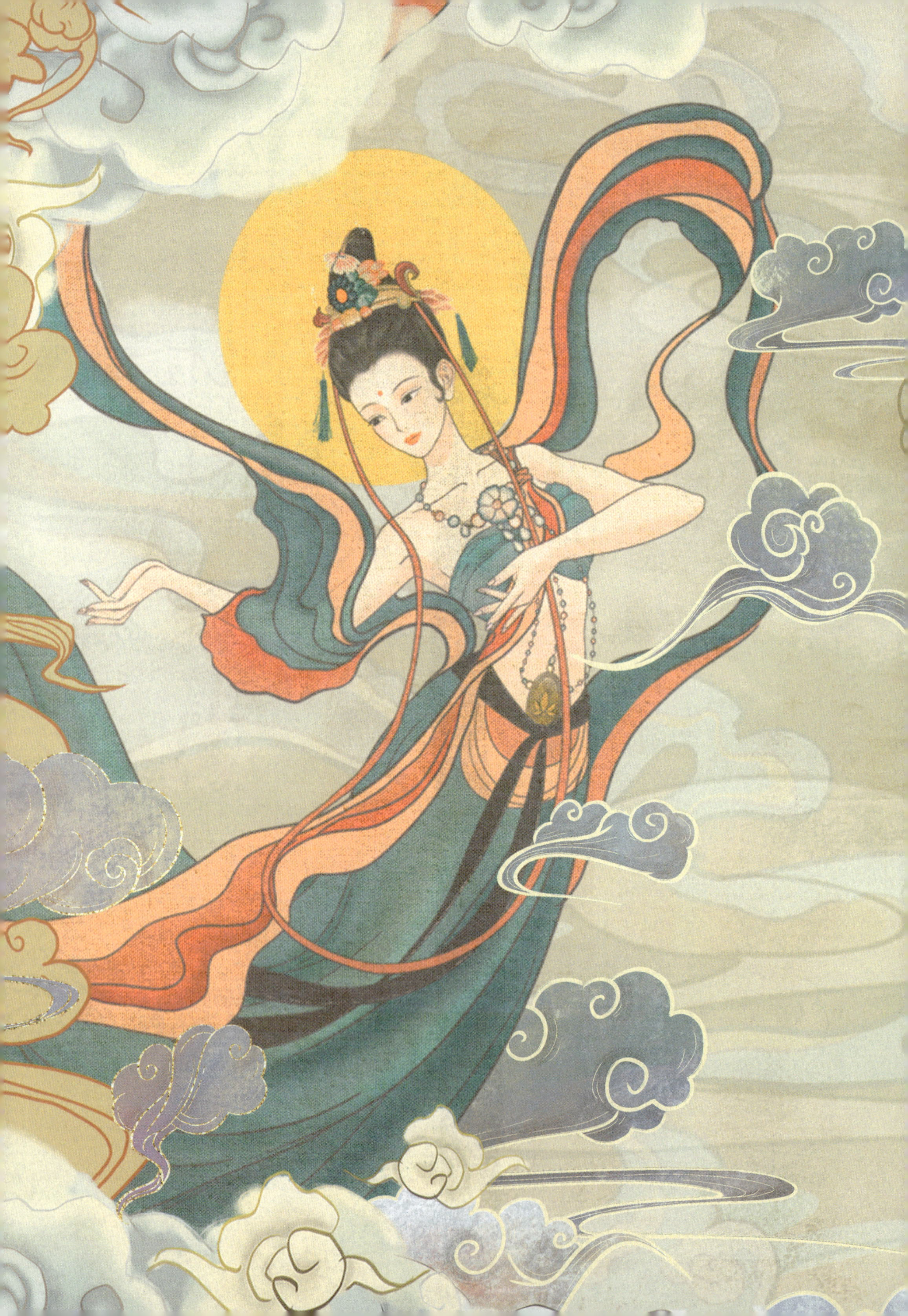

第七章 舞蹈艺术

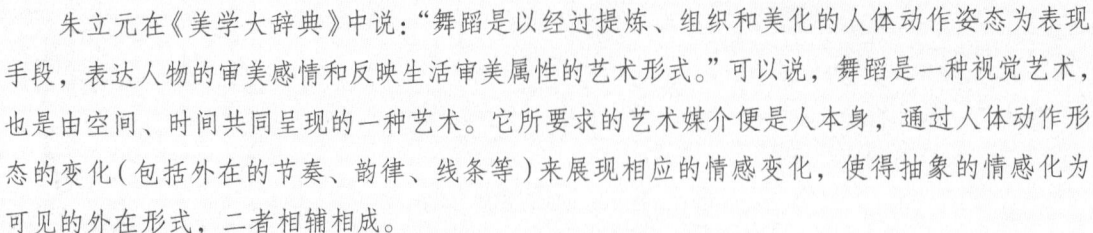

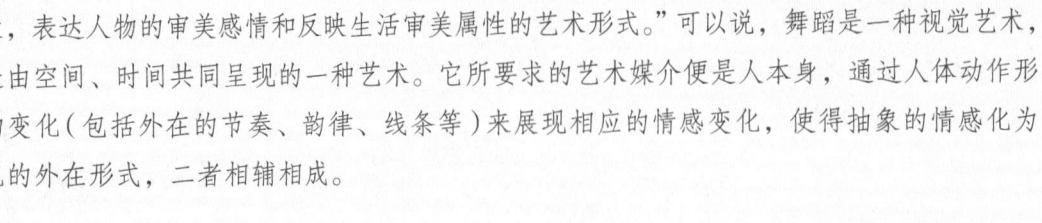

朱立元在《美学大辞典》中说:"舞蹈是以经过提炼、组织和美化的人体动作姿态为表现手段,表达人物的审美感情和反映生活审美属性的艺术形式。"可以说,舞蹈是一种视觉艺术,也是由空间、时间共同呈现的一种艺术。它所要求的艺术媒介便是人本身,通过人体动作形态的变化(包括外在的节奏、韵律、线条等)来展现相应的情感变化,使得抽象的情感化为可见的外在形式,二者相辅相成。

思政目标

(1)培养学生良好的舞蹈鉴赏能力和韵律感,促进学生德智体美劳全面发展,使之成为复合型、高素质的国家栋梁之材;了解我国以及其他国家的优秀作品,树立正确的多元文化价值观。

(2)通过欣赏古典舞《丝路花雨》,使学生了解"一带一路"的意义以及增强"文化自信"的重要性。

美之漫谈

(1)你喜欢舞蹈吗?说说你对舞蹈这门艺术的看法。

(2)说说你所欣赏或了解的舞蹈。

寻美之迹

舞剧《孔雀》是由舞蹈艺术家杨丽萍亲自操刀,邀请奥斯卡最佳美术设计奖获得者叶锦添、北京奥运会开幕式音效大师金少刚等国内外一流艺术家加盟,共同打造的一部震撼人心的视听艺术作品。舞剧分为春、夏、秋、冬四个篇章,每个篇章都有不同的主演和舞蹈风格,展现了孔雀在不同季节的生存状态和情感变化。杨丽萍不仅担任总编导,还亲身出演了"冬"之篇章,以孔雀之王的身份,带领众多孔雀迎接冰雪的考验,用舞蹈表达了对生命的敬畏和对自然的尊重。她的舞蹈,既有孔雀的灵动和优雅,又有人的情感和智慧,让人感受到生命的力量和美丽。

第一节 舞蹈艺术发展概述

一、舞蹈的起源

关于舞蹈的起源,学术界存在不同的观点,集中体现在以下几个方面。

(一)神授说

神授说是人类历史上最早涉及舞蹈起源的学术观点,认为舞蹈的出现与神有关。人类诞生初期,科学知识水平还很低,缺乏正确区分人与神的主观意识,从而产生了认知偏差,将部分人才出众或贡献突出的人视为神。在古希腊和中国的神话传说中,存在大量关于神的记录,其中就有人类舞蹈是得到神的启发才产生的说法。

(二)宗教巫术说

宗教巫术说认为,"巫"和"舞"是一致的,比如人类早期的巫术祭祀舞、图腾崇拜舞均属于典型的舞蹈。早期人类将世间所有事物灵魂化,促进了巫术祭祀、原始宗教的诞生。这类活动往往采用舞蹈形式,因而不少学者认为舞蹈起源于宗教巫术。

(三)繁衍说

繁衍说认为,原始社会中的人们基于对生存的重视,把繁衍后代当作头等大事。通常,人们在择偶、求爱时多采用舞蹈这一表现形式。由此观之,人们对繁衍的重视促进了舞蹈的出现。

(四)模仿说

模仿说认为,舞蹈的出现与人类观察、模仿动物的行为紧密相连。此外,人们对自然景观的观察与模仿,如火山喷发、河水流淌、树木摆动等,在一定程度上也促进了舞蹈这一艺术形式的诞生。

(五)游戏说

游戏说认为,之所以产生舞蹈,是因为原始人精力旺盛却得不到合理释放,因而只能采用游戏的方式来宣泄。这里所说的游戏,指的是人类的审美需求,即以假想为快乐,比如人类通过模仿动物行为来表达自身情感。游戏能够充分体现人性自由,从而将人与动物区分开来。

(六)劳动说

劳动说认为,人类的生产劳动促进了舞蹈的诞生,劳动具有健美形体的功能,尤其是劳动动作中的力量与美感,造就了舞蹈动作技巧的多变。人们进行一切类型的劳动,都不可避免涉及四肢动作。因此,在某种重复不断的动作中隐藏着节奏,加之伴有一定的敲打、呼喊等声音,从而形成了最初的舞蹈。

二、舞蹈的发展

虽然舞蹈在世界各国的发展情况不同,但有一点是相同的:它们是随着人类的共同需求和时代的社会风尚而不断发展变化的,并以满足人们的审美理想、娱乐愿望或思想教化为目的。

我国舞蹈发展历史悠久。原始舞蹈大多与生产劳动相关,是我国先民的一种生活方式和生活状态。目前发现的岩画中就保存着许多狩猎舞的形象,表明当时的舞蹈与先民们的狩猎生活密切相关。

随着社会发展和民间诗歌的兴起,舞蹈形成了诗、乐、舞三位一体的文化传统与特征,"乐"必有"舞","舞"必奏"乐",如周代的巫术舞蹈、傩舞蹈和汉代的百戏类舞蹈等。

汉代时期,随着国家综合实力的强大,舞蹈频繁出现于社会生活的各种场合,作为宴会助兴所用。这一时期,还出现了专门的乐舞机构"汉乐府"。中国古代舞蹈在唐代达到了顶峰,它以宏大的演出规模、千姿百态的表演形式及雅俗共赏的姿态赢得了世人喜爱。

从唐末至五代,最值得关注的是顾闳中所作的《韩熙载夜宴图》,其形象地展示了"六幺舞"的场景(图7-1)。

图7-1 《韩熙载夜宴图》"六幺舞"场景

宋代舞蹈独辟蹊径,创造了具有划时代意义的舞蹈形式——队舞。宋元之后,部分舞蹈与戏剧艺术相融合,由此诞生了戏曲这一全新的艺术形式。

明清时期,舞蹈作为戏曲艺术的表现手段之一,形成了高度程式性和综合性的美学特点。

从明清至当代,中国舞蹈发展生机勃勃,先后出现了裕容龄、黎锦晖、吴晓邦、戴爱莲、贾作光等著名舞蹈家和一系列舞蹈精品。20世纪50年代和80年代,我国又分别系统地引进了西方芭蕾舞和现代舞。1950年9月,我国创作了新中国成立后第一部自己的芭蕾舞剧《和平鸽》。1964年、1965年、1976年又相继创作并演出了反映中国革命斗争的芭蕾舞《红色娘子军》（图7-2）、《白毛女》（图7-3）、《草原女民兵》。

改革开放后，中国芭蕾舞迅速发展，创作和演出活动非常活跃，题材范围扩大，并在芭蕾民族化方面做了大胆尝试，出现了《祝福》《雷雨》《林黛玉》《梁祝》《魂》《黄河》等深受中国观众喜爱的作品。

图7-2 《红色娘子军》

图7-3 《白毛女》

第二节
舞蹈艺术的审美特征

一、舞蹈艺术的基本特征

（一）动作性

舞蹈是人体动作的艺术。律动是舞蹈之魂，也是舞蹈语言的核心元素，最能直接而显著地表现舞者的气质、情愫和韵致。舞者的身躯、四肢、眼神、动作和姿态等是舞蹈艺术的基本表现手段。舞蹈艺术通过人的形体和姿态来表现，以创造特定的审美意象和审美意蕴，并伴随音乐与节奏传达人的思想、情感，塑造艺术形象。

（二）抒情性

舞蹈最善于表现人类的情感，舞蹈的美感不仅来源于动作外形所具有的造型美，更重要的是抒发内心的情感。没有抒情性就没有诗情画意的舞剧作品，婀娜多姿的《孔雀舞》、秀美纯净的《水》、典雅高洁的《敦煌彩塑》、炽热深挚的《再见吧，妈妈》，如一首首抒情诗，尽情抒发着人们的审美情感。

（三）节奏性

节奏是舞蹈的基本要素，没有一种舞蹈能离开节奏。最简单的舞蹈伴奏是打击乐，即使没有打击乐的伴奏，人们的呼喊也是一种节奏。"节奏"这个词是希腊人在几千年前发明的，指"程度""程序""匀称"活动。其实，节奏本身就是自然界的各种现象和生物机体各项功能的交替均匀性变化与表现。节奏使千变万化的人类舞蹈更加丰富多彩，与动作节奏的无尽变化有关。由于节奏的变化、速度的增减等，相同的动作可以表现出不同的情绪和情感，同时也体现出不同的风格特色。

（四）虚拟性

舞蹈是夸张的艺术，虚拟性是舞蹈的主要表现手法，是以生活为基础，依据舞蹈的特有动作形象地、概括地反映生活的本质，如骑马、划船、坐轿、扬鞭等动作都是虚拟性的。

（五）造型性

舞蹈的造型性就是让舞蹈动作在连续流动的过程中给人以明晰的美的感受，并且在片刻的停顿和静止时呈现出舞蹈内在的含义和韵味。通过头、眼、颈、手、腕、肘、臂、肩、腰、胯、膝、足等部位的协调活动，构成具有节奏感的舞蹈动作、姿态和造型，以表达人的内心活动、反映社会生活。

二、舞蹈艺术的欣赏方法

(一)把握作品的思想内涵

舞蹈作品是现实生活的形象展示，它渗透着舞蹈者的生活体验、美学追求和价值取向。只有把握了作品的思想内涵，才能获得更多的美的享受和启迪，才能引起心灵深处的共鸣。

(二)了解舞蹈的表现形式

舞蹈的表现形式主要包括舞蹈动作、舞蹈造型、舞蹈手势、舞蹈表情和舞蹈构图。

(1)舞蹈动作，是舞蹈艺术创作的基本单元，包括上身的舞姿和下身的舞步。舞蹈动作的形态美、韵律感和技巧性本身就具有很强的形式美和欣赏价值。从某种意义上说，欣赏舞蹈就是欣赏舞蹈演员的动作。

(2)舞蹈造型，是在动与静的舞蹈动作组合中，呈现舞蹈艺术的形态美和神韵美。舞剧《丝路花雨》中，英娘反弹琵琶的舞蹈动作组合，展现出敦煌舞姿的S型特点和英娘天真、淳朴的性格特点。

(3)舞蹈手势，是手指、掌、腕和手臂各部位的配合与运动。这些源自生活但经过了美化的舞蹈手势，如同语言一样有着内在的意蕴，对传达内心活动具有很大的作用。

(4)舞蹈表情，通过面部的表露、手臂的传情、躯体的摆扭、足部的移动来表达内心的情感。我国的舞蹈就特别强调眼神的运用，要求通过眼睛表露出此时此刻特定的心理状态。

(5)舞蹈构图，是舞蹈表现内容和表达特定情绪的手段，包括舞蹈画面和舞蹈队形。如舞剧《丝路花雨》第四场神笔张"梦幻神游"中，众伎乐天神的队形变化，构成了优美的仙境和典雅的气氛，表现了神笔张的内心思绪和对美好生活的憧憬。

第三节
舞蹈作品欣赏

一、《丝路花雨》

《丝路花雨》（图7-4）取材于敦煌莫高窟的壁画艺术，1979年由甘肃敦煌艺术剧院创作成大型歌舞剧，被誉为"中国民族舞剧的典范"。演出时长将近两个小时，共分为六个场景。它以大唐盛世为背景，以画工神笔张和女儿英娘的悲欢离合为线索，展现了一幅恢宏的历史画卷，高度颂扬了中原人民和西域人民源远流长的友谊，再现了大唐盛世的清明昌隆及对外经济文化交往频繁的盛况。

图7-4 《丝路花雨》

二、《宝莲灯》

《宝莲灯》（图7-5）是新中国成立以后，第一部将我国民族民间传统舞蹈的表现手段和芭蕾舞剧的结构方式融会贯通而创作的，具有浓郁的民族风格特色的大型民族舞剧作品。舞剧中主要人物的舞蹈语言基本采用中国古典舞蹈，并大量吸收和运用了群众喜闻乐见的民族民间舞蹈素材，不仅民族风格浓郁，而且扩展了舞剧的表现方式，丰富了舞蹈语汇，展示了独特的文化魅力。

第七章 舞蹈艺术

图 7-5 《宝莲灯》

三、《桃夭》

《桃夭》(图 7-6)属汉唐古典舞,表现了姑娘待嫁的心情,展现了待嫁女子的羞涩及对未来的美好期盼。整个舞蹈洋溢着青春的气息,舞者曼妙的身姿为观众展现了如同小桃树一般的、充满青春气息的少女形象。少女们轻盈地跳跃着,如同桃之精灵一般,整个舞蹈充斥着一种喜气洋洋的气氛。

图 7-6 《桃夭》

四、《天鹅湖》

柴可夫斯基的芭蕾舞剧作品有《天鹅湖》《睡美人》《胡桃夹子》等。《天鹅湖》（图7-7）成就了柴可夫斯基的世界性声誉，是芭蕾艺术皇冠上一颗璀璨的明珠。作于1876年的芭蕾舞剧《天鹅湖》是柴可夫斯基的第一部舞曲，总共有四幕，故事取材于民间传说。故事中的公主奥杰塔在天鹅湖畔被恶魔变成了白天鹅。王子齐格费里德游天鹅湖，深深爱恋奥杰塔，发誓要将她从苦难中解救出来。在王子挑选新娘之夜，恶魔让他的女儿黑天鹅奥吉莉娅伪装成奥杰塔以欺骗王子。王子被迷惑后举手对奥吉莉娅许下了爱的誓言。这个故事的结局在后来的演出中有不同的版本，在圣彼得堡演出的版本里以王子与公主结合的美满结局为结尾，其他版本的演出中则多以王子与公主双双殉情的悲剧为结尾。

图7-7 《天鹅湖》

五、《睡美人》

《睡美人》（图7-8）改编自法国作家夏尔·佩罗的爱情童话小说《沉睡森林的美人》，由芭蕾舞编导大师马留斯·彼季帕与作曲家柴可夫斯基密切合作，把这个童话故事搬上了芭蕾舞台，继而成就了一部古典芭蕾舞剧的巅峰之作，享有"19世纪古典芭蕾艺术的百科全书"之誉。芭蕾舞剧《睡美人》以人们最钟爱的善与恶的矛盾、善终将战胜恶为主题，讲述了一个忠贞爱情战胜魔法、公主重新获得自由、王子与公主共同迎来美好生活的故事。该舞剧问世百余年来，无论在审美观还是在艺术性上都达到了古典芭蕾的极致，是芭蕾艺术皇冠上一颗璀璨的明珠。

第七章 舞蹈艺术

图 7-8 《睡美人》

美的体验

1. 课外阅读

欣赏一段舞蹈表演，写一篇 1000 字左右的心得体会。

2. 课外活动

根据个人发展需要，学习 1—2 种交谊舞。

3. 思维拓展

舞蹈艺术是从哪里来的？和社会生活有什么关系？千百年来为何经久不衰？为什么能成为社会生活中的一种文化现象？

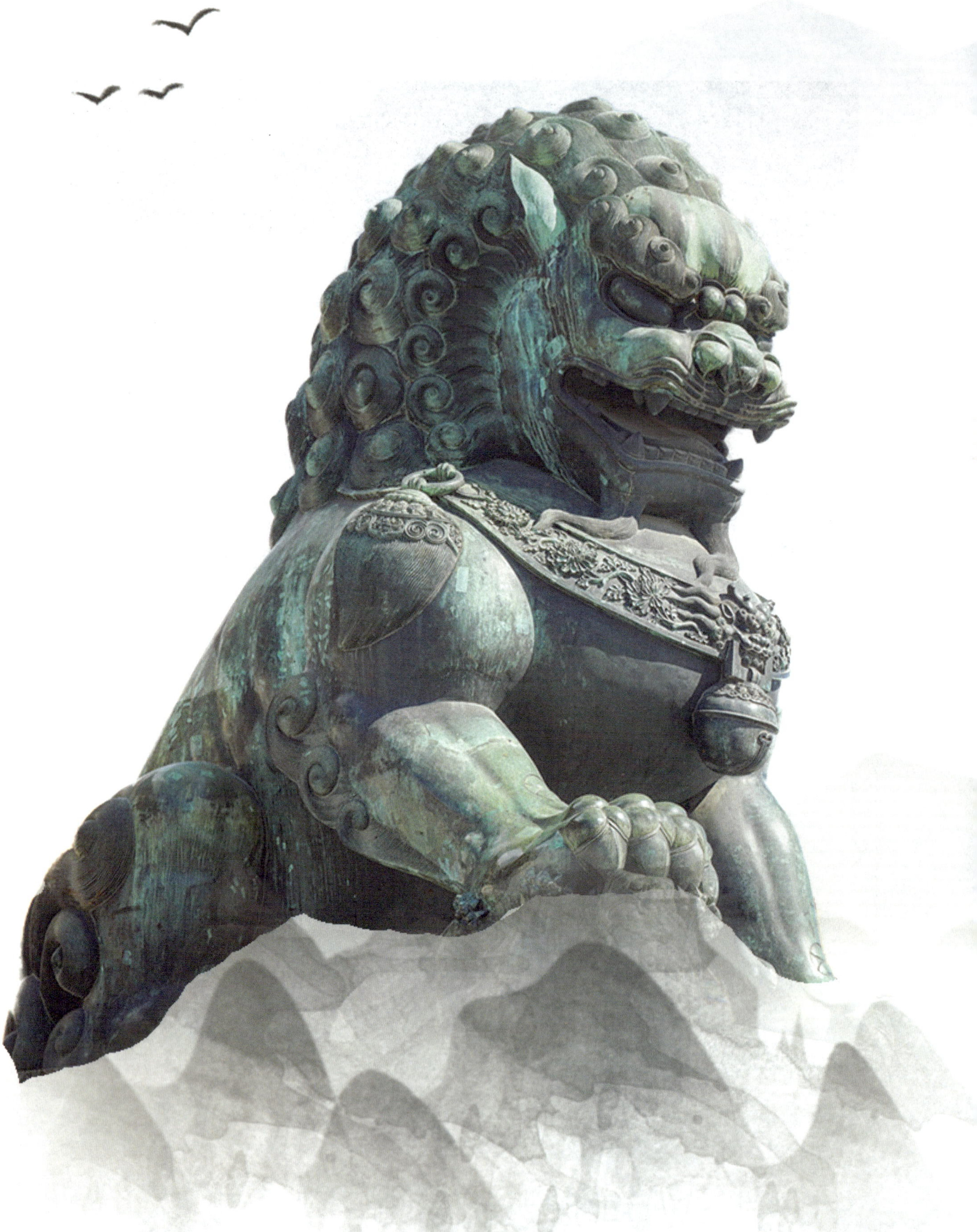

第八章

雕塑艺术

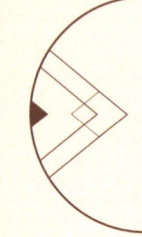

作为立体造型艺术，雕塑是人类艺术史上最伟大的艺术之一，也是人类最早创造的艺术品种之一。雕塑犹如凝固的音乐、立体的诗篇，数千年来积累了丰富的艺术宝藏。从古希腊的维纳斯像、古埃及的狮身人面像到米开朗基罗、罗丹的青铜雕塑，从中国古代的秦俑和乐山大佛，到现代的天安门人民英雄纪念碑浮雕，无一不书写了人类艺术史上辉煌的篇章。

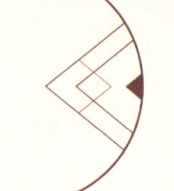

思政目标

了解雕塑艺术的发展史，结合所在城市的红色革命题材雕塑，说说雕塑的时代背景和人物生平事迹，进一步发扬红色传统、弘扬红色精神、传承红色文化。

美之漫谈

观看自己所在城市具有代表性的雕塑，思考雕塑在人们生活中的作用。

寻美之迹

四川乐山大佛（图8-1），又称凌云大佛，是中国最宏伟壮丽的摩崖石刻之一，位于四川省乐山市南岷江东岸凌云寺侧。始建于唐朝，历经90年的艰苦劳作，终于完成。大佛通高71米，头高14.7米，脚背宽8.5米，脚面可容百余人。大佛体态庄严，头顶螺髻1051个，栩栩如生，被誉为"山是一尊佛，佛是一座山"。大佛的左右两侧还有高16米的护法天王石刻，与大佛一同构成了宏伟壮丽的佛教石刻群。

图8-1 乐山大佛

第八章　雕塑艺术

第一节 雕塑艺术发展概况

雕塑既是人类艺术史上最古老的艺术之一，又是一门经受时间涤荡并承载文化意蕴的独特的艺术。早在人类社会初期，用于民族膜拜、祈祷、祭祀的图腾雕塑的出现，意味着雕塑艺术的产生。雕塑同巫术、音乐、舞蹈、绘画等艺术形式一起，成为早期人类精神生活的重要显现方式。

一、中国雕塑艺术的发展历程

（一）史前雕塑

中国目前发现的最早的原始雕塑作品应该是新石器时代所遗留下来的物品。这个时期主要是饰物，这些饰物装饰性很强，造型夸张、风格粗犷。同一时期出现的陶塑人物刻画虽然比较概括，但在艺术形式上却生动活泼，具有很强的代表性。原始陶塑的造型方式分为三种：一是将实用器皿的整个外形塑造成动物形象，二是对实用器皿的局部以圆雕或浮雕的形式进行装饰（图8-2），三是小型的独立动物（图8-3）和人物泥塑。史前雕塑作为人类早期对自然的探索与追求，在人类文明发展史上具有极其重要的地位。

图8-2　人头像饰彩陶罐　　　　图8-3　鹰形陶鼎

人类为了适应生存环境不断地创造和改进生活条件，从流离不定的游牧生活发展到安定的农耕生活。安居于一块土地之上，不但要利用这块土地生养百谷、牲畜，还要利用这块土地制作生活需要的器物。例如，远古的祖先口渴，走到河边双手捧水用嘴吮吸时，合拢的双手形成一个半圆凹曲的形状，这应该是最早"陶碗"制作的灵感来源。当拿着用泥土制作的碗去河边盛水时，人们便又寻求一种方式来制造永恒的美，这种方式不仅要适应人类的生存，还要寻求美的永恒，陶塑便凝固了人类寻求美的过程。

商周时期，冶炼技术逐渐成熟，开启了古代中国的青铜时代，人们开始制作大量青铜器皿。1938年，湖南省宁乡县出土的四羊青铜方尊（图8-4）是现存商代青铜方尊中体型最大的，现藏于中国国家博物馆。四羊方尊造型雄奇、匠心独运。艺术造型上集线雕、浮雕、圆雕于一器，把平面纹饰与立体雕塑融会贯通，把动物的形体与器皿恰到好处地结合起来，铸造工艺十分精湛。

（二）秦代雕塑

公元前221年秦始皇统一中国，政权统一、国力强盛，带来了雕塑艺术的空前发展。这一时期的艺术作品注重写实，追求逼真，取得了辉煌的艺术成就，成就了中国雕塑史上的第一个高峰。秦始皇陵兵马俑（图8-5）就是秦代陵墓雕塑艺术的典范。

图8-4　四羊青铜方尊　　　　　图8-5　秦始皇陵兵马俑

（三）汉代雕塑

汉代雕塑不仅继承了秦代雕塑气势恢宏的风格，也突出了雕塑作品雄伟刚健的艺术个性，这个时期的陵墓雕塑已经从秦陵的地下墓葬形式发展成为地上陵墓装饰雕塑，大型的纪念性石雕是汉代雕塑最主要的特点。

（1）马踏匈奴。西汉初期，西北地区经常受到匈奴侵扰，汉武帝多次派骠骑将军霍去病北越大漠，安定边疆，建立河西四郡。《史记》记载："骠骑将军……元狩六年而卒，天子悼之，发属国玄甲军，陈自长安至茂陵，为冢象祁连山。"马踏匈奴（图8-6）雕像虽然没有用写实的手法刻画战争的场景和霍去病本人，但很巧妙地让战败者萎缩仰卧在马腹之下。雕像外形庄重、气势威武，凸显出战胜侵略者的民族英雄气概，成为我国古代纪念碑雕刻中一件非常杰出的经典之作。

（2）击鼓说唱俑。击鼓说唱俑（图8-7）出土于1957年四川成都。陶俑在汉代的雕塑中有着十分重要的地位，不仅题材广泛而且内容丰富。这个说唱俑动感的造型和发自内心的微笑，不仅塑造了一位热情、憨厚、乐观、充满生命力和幽默感的老人，而且让我们仿佛置身于那热闹且精彩的表演场景之中,体现了汉代陶塑艺术生动活泼的特征。

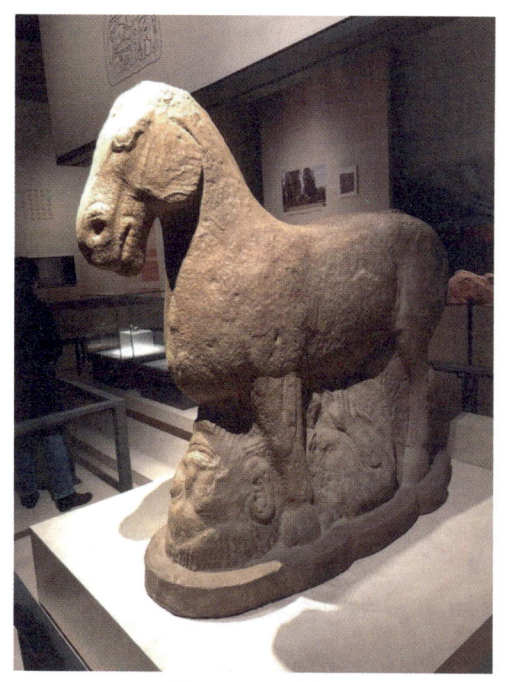

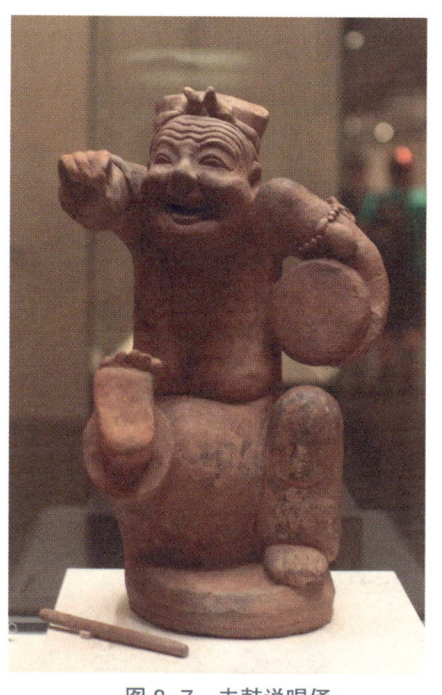

图 8-6　马踏匈奴

图 8-7　击鼓说唱俑

(3)铜奔马。铜奔马又名"马踏飞燕"(图 8-8),1969 年出土于甘肃省武威市,它是东汉时期青铜艺术的杰出代表。作品刻画了一匹体态健美、疾驰飞奔的千里马。它三足腾空,仰天嘶鸣,右后蹄下踏着一只展翅而过的飞鸟。这件构思巧妙、造型生动的作品堪称中国古代现实主义与浪漫主义相结合的艺术典范。它以飞鸟的疾速来衬托奔马的神速,又将奔马的不羁之势与平稳的力学结构巧妙地结合在一起,体现出蓬勃的生命力和一往无前的气势。

图 8-8　马踏飞燕

(四)魏晋南北朝时期雕塑

魏晋南北朝时期,随着封建统治政权的瓦解,整个社会处于割据状态。在思想文化领域,原本居于正统地位的儒家思想受到冲击,老百姓生活困苦不堪。在这种环境下,佛学得到发展,并开始与儒家思想结合交融。在统治者的支持下,各地大兴寺庙、开凿石窟,出现了云冈石窟、龙门石窟、麦积山石窟等具有代表性的石窟艺术。

(1)云冈石窟。云冈石窟(图8-9)位于今山西省大同市西郊。著名地理学家郦道元在《水经注》中描述当时云冈石窟的开凿情况:"凿石开山,因岩结构,真容巨壮,世法所稀,山堂水殿,烟寺相望……"云冈石窟的雕刻,内容丰富多彩,可与敦煌莫高窟中色彩绚丽的佛画媲美。

图8-9 云冈石窟

(2)龙门石窟。龙门石窟(图8-10)在今河南省洛阳市。从北魏孝文帝时期开凿,东魏、北齐、隋、唐各代都有很多的开凿遗迹。其窟龛和造像的数量比云冈多,但遭到人为的破坏也较为严重。由于龙门石质是石灰岩,比较坚固细腻,所以在雕像的开凿上,比云冈石窟的雕刻手法精致许多。

图8-10 龙门石窟

(3)敦煌莫高窟。魏晋南北朝时期,中原地区战乱频繁,而敦煌地处西陲,所受影响不大。

莫高窟地质上处于砂砾岩地带，石质松软，不适合佛像的雕刻，只能用泥彩塑像（图 8-11），所以只能把重点放在佛像的背景壁画上，将泥塑与壁画两种艺术融为一体。

图 8-11　莫高窟泥彩塑像

（4）麦积山石窟。麦积山石窟位于今甘肃省天水市，现存多个窟中保存着数千件造像（图 8-12）。造像所需的、未经烧制的泥土能够保存一千多年而不朽，实属珍贵，为此，麦积山石窟被称为"东方最大的泥彩塑艺术陈列馆"。

图 8-12　麦积山石窟泥彩塑

(五)隋唐时期雕塑

经历了三百多年的割据与动荡后,隋唐时期的社会重新获得了安定,政治和经济空前繁荣,雕塑艺术也进入了发展的新阶段。隋唐时期的雕塑艺术,既融合了南北朝时期雕塑艺术的特点,又通过丝绸之路吸收了异域文化,形成了独特的风貌,产生了许多具有时代特色的经典作品。出土于西安北郊的菩萨立像(图8-13)是用一整块汉白玉雕刻而成,作品透明柔润,质地细腻。虽然残缺无首但充满活力,被誉为"东方的维纳斯"。

图8-13 菩萨立像

(六)宋元明清时期雕塑

宋、辽、金时期的雕塑艺术出现了不同于前代的风格特征,其雕塑在保留了民族特色的同时,逐步趋向生活化与世俗化,创作手法写实,材料更加多样化,制作工艺也进一步得到了提高。这一时期的雕塑可分为宗教雕塑、陵墓雕塑和手工艺雕塑三大类。重庆的大足石刻(图8-14)和陕西省延安市清凉山的万佛洞石窟堪称代表。

图8-14 大足石刻

宋代的帝王陵墓形式基本沿袭唐代，但规模不及。陵墓雕刻注重局部刻画，有明显的写实倾向。虽与汉唐雕塑艺术相比在造型及精神性功能上相对逊色，但从反映现实生活的世俗化角度来看，有其独特的创新之处。

元、明、清时期的石窟造像逐渐走向衰退，寺庙造像的造型也缺乏活力，但建筑雕刻却十分发达。

二、西方雕塑艺术发展概况

西方雕塑发展至今，经历了几千年的历史，各个国家和地区在不同的时代产生了大量的经典雕塑艺术作品，为人类文明发展积淀了文化精华。

（一）古代雕塑

远古时期，人类在生产劳动过程中，创造了劳动工具——石器，这些石器便是人类雕塑艺术的早期雏形。位于英格兰索尔兹伯里平原的巨石阵，既是人类雕塑艺术史上浓墨重彩的一笔，也是人类史前遗迹的代表作之一。

西方雕塑最早发源于古希腊、古罗马时期，而古希腊的早期雕塑又深受古埃及的影响。

约公元前4000年，作为世界上最早的奴隶制国家，古埃及的雕塑艺术伴随着古埃及早期的建筑出现，并深受神话故事和宗教的影响。金字塔作为上层法老政权和奴隶主追求永恒的产物，就是古埃及文明的象征。在胡夫金字塔法老的陵墓前，有一座巨大的狮身人面像，它是由一整块岩石雕刻而成的。这种神、人、兽三位一体的艺术处理手法与当时的宗教图腾有着密切的关系，也代表了这一时期的雕塑艺术特色。

到古希腊时期，受到追求民主与自由思潮的影响，雕塑艺术得到良好的发展。虽然选材大多数仍然来自神话故事，但艺术表达的诉求却是现实生活的欢乐。这一时期的雕塑艺术可分为古风时期、古典时期及希腊化时期。

古风时期人们开始关注人体的完美比例及运动姿态，并在运动中发掘人体的静态之美。人物表情通常面带微笑，可以看出有着明显的东方神韵，被称为"古风的微笑"。

古典时期，雕塑有了进一步的创新，"古风的微笑"悄然消失，艺术家们更加注重塑造人物的个性与情感。米隆的《掷铁饼者》（图8-15）是古典时期最具代表性的作品之一，它通过抓住运动的一瞬间，打破静止的场面，从而表现人物内心的情感变化。

希腊化时期是古希腊雕塑艺术的一座高峰。在创作手法上，艺术家运用写实技法刻画人体的姿态来表现丰富的内心世界，人物表情生动、衣物纹理处理细腻、线条流畅富有动感。米洛斯的《断臂的维纳斯》（图8-16）是其经典代表作。

古罗马艺术在古希腊艺术的基础上发展而来，但弱化了浪漫主义色彩，更加注重写实和叙事。受到为帝王歌功颂德风气和僧侣祭祀习俗的影响，雕塑艺术产生了两种不同的风格，一种注重写实主义，另一种则多了些理想化成分。这个时期的雕塑代表作品《奥古斯都全身像》就是一尊充满英雄主义的帝王雕像。

到欧洲的中世纪，基督教成为主要的统治力量，这一时期的雕塑艺术作品带有浓厚的宗教、政治色彩，又被称为基督教艺术。中世纪是建筑艺术的一个巅峰时期，代表作品如罗马式教堂和哥特式教堂。雕塑对建筑起装饰作用，巴黎圣母院就陈列有大量的雕塑作品，如《亚当》《巴黎圣母院》和《圣母子》。

文艺复兴运动从某种意义上来讲是对古希腊、古罗马文化的一种复兴，但实际上是新兴资产阶级在精神上的一种创新。这一运动从15世纪下半叶到16世纪盛行于欧洲许多国家。这一时期的艺术形式逐渐多样化，雕塑也开始摆脱建筑的依附地位而独立发展。艺术家主张用科学的眼光观察世界和表现世界，宗教题材也逐渐世俗化。艺术家运用透视学与解剖学，使得人物形象的塑造更加细腻、逼真，人物形象上更富有立体感与真实性，形体也极富动感与夸张的艺术效果。被称为"文艺复兴三杰"之一的米开朗基罗的代表作《大卫》，就是采用写实的处理手法，并运用人体解剖学的知识来塑造人物形象。

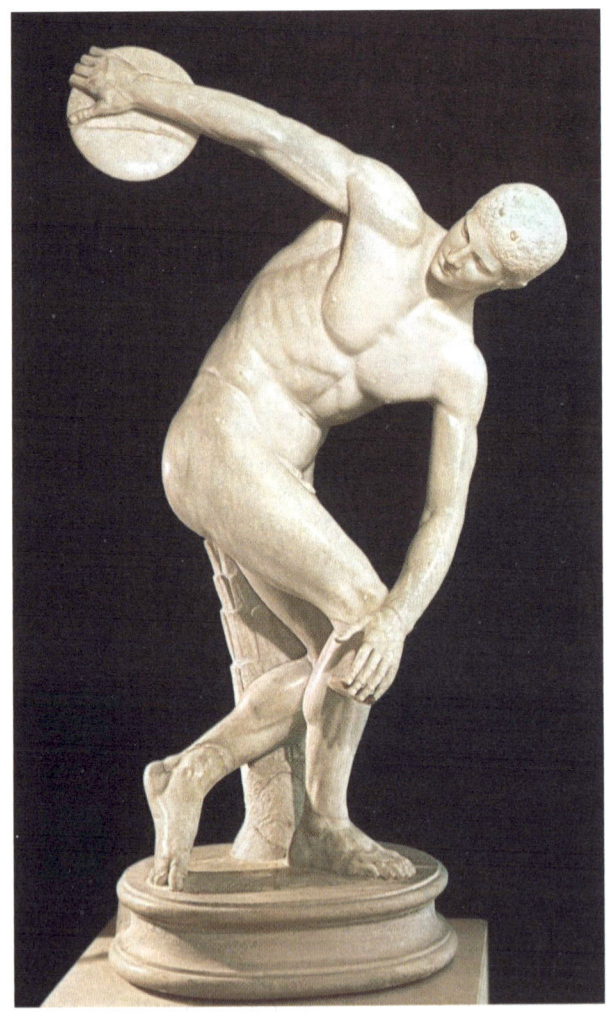

图 8-15 米隆《掷铁饼者》　　　　图 8-16 米洛斯《断臂的维纳斯》

17世纪，巴洛克风格产生于意大利，并影响了整个欧洲国家的艺术创作。贝尼尼就是这一时期杰出的雕塑艺术家，他的创作线条处理夸张复杂，具有动感，他创作的人物充满了华丽的色彩和浓烈的艺术气氛，深受追捧。代表作有《圣特雷莎的狂喜》（图8-17）等。

图 8-17 贝尼尼《圣特雷莎的狂喜》

18世纪，法国宫廷中兴起一种艺术风格——洛可可风格，法尔孔奈是洛可可雕塑艺术的重要代表人物之一，代表作有《浴女》《吓唬人的爱神》。

此后，欧洲古代雕塑还出现了新古典主义雕塑、浪漫主义雕塑、写实主义雕塑、现实主义雕塑等。法国著名的现实主义雕塑家奥古斯特·罗丹被誉为西方传统雕塑的集大成者。他深受米开朗基罗作品的启发，运用现实主义创作手法，创作了《青铜时代》《思想者》（图8-18）、《雨果》（图8-19）、《巴尔扎克》等一系列享誉世界的经典作品。

图 8-18 罗丹《思想者》　　图 8-19 罗丹《雨果》

(二)现代雕塑

20世纪初,工业文明不仅改变了人们的生活方式,也极大地影响了人们的思想观念。受此影响,雕塑艺术也呈现出多元化的发展倾向,各种艺术流派与新思潮交相辉映,开创了艺术发展的新局面。这一时期比较重要的雕塑艺术家有亨利·摩尔和阿尔贝托·贾科梅蒂。

亨利·摩尔是英国最重要的雕塑家,他把原始艺术对人的生命的热烈追求和表现形式的率真质朴,与现代艺术反对模仿、摒弃再现,以及追求形式本身的独立价值的观念结合起来,走上了一条既保持西方传统艺术精神,又具有现代审美品格的艺术之路。摩尔始终将人像作为他作品的中心题材。无论是单个的人像还是群体像,无论是躺卧还是坐立,无论室内还是室外,他的作品都与自然环境融为一体,表现出强大的生命力(图8-20)。

图8-20 亨利·摩尔《王与后》

阿尔贝托·贾科梅蒂是瑞士超现实主义及存在主义雕塑大师。作为经历了第二次世界大战的艺术家,他将自己的生命体验融入作品创作中,揭示了战争的罪恶与人性的困境。他摆脱传统意义上的体块关系,以线为人体的基本造型元素,塑造出憔悴的、幽灵般的人体。人像表面斑驳不平的肌理仿佛布满劫难的创伤,给人的心理与视觉带来强烈的冲击(图8-21)。

图8-21 贾科梅蒂《行走的人》

以美培元

第二节
雕塑艺术的审美特征

作为造型艺术,雕塑是以雕、刻、塑、铸、焊等手段制作三维空间形象,反映社会生活并表达审美思想的艺术形式。雕塑按形态不同,可分为圆雕、浮雕和透雕(镂空雕)三大类。其中,以圆雕和浮雕最为普遍。所谓圆雕,就是完全立体、可供四面观赏的雕塑。所谓浮雕,就是在平面上雕出凸起形象的雕塑。它通常是用一块底板作为依托。正因为浮雕是依附在一个平面上的,所以只有一个观赏面。浮雕根据表面凸出的厚度不同,一般可分为高浮雕和浅浮雕两种。除了按形态分类外,雕塑根据所用材料不同,还可分为石雕、木雕、泥塑、陶塑和金属雕塑等,根据用途和放置地点不同，又可分为城市雕塑、园林雕塑、纪念雕塑、室内雕塑和案头雕塑等。

一、雕塑艺术的语言

雕塑艺术用三维空间的体积，表现某种形象和节律，达到交流思想感情的目的。雕塑艺术最主要的语言，就是物质实体性的形体及其空间变化。罗丹说："雕塑家一切都要在空间中思考。"这说明雕塑家要对体积和空间的变化高度敏锐，要善于利用体积的组合变化，强调体积感和空间感，使之成为某种力量、某种感觉和某种韵律，必须使体积组合得有对比、有转折、有变化。例如，古希腊雕刻家菲迪亚斯的雕像是四个面，重心在一只脚，另一只脚是"稍息"的状态，一前一后的两个膝盖，组成一个面，盆骨转向相反方向，又是一个面，胸部又向膝盖的方向转动，成为第三个面，头侧向另一方，是第四个面。这样，表现的是一种稳定、自信、舒展、昂然的感觉。动作的转折很小但微妙、协调，表现了希腊黄金时代稳定、含蓄、有力、自信的情绪。雕塑正是以这种实体性形体、体积、面的变化，以造型的转折及转折的韵律来表现情绪、思想，甚至是精神。

同时，雕塑艺术的语言还与雕塑的影像和周围的环境密切相关。雕塑的影像是指雕塑整体的大轮廓，实际上就是空间形象。雕塑家为了使自己的作品能吸引观众，就要善于抓住对象的突出特点，而舍弃一切与主题无关的东西，以突出主题。雕塑和周围的环境应协调统一、互相衬托，雕塑艺术感染环境，环境使雕塑作品放射出更加夺目的艺术光彩。

二、雕塑的审美特征与欣赏方法

雕塑的本领在于它能突出地、形象地表现抽象概念、理想、性格、品质和气概等。雕塑的审美特征主要体现在三个方面：

（1）形体美。一件雕塑作品给人的印象与感受，首先来自它的空间形体。雕塑艺术正是借由"形体"向欣赏者表达色感、触感、质感和情感。我们欣赏雕塑艺术时，不仅要通过视觉去感受，而且要通过触觉去感知，还要结合雕塑作品所处的环境去感悟。

（2）质材美。雕塑创作需要借助物质媒介材料，才能将艺术形象固化。不同的材料和媒介，可以产生不同的美感特性，例如，木质纹理清晰美观、色泽深沉、古朴典雅，适合雕刻历史题材、古代人物；大理石质地光洁细腻，适宜表现纯洁、优美的艺术形象；青铜材料坚固、富丽、有金属光泽，适宜表现崇高、高贵的艺术形象。

（3）意蕴美。雕塑是静态的空间形象，由于受造型语言的限制，只能在动与静的交叉点上，通过瞬间的形象凝练地表达某种思考或内心情感。一位杰出的雕塑家总是能够充分利用雕塑本身的特征，由静见动、由个别见一般、由局部见整体，使作品的造型具备一种从有限中见无限的本领，塑造出富有变化的、高度概括的、美的形象，引发观赏者的遐思。

欣赏雕塑作品主要从三个方面入手：

（1）感受雕塑艺术的造型特征。造型美是雕塑形式美的灵魂。优秀的雕塑家在塑造艺术形象时，总是在三维空间中，透过瞬间的造型展示形象的动势、情绪和生命力。我们在欣赏雕塑艺术时，无疑也应从造型入手，从外在的造型，感受其内蕴的思想感情和生命活力。

（2）探求雕塑作品的精神内蕴。一件雕塑作品，总是与艺术家生活的时代、人生的经历以及审美崇尚有着千丝万缕的联系。欣赏雕塑作品就要善于循着作者的心灵轨迹去探知造型形象中蕴含的情绪和审美倾向，从而寻求作品表达的理性诉求和审美理想。

（3）厘清作品与环境的相互关系。雕塑作为一种在三维空间中塑造形体的艺术，不可避免地要与其所处的环境发生联系。我们在欣赏一件雕塑作品时，应当有意识地观察雕塑所处的自然环境和人文环境，琢磨雕塑与环境之间是否存在内在的呼应、对话或共鸣。

第三节 雕塑作品欣赏

一、秦始皇陵兵马俑

兵马俑（图 8-22）充分体现了我国古代雕塑高超的艺术水平。这些俑采用陶土烧制而成，运用绘塑结合的表现方式，手法细腻、明快，注重传神。每个陶俑的装束、神态各具特色，情态惟妙惟肖，如坚毅果敢的将军俑、意气风发的武士俑等。兵马俑体型高大，与真人真马几乎等高。其中武士俑高约 1.8 米，马俑高约 1.5 米。目前发掘出土的兵马俑约 8000 多件，这些俑排列整齐，形成规模庞大的军阵。纵观这规模宏大的俑群，其整体气势之浩大、风格之雄浑厚重、造型之洗练，无不给人强烈的震撼。

图 8-22 秦始皇陵兵马俑

二、卢舍那大佛

卢舍那大佛（图 8-23）造于唐高宗时期，是龙门石窟造像艺术中水平最高、设计最严密、规模最大的一处。卢舍那大佛通高约 17 米，头高约 4 米，耳长 1.9 米。

举目凝望，大佛端坐于莲花座上，身披袈裟，衣纹简洁、清晰而流畅。面部丰满圆润，略带微笑，目光慈祥地看着脚下的芸芸众生，慈祥中透着威严，神圣而威武，是一个将神性和人性完美结合的典范。

大佛仅双手及腿部以下有所损坏，其余仍保存完好。如今人们虽然无法真切地看到当初大佛被粉饰一新、受人顶礼膜拜的情景，但是仍可以想象出大唐王朝在此举行隆重祭礼的场面。

图 8-23 卢舍那大佛

三、人民英雄纪念碑浮雕

为了纪念在人民解放战争和人民革命中牺牲的人民英雄，中国人民政治协商会议第一届全体会议决定，在北京天安门广场中心修建人民英雄纪念碑。在纪念碑碑身下方，镶嵌着八幅巨大的汉白玉浮雕（图 8-24），分别以"虎门销烟""金田起义""武昌起义""五四运动""五卅运动""南昌起义""抗日游击战争""胜利渡长江"为主题。浮雕镌刻着多个人物形象，每个人物都和真人一样大小，他们的面貌表情和姿态形象都不相同，生动而概括地表现出中国人民在中国共产党领导下反帝反封建的伟大革命斗争史实，具有重大的社会意义。这组浮雕作品群，汇集了众多当时全国著名的雕塑家，历时 6 年完成，集中反映了当时我国雕塑艺术的水平。

图 8-24　人民英雄纪念碑浮雕（局部）

四、纳芙蒂蒂胸像

纳芙蒂蒂在古埃及语中是"美丽来临"的意思。纳芙蒂蒂胸像（图 8-25）高 47 厘米，重约 20 千克，至今保存完好。纳芙蒂蒂胸像被誉为世界雕塑史上最美的女子雕像之一，雕像摆脱了古埃及程式化的艺术特点，造型活泼清丽，色彩质朴生动，特别是皇后清秀的面孔、端正的五官、温和的表情、略带微笑的嘴角和优美的脖颈曲线，构成庄重优雅的仪态。

五、《丘比特》

法尔孔奈是法国洛可可艺术最著名的雕塑家，他不仅善于表现女性的美，而且擅长雕刻人物细腻微妙的情态，把法兰西雕塑艺术优雅柔美的风格推向了极致。

《丘比特》（图 8-26）又名《吓唬人的爱神》，作品刻画了一位形象可爱的小爱神，他背生双翅，微微低头，用右手食指抵住嘴唇，似乎在暗示旁人不要出声。那种机灵、顽皮的童真被表现得栩栩如生，深深地感染了每一位观赏者。从这件作品可以看出法尔孔奈吸收了意大利雕塑的很多优点，使他的雕塑具有雅俗共赏之美。同时，儿童圆润的身体、线条流畅的四肢及光滑细腻的肌肤，又给人愉悦的审美感受。

图 8-25　纳芙蒂蒂胸像　　　　图 8-26　法尔孔奈《丘比特》

美的体验

1. 课外阅读

读 1—2 位雕塑名家的传记或 1—2 本介绍雕塑名家作品的书籍,以班为单位举办一次以"雕塑背后的故事"为主题的交流会,与同学分享读书心得。

2. 课外活动

从雕塑的审美特征出发,向同学们介绍你最喜欢的一件雕塑作品。

3. 思维拓展

随着现代化科技的不断发展,人们交流的方式与学习的方式都发生了很大的变化,逐渐忽略了身边的美。尝试在课堂上做一个自塑像或是捏塑一个你最熟悉的人。

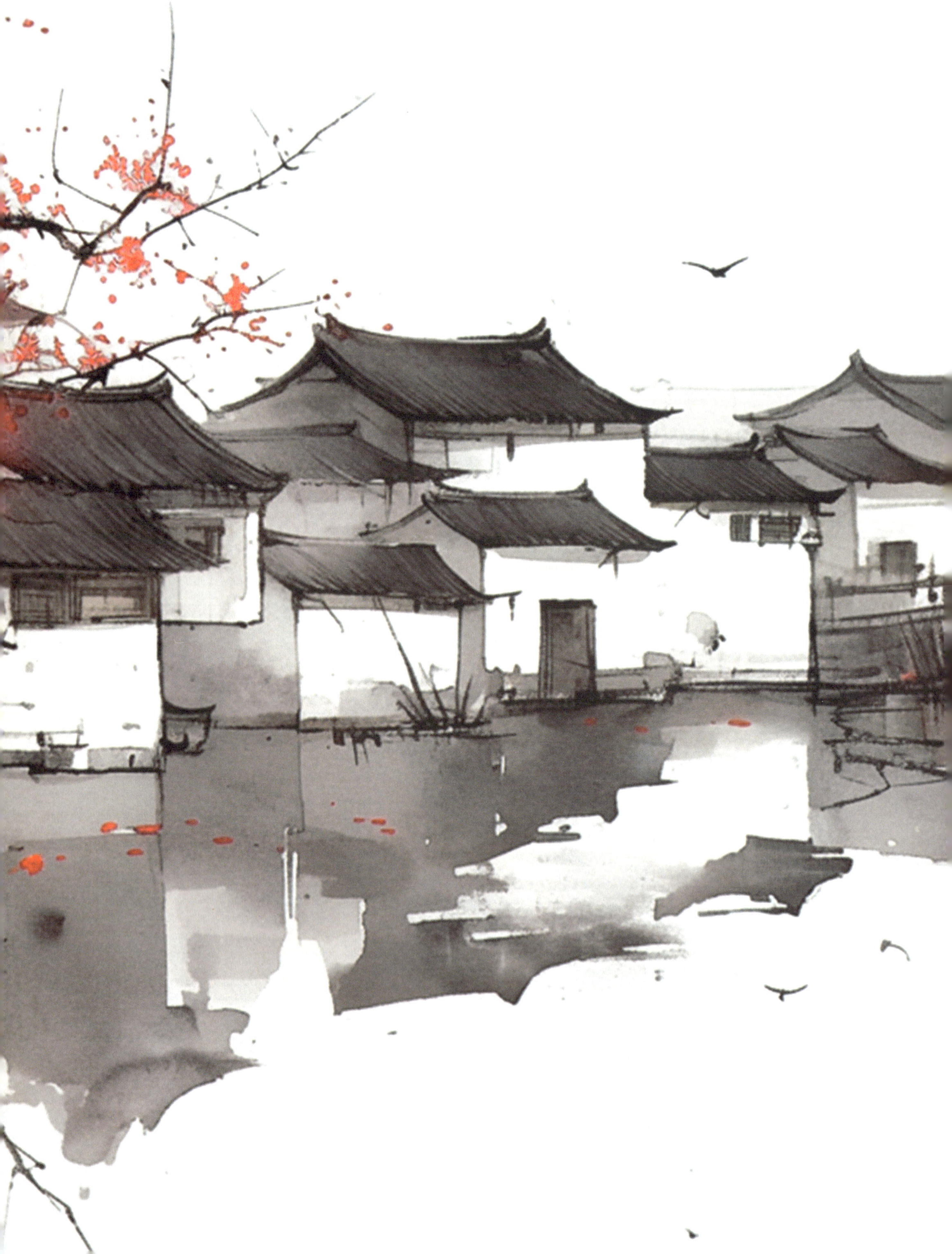

第九章 建筑艺术

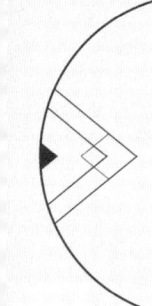

建筑是凝固的艺术，它起源于人类劳动实践和日常生活中遮风雨、避群害的实用目的。早在原始社会末期，人们在造房子时就开始考虑实用与美观。恩格斯认为，到了原始社会高级阶段的全盛时期，建筑术已经有了"作为艺术的萌芽"。我国在母系氏族社会就有了氏族聚落的住房，如在浙江河姆渡遗址中发现的木结构房屋。到了奴隶社会，埃及的金字塔、古希腊的神庙、中国的宫殿等建筑物的出现，凝聚了人类的智慧和才华，展现出了时代风貌和民族风貌，成为至今仍让人赞叹不已的艺术瑰宝。

思政目标

（1）以我国传统建筑，特别是学生家乡具有代表性的地标建筑和名胜古迹为切入点，让学生了解我国灿烂辉煌的建筑历史，增强学生爱家爱国的情怀。

（2）设计类专业学生具有鲜明的个性特点和专业特点，作为未来的设计工作者及新型城镇化和城市现代化进程事业的接班人，不仅需要树立正确的价值观和审美观，更需要将其践行于设计创作中，生动形象地阐释中国精神、中国价值。

美之漫谈

试评价你见过的最美建筑。

寻美之迹

故宫是全世界规模最大、保存最完好的古代皇宫建筑群，也是我国现存最大、最完整的宫殿式古建筑群。

故宫规模之大、风格之独特、陈设之华丽、建筑之辉煌，在世界宫殿建筑中极为罕见。故宫以乾清门为界，南部为外朝，建筑雄伟庄重、空间疏朗开阔，突显阳刚之气；北部为内廷，是帝后嫔妃居住的生活区，建筑为许多庭院的组合，布局紧凑而富美感，尤显阴柔之气，故宫体现了我国古代建筑在布局上的重要特征，即庭院式的组群布局。

故宫建筑处处体现着中华民族追求和谐的特点，在四合院的基础上向前后延伸，表现出硕大的建筑物的群体性，亭台楼阁一眼无尽。这种水平方向的伸展布局体现出一种序列空间美，一种人文的秩序和伦理的规定。

第一节 建筑艺术发展概述

一、中国建筑的发展历程

（一）原始社会建筑

1. 天然洞穴

在生产力水平极其低下的原始社会，原始人的吃、穿、住多数是依靠大自然的恩赐。他们吃树上结的野果，穿动物兽皮和树叶，洞穴成了他们遮风避雨的家，这体现出建筑最基本的实用功能。但是原始人在选择天然洞穴容身的时候也有自己的选址考量，他们选择的地方大多接近水源，洞口较高且背风，洞内比较干燥，有充足的空气。

2. 挖土为穴，构木为巢

随着人类的繁衍，人口越来越多，大自然中适宜的理想洞穴不够居住，原始人根据居住天然洞穴积累的经验，经过大量的摸索后开始自己动手挖掘洞穴，并由此开始了巢居和穴居生活。这种原始的、极其简陋的"巢"和"穴"，是建筑艺术的雏形，为中国传统建筑的发展提供了极其宝贵的经验，成为中国建筑的两大源头。

3. 建筑始祖

真正的建筑产生于河姆渡文化和仰韶文化阶段，其中以黄河流域的半坡遗址为典型代表（图9-1）。从半坡遗址来看，半坡人的住房结构，有的是圆形，有的是方形；有半地穴式，也有地面上的建筑。每座房子的门前有雨棚，在门道和居室之间都有泥土堆砌的门槛，再向屋内发展，有明间，形成"前堂后室"的格局。古代社会中"前朝后寝"的宫室就是受这种格局的影响，以大房为中心，四周围绕众多小房屋。房子中心有圆形或瓢形灶坑，周围有1~6个柱洞。居住面和墙壁都用草拌泥涂抹，并经火烤使其坚固和防潮。

图9-1 西安半坡遗址

(二)奴隶社会建筑

1. 夏朝

夏朝建筑已基本有了宫室、民居、墓葬等类别,甚至还有了正规意义上的城市。在河南偃师二里头遗址发掘的夏朝宫室遗址是至今发现的我国最早的、规模较大的木架夯土建筑和庭院实例。

2. 商朝

商朝建筑与夏朝建筑相比取得了更进一步的发展,但就整个中国建筑史来说,这样的发展依然是滞后的。商朝的一些青铜器直接反映了当时的某些建筑形象。由于当时夯筑技术的日益成熟,商代的城市四周大多有壕沟和城墙。

3. 周朝

周朝的都城对后世的建筑影响巨大。在都城里,帝王居住和处理朝政的房屋建在中间,而祭祀天地和祖先的太庙分列左右,为了便于通行,纵横的街道直通城门,这种格局被后来的各个朝代沿袭下来。其中最重要的就是确定了左祖右社的排列顺序和内寝外朝制度。当时,由于受到等级制度的影响,对于不同身份和地位的人,建筑形态及大小都有相关规定。

民宅方面,最有代表性的建筑遗址当属陕西岐山凤雏村的早周遗址。它是一座由二进院落组成的、相当规整的四合院式建筑,院落的中轴线上前后依次坐落着影壁、大门、前堂、后室。它的整体规模不大,却是我国目前已知最早、最严整的四合院。更令人赞叹的是,它的平面布局及空间组合样式与后来两千多年封建社会北方流行的四合院建筑具有异曲同工之妙。

(三)封建社会建筑

1. 春秋战国时期

这一时期由于建筑材料瓦的发展和砖的发明,大规模修建宫室和高台建筑成为可能,建筑上面的装饰纹样也更加丰富多彩。与此同时,铁质工具的广泛使用大大提高了木构建筑的牢固性,加快了施工速度。在当时艰苦的条件下,秦开郑国渠和兴修都江堰(图9-2),规模都相当大,令世人惊叹。

图 9-2　成都都江堰

2. 秦朝

公元前 221 年秦始皇统一全国后，为了抵御北方匈奴的侵犯，大规模修筑长城。这一时期修建的长城史称"秦长城"。长城雄伟壮阔，就像一条蜿蜒的巨龙穿梭盘旋于崇山峻岭之间。长城的修建对巩固国家政权起到了一定作用。同时，秦朝集全国之人力、物力与六国成就，在咸阳修筑了都城、宫殿、陵墓，如历史上著名的咸阳宫、阿房宫、秦始皇陵。

3. 汉朝

社会生产力的发展促使汉朝建筑技术显著进步，是我国古代建筑史上的一个繁荣期。在这期间，木构建筑逐渐成熟，形成了后世抬梁式、穿斗式和井干式三种木构架。随着砖瓦生产和砌筑技术的不断提高，中国古典建筑三段式（台基、屋身和屋顶）的外形特征基本定型。

4. 魏晋南北朝

魏晋南北朝时期多方势力割据的局面促使各个国家更加注重建筑的防御功能。东晋时，北方十六国的都城城墙部分使用了包砖，使城墙更加坚固，这是一大进步，更是一大创造。

魏晋南北朝时期民族融合及佛教的传入，推动了佛教建筑的兴盛。佛寺、佛塔和石窟是这个时期最典型的建筑类型，其中以北魏时建造的洛阳永宁寺塔（图 9-3）为代表，此塔高约 136.7 米，远在百里以外都能看到。

图 9-3　洛阳永宁寺塔（模型）

魏晋南北朝时期开凿的大量石窟，集中了建筑、雕刻、壁画等多种艺术形式，透过它们可以看到当时佛教的盛行与佛教建筑的繁荣，也可以窥见当时的建筑发展和建筑装饰，特别是雕刻艺术的水平。石窟艺术为中国古典建筑和文化留下了丰厚的遗产。目前仍然遗存的有山西大同云冈石窟、河南洛阳龙门石窟、甘肃敦煌莫高窟（图9-4）、甘肃天水麦积山石窟（图9-5）。

图9-4 甘肃敦煌莫高窟

图9-5 甘肃天水麦积山石窟

5. 隋唐时期

隋唐时期随着经济的繁荣，中国古代建筑的发展也到了成熟阶段，它既继承了前代所有的建筑成就，又融合了外来影响，形成了自己独特而又完整的建筑体系，并影响到周边的朝鲜、日本。可以从下面几个方面来看当时建筑取得的成就。

（1）城市和宫殿。经过几个朝代的建设，长安城的规划达到了史上最为严整的程度，它的格局甚至影响日本的平安京（日本京都古称）。唐代所建的最大宫殿是唐高宗在长安城东北角高地上兴建的大明宫,现存的遗址范围相当于明清故宫总面积的三倍多,至于其他府城、衙署的建筑,也是非常宽广大方,为其他封建朝代所不及。

（2）园林。唐代园林的发展达到我国古典园林发展的高峰,尤其是皇家园林的规模更加宏大,皇家园林还可以狩猎。

（3）陵墓。唐代帝王陵主要建于长安城附近,共十八座,史称"唐十八陵",其中以昭陵和乾陵最具代表性。

（4）宗教建筑。唐代的寺院有明确的中轴线,主要的大殿都按照轴线布置,最中心的院落为主院,住持所住的大殿是寺庙中第一重要的建筑。大雁塔、小雁塔、大理三塔均为唐代典型的寺庙遗址。

6. 宋朝

宋朝的建筑美学风格偏向柔美细腻,出现了形式复杂的殿、台、楼、阁,没了唐代建筑雄浑的气势,体积偏小但又工于变化。宋代形成了我国第一部有关建筑设计及技术经验总结的完整巨著《营造法式》。它是我国古代最全面、最科学的建筑学著作,也是世界上最早、最完备的建筑学著作,里面的规定不但适于皇家宫殿类建筑,也适于其他如陵墓、园林、居住等类别的建筑。

7. 辽、金、西夏时期

辽、金、西夏时期的建筑多保留唐代建筑手法。现在仍然遗存的建筑主要有山西应县木塔（图9-6）、天津蓟县独乐寺山门与观音阁、北京天宁寺塔等。其中应县木塔（佛宫寺释迦塔）是我国现存最高的一座木塔。

图9-6　山西应县木塔

8. 元朝

战乱使得元朝经济发展停滞,甚至倒退。在建筑方面,各民族文化的交融促进了新的元素加入,使中国建筑呈现若干新趋势:大量使用减柱法,但正式建筑仍采用满堂柱网式;官式建筑中斗拱的作用进一步减弱,斗拱比例渐小,"补间铺作"进一步增多。此外,由于蒙古族的传统,在元朝的宫殿建筑中出现了若干棕毛殿和畏兀尔殿等。

9. 明清时期

明清时期的建筑是我国封建社会建筑发展的最后一个高潮,它的最大成就主要表现在园林领域。明代的江南私家园林和清代北方的皇家园林都是最具艺术性的古代建筑群。中国历代都建有大量宫殿,但只有明清时期的宫殿——沈阳故宫和北京故宫得以保存至今,成为中华文化的无价之宝。北京的四合院和江浙一带的水乡民居则是中国民居最成功的典范。目前,北京依然较完整地保留有明清时期祭祀天地、社稷和帝王祖先的最高级别的坛庙,其中最杰出的代表是天坛,至今仍以其沟通天地的神秘艺术性打动人心。

明清时期建筑的特点主要是突出了梁、柱、檩的直接结合,简化了结构,减少了斗拱的中间作用,达到以更少材料取得更大建筑空间的效果。与此同时,明清建筑大量使用砖石作为建筑材料,大大促进了房屋砖石结构的发展。

(四)中国近代建筑

中国近代建筑史大致可以分为四个阶段。

1. 鸦片战争到甲午战争(1840—1894年)

西方列强用炮火和鸦片打开了中国的国门,侵略者在中国的沿海通商口岸租界区内大批建造各种新型建筑,如领事馆、洋行、银行、住宅、饭店等,在内陆地区也零星地出现了教堂建筑。这些建筑采用的多是当时西方流行的砖木混合结构,在外观上多呈欧洲古典式。与此同时,洋务派和民族资本家为创办新型企业所营建的房屋,仍是手工作坊式的木构架结构,只有一小部分采用砖木混合结构。洋人修建的欧式建筑和国内民族资本家营建的房屋虽然为数不多,但标志着中国建筑开始打破原有的封闭状态,吸收新鲜的元素,构建新的建筑体系。

2. 甲午战争到五四运动(1894—1919年)

这一时期是西方建筑对我国建筑影响进一步扩大、我国新的建筑体系初步形成的阶段。随着西方列强对我国经济掠夺的加大,他们纷纷在中国设银行、办工厂、开矿山,争夺铁路修建权。火车站建筑陆续出现,厂房建筑数量增多,银行建筑引人注目。水泥、玻璃、机制砖瓦等近代建筑材料纷纷在建筑上使用。房屋结构以砖石混合结构为主,初步出现钢筋混凝土结构。辛亥革命后,为数不多的在国外学习建筑设计的留学生学成归国,中国有了第一批建筑师。

3. 五四运动到抗日战争全面爆发(1919—1937年)

五四运动到抗日战争全面爆发阶段是中国近代建筑事业繁荣发展的阶段。上海、天津、广州、汉口和东北的一些城市新建了一批近代化水平较高的高楼大厦。特别是上海,这一时期出现了28座10层以上的高层建筑,说明建筑技术在这20年间取得了长足进步。许多高层、大型、大跨度、复杂的建筑在设计和技术设备上已接近当时国外的先进水平。从国外留学归国的建筑师纷纷成立建筑师事务所，并且在中等和高等学校设立建筑专业，引进和传播发达国家的建筑思想和理念。建筑学家梁思成、刘敦桢积极进行建筑的研究工作，为中国建筑史这个学科奠定了基础。中国近代建筑摆脱了对西方建筑的依靠，找到一条结合中国实际的创作之路。

4. 全面抗战到中华人民共和国成立（1937—1949年）

由于战乱，中国近代建筑史进入停滞时期，整个建筑行业处于萧条状态，建筑活动很少。

从以上简短的回顾中，我们可以深切体会到宏观文化环境对于建筑的发展是何等重要。中国当代建筑离开传统木结构手工业方式毕竟只有几十年，从弯路中挣脱出来更不过短短十几年而已，比起漫长的四千年传统和西方现代建筑将近一百年的历史，它所取得的成就就更值得珍视了。我们有理由充满信心地期望，当代中国建筑艺术在传统建筑艺术成就的强大荫庇之下，经过与新生活的融合，必将取得无愧于祖先也无愧于时代的辉煌成就。

二、西方建筑的发展历程

（一）奴隶社会

1. 古埃及

古埃及的建筑以纪念性建筑闻名于世，其中以太阳神庙与金字塔（图9-7）为代表。金字塔的特色主要表现为建筑的外观，太阳神庙的特色则表现在建筑内部。金字塔的表面是精确的正方锥体，形式极其简单，结构采用完全适合石材特点的几何形，方正平直、交接简洁。太阳神庙的外部极尽富丽堂皇，但是内部大殿是国王接受少数人朝拜的地方，为了与仪典的神秘性相适应，力求幽暗而威压。其整体规模宏大，呈几何形状，内部装饰有象形文字和描绘神灵、法老和王后的浮雕。

图9-7 金字塔

2. 古希腊

古希腊的纪念性建筑群是雅典卫城（图9-8），其采用希腊半岛上盛产的大理石为建筑材料，高度发展了石梁柱结构，布局上顺应地势，采用不对称、自由活泼的方式，同时注重精美装饰。

图9-8　雅典卫城

3. 古罗马

由火山灰、石灰、碎石组成的天然混凝土，大大促进了古罗马拱券结构的发展。古罗马人开发出来的拱券技术是古罗马建筑的最大特色和成就。古罗马早期建筑广泛采用古希腊建筑思想，只重视外部装修。到公元1世纪，独特的古罗马风格形成，主要通过建筑内拱券、拱顶、穹顶与装饰内墙来开发建筑及内装修，建筑外部的柱子多用作装饰而非支撑结构。对于小型建筑则采用带篱笆隔离墙的木结构。古罗马建筑（图9-9）的影响力非常大，持续了几个世纪，直到文艺复兴时期。

图9-9　古罗马斗兽场

第九章　建筑艺术

（二）封建社会

1. 哥特式建筑

哥特式建筑形式起源于 12 世纪的法国，13~15 世纪流行于欧洲。线条轻快的尖拱券被广泛运用，高大挺拔的尖塔、轻盈剔透的飞扶壁及彩色玻璃镶嵌的修长花窗装饰富丽堂皇。同时建筑物都有雄伟的外观和宽阔的室内空间，如巴黎圣母院（图 9-10）。

2. 拜占廷式建筑

拜占廷是东罗马帝国的首都，拜占廷式建筑（图 9-11）是诞生于罗马帝国分裂后的东罗马帝国的一种建筑文化。它的建筑特点主要是屋顶造型普遍使用"穹隆顶"，既高又大的圆穹顶往往成为整座建筑的构图中心，围绕这一中心部件，周围常常有序地设置一些与之协调的小部件。在色彩的使用上，既注意变化，又注意统一，使建筑内部与外部灿烂夺目。

图 9-10　巴黎圣母院

图 9-11　拜占廷式建筑

（三）资本主义社会

1. 巴洛克建筑

巴洛克建筑（图 9-12）是以天主教堂为代表的建筑形式，发端于罗马城，在文艺复兴建筑的基础上发展起来，追求强烈的体积和光影变化，用来炫耀财富、追求新奇。巴洛克式天主教堂多喜欢使用壁画和雕刻来装饰，色彩鲜艳明亮，喜欢用大面积的红色、金色、蓝色，形成强烈对比，以圣彼得大教堂广场最具代表性。

图 9-12　巴洛克建筑

2. 法国古典主义建筑

法国古典主义建筑形式排斥民族传统和地方特点，推崇古典的柱式，强调柱式必须恪守古典（古罗马）规范。在总体布局上，建筑平面和立面造型强调轴线对称、主从关系、严谨构图，倡导横三段和纵三段的构图手法，并突出中心，倡导规则的几何形体立面，严格规定各部分之间的比例关系，以此来象征永恒感与秩序感。在建筑外形上追求端庄、宏伟、简洁，室内则追求豪华，在空间效果和装饰上表现为强烈的巴洛克风格。巴黎卢浮宫（图9-13）是典型的古典主义建筑作品，完整地体现了古典主义的各项原则，标志着法国古典建筑的成熟。

图 9-13　卢浮宫

以美培元

第二节
建筑艺术的审美特征

根据使用功能的不同，建筑可以分为民用建筑、工业建筑、农业建筑等；根据建筑材料的不同，可以分为木结构建筑、砖石建筑、钢筋水泥建筑和钢木建筑等；根据时代风格的不同，可以分为古希腊式建筑、古罗马式建筑、哥特式建筑、文艺复兴式建筑、古典主义式建筑等；根据艺术形式的不同，可以分为古典建筑和现代建筑等。无论哪一种建筑，都具有其独特的审美价值。

第九章 建筑艺术

一、形式之美

建筑艺术的形式美是指建筑物所呈现的造型美，具体表现在建筑物的总体外轮廓和部分之间的比例、体量、色彩装饰以及建筑物与周围环境的协调等多方面。建筑造型必须遵循形式美法则，如多样、统一、平衡、对称、对比、参差、和谐等。建筑思想一般是通过象征性的造型形式来表达。建筑艺术的形式美，能引起欣赏者的多种想象与共鸣，从直接形象中获得美感。

二、静态之美

建筑艺术以其优美的造型，展现出在一定空间内的静态艺术形象，具有宁静、稳重的静态美。例如，建筑形体的方正、线条的平直、色彩的和谐等，都能给人以静态美的艺术享受。如天安门城楼等建筑，就显得十分庄重、肃穆。

三、动态之美

建筑艺术是通过寓动于静和动静结合的造型手法展现动态美的。例如，建筑物的参差错落、纵横穿插、形体变化、空间组合、色彩对比和线条流动等，都能巧妙地表现建筑艺术的动态美。从总体上看，建筑物是静态造型艺术形象，但是从局部上看，则又包含着许多动态因素。例如，北京国际饭店的高大雄伟、气势巍然就表现出了一种静态美。然而，北京国际饭店以平直线与圆弧线的有机结合，塑造出动静结合的空间艺术形象，则又表现出一种动态美，同时也体现了伟大民族的时代精神，使人在欣赏时产生静中有动、雄中含秀的美感。

四、意境之美

建筑艺术的意境和其他艺术一样，主要取决于艺术家的审美体验、情趣和理想。意境美就是情和景的高度统一。建筑的意境是通过建筑艺术语言来创造的。例如，北京故宫的建筑主题是为了突出帝王的权力和威严，象征着皇权的神圣和至高无上。再如，中国古典园林追求的是自然情趣和诗情画意，意境深远含蓄、耐人寻味，颇具艺术感染力。

欣赏建筑艺术主要从三个方面入手：

一是了解和掌握形式美法则。建筑艺术属于造型艺术。美的规律在造型艺术上的具体体现，就是形式美法则。欣赏建筑艺术时，最重要的是要品味构成建筑形象的空间、形体、色彩、质感、光线、阴影和环境等手段，是如何艺术地按照比例、尺度、韵律、均衡和对比等形式美法则巧妙处理并表达主题的。要想掌握形式美法则，首先应学习一些基本的构图理论，其次是平时要善于观察、分析，并且通过对绘画、图案、雕塑和工艺美术作品的欣赏，加深对建筑艺术形式美的理解。

二是具备一些建筑学的知识。建筑艺术的美包括艺术美和生活美，而生活美又体现为技术美。因此，欣赏建筑艺术必须了解一些建筑学的知识。例如，中国古代建筑中的斗拱技术大量运用于古代木结构建筑中，如果我们不了解斗拱的知识就很难欣赏古代木结构建筑的美的内涵，进入美的建筑艺术殿堂。

三是发掘作品的文化内涵。任何一个民族、一个时代的建筑艺术，都植根于一定的文化土壤,都是那个民族、那个时代文化的一种艺术的物化表现。例如,古埃及文化只能产生出沉重、巨大的金字塔和卡纳克神庙,不可能出现明朗愉快的帕特农神庙;欧洲只有到了中世纪晚期,社会文化开始闪现变革之光,才会有哥特教堂的出现。中国封建社会晚期,封建宗法礼制的强化与北京城及其宫殿的关系,中、西不同的自然观与中、西园林艺术气质的关系等,无不说明了建筑艺术的文化内涵。因此,欣赏建筑艺术,必须了解建筑艺术史和人类文化史,结合民族史、思想史、宗教史,以及文学、美术、音乐、地理和民俗等知识,加深对建筑艺术文化内涵的发掘与理解,力求对建筑艺术有更深的感受。

赏美之心

第三节
建筑作品欣赏

一、北京四合院

北京四合院(图9-14)作为老北京人世代居住的主要建筑形式,驰名中外、世人皆知。自元代正式建都北京,大规模规划建设都城时起,四合院就与北京的宫殿、衙署、街区、坊巷和胡同同时出现了。据元末熊梦祥所著《析津志》载:"大街制,自南以至于北谓之经,自东至西谓之纬。大街二十四步阔,三百八十四火巷,二十九街通。"

图9-14 北京四合院

第九章　建筑艺术

北京四合院院落宽绰疏朗，起居十分方便。它虽为居住建筑，却蕴含着深刻的文化内涵，是中华传统文化的载体。四合院的营建讲究风水，从择地、定位到确定每幢建筑的具体尺度，都要按风水理论来进行。风水学说，实际是中国古代的建筑环境学，是中国传统建筑理论的重要组成部分。四合院的装修、雕饰、彩绘也处处体现着民俗民风和传统文化，表现了一定历史条件下人们对幸福、美好、富裕、吉祥的追求。登斯庭院，犹如步入一座中国传统文化的殿堂。

二、福建围龙屋

围龙屋（图9-15）是一种极具岭南特色的典型客家民居建筑，也是客家建筑文化的集中体现。围龙屋的整体布局是一个大圆形，其造型颇似一个太极八卦图。屋前的半月形池塘和屋后的半月形房屋建筑，两个半圆相合，形同阴阳两仪的太极图式。两个半圆，围绕着方正的堂屋，寓意"天圆地方"，将整座屋宇喻为一个小宇宙，体现"天人合一"的哲学思想。围龙屋从建筑风格到民风民俗处处展现了客家的人文历史，是客家文化的重要象征，被众多国内外专家誉为内蕴丰富的百科全书。

图9-15　福建围龙屋

三、国家大剧院

中国国家大剧院（图9-16）位于北京市中心天安门广场西，人民大会堂西侧。国家大剧院由法国建筑师保罗·安德鲁主持设计，是亚洲最大的剧院综合体。整个建筑造型新颖、前卫，构思独特，是传统与现代、浪漫与现实的结合。中心建筑为半椭球形钢结构壳体，风格简约大气，其表面由18000余块钛金属板和1200余块超白透明玻璃共同组成，两种材质经巧妙拼接呈现出唯美的曲线，营造出舞台帷幕徐徐拉开的视觉效果。

图 9-16　国家大剧院

四、巴黎凯旋门

位于法国巴黎戴高乐广场中央的巴黎凯旋门（图 9-17），是拿破仑为纪念 1805 年打败俄奥联军，于 1806 年下令修建的。它以古罗马凯旋门为范例，但其规模更为宏大，结构风格更为简洁。整座建筑除了檐部、墙身和墙基以外，不做任何大的划分，不用柱子，连扶壁柱也被免去，更没有线脚。凯旋门摒弃了罗马凯旋门的多个拱券造型，只设一个拱券，简洁庄严，是新古典主义的代表性建筑。

图 9-17　巴黎凯旋门

第九章　建筑艺术

美的体验

1. 课外阅读

搜集国内外优秀建筑作品,以"我眼中的优秀建筑艺术作品"为题制作PPT并在课堂上展示。

2. 课外活动

用相机记录自己所在地区具有特点的优秀建筑作品。

3. 思维拓展

你了解的建筑艺术的欣赏方法有哪些?

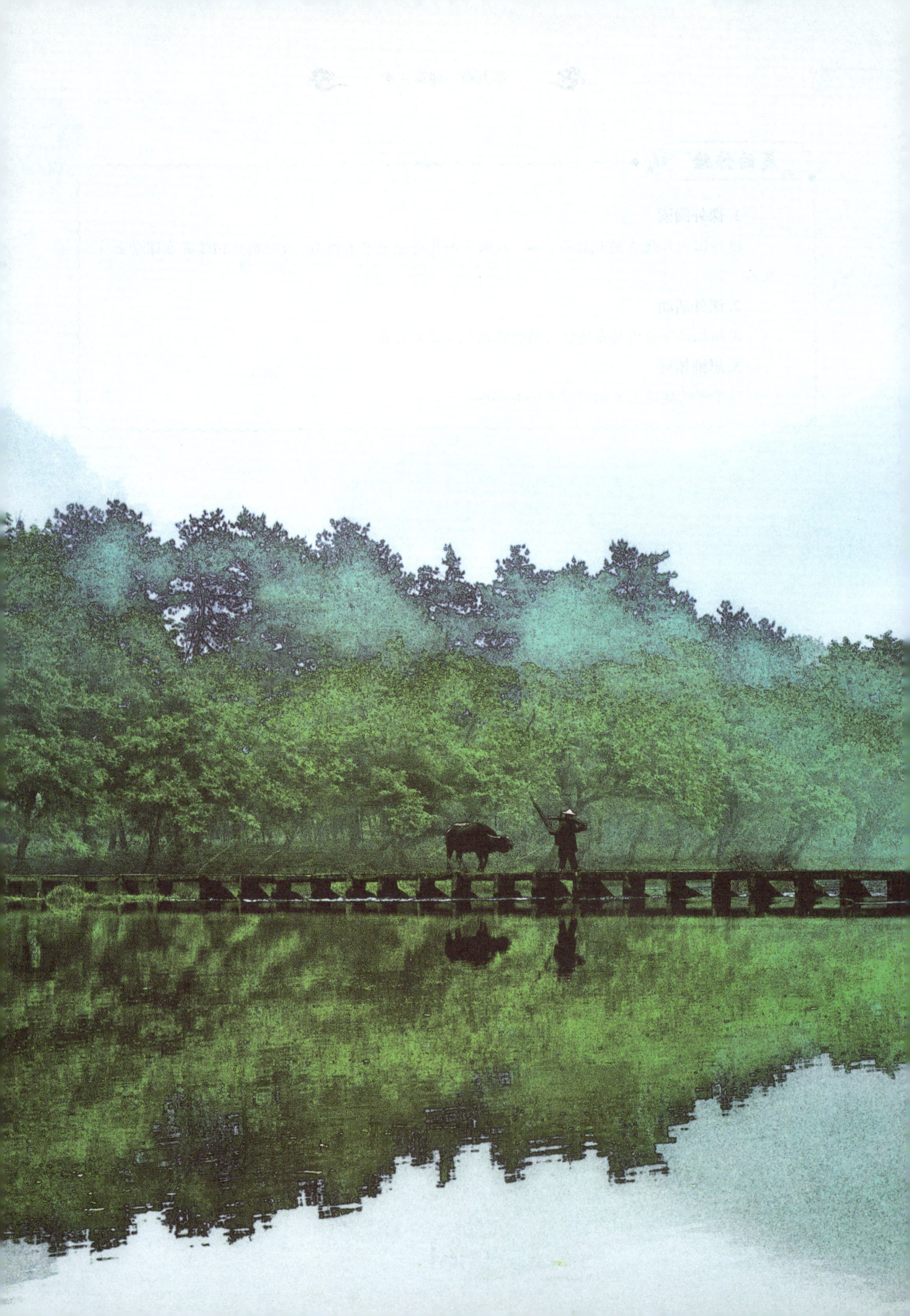

第十章

摄影艺术

摄影，是借助照相机和感光材料，以客观事物为对象，经过拍摄和暗房工艺制作，塑造真实、生动、具体、可感的艺术形象的造型艺术。摄影是人类近代史上的一项伟大发明。1826年，法国人普斯用沥青白蜡板曝光拍摄窗外的景色，这是人类不用绘画而用阳光得到的第一张照片。1839年，法国人达盖尔用银版曝光法拍摄了工作室一角，其影像的清晰度和感光度都得到了加强，自此，摄影艺术正式诞生。20世纪30年代，在小型、精密照相机和快速感光材料出现以后，摄影找到了自己独特的艺术语言和艺术形式，成为一门年轻的艺术。

思政目标

从经典摄影作品中感受那段峥嵘岁月，感受新时代的幸福和美好，在时代变迁中感受美丽中国的发展脉动。

美之漫谈

向大家推荐一部优秀的摄影作品。

寻美之迹

2006年，在北京华辰秋季拍卖会上，一幅长51厘米、宽34.8厘米的摄影作品《大眼睛》（图10-1）以30.8万元成交。这幅作品属于摄影师解海龙的社会纪实专题《希望工程》系列，它改变了千百万贫困孩子的求学状况，堪称中国最重要的纪实摄影作品之一。照片选取一个质朴可爱的农村小女孩作为表现主体，生动巧妙地表现了农村孩子渴望读书的学习状态。作为希望工程的标志性影像，《大眼睛》一经推出便引起了社会的强烈反响。

图10-1 《大眼睛》

第一节 摄影艺术发展概述

一、世界摄影艺术流派

自 1839 年法国人达盖尔发明了银版摄影术，无数的摄影家以其独特的艺术见解创造了众多独特的艺术风格，并形成了不同的艺术流派。摄影艺术流派的发展史其实就是摄影艺术的发展史。

（一）画意派

画意派摄影产生于 19 世纪中叶的英国，也是摄影艺术史上形成最早、影响最广的一个流派。画意派在创作上追求绘画的效果或"诗情画意"的境界，作品形式从构图布局到用光色调都遵循极为严谨的法则。画意派在发展史上经历了仿画阶段和画意阶段。

仿画阶段的作品，题材大都富有宗教色彩，有一定的隐喻性。拍摄时，预先打好草图，利用模特和道具组织、安排场面，并通过暗房加工而成。作品崇尚古典主义，追求照片画面的绘画效果，造型构图遵循学院派法则，含蓄典雅。这一阶段产生了第一个绘画主义摄影家——希路。希路擅长人像摄影，作品结构严谨、造型优雅。标志着画意派摄影艺术成熟的是 1857 年摄影家雷兰德创作的作品《人生的两条路》。1869 年，英国摄影家罗宾森出版了《摄影的画意效果》一书，提出"摄影家要有丰富的情感和深入的艺术认识，方能成为优秀的摄影家"，从而为画意派摄影奠定了理论基础。

画意阶段的作品追求情感、意境和形式的美，并开始利用摄影的纪实特点，将镜头对准现实，寻求现实生活中的"诗情画意"。画意阶段的摄影较少采用拼贴、叠合的方式去寻求类似绘画的效果，而是强调直接拍摄或以特殊工艺的制作手段产生画意效果。

画意派摄影强调摄影家的艺术修养，曾提出"应该产生摄影的拉斐尔和摄影的提茨安"的倡议。画意派摄影的主要代表作品还有普里斯的《男爵之宴》和罗宾森的《弥留》（图 10-2）等。

（二）纪实派

纪实派摄影充分发挥摄影纪实的特性，追求反映现实情况和现实事件，崇尚朴实无华的艺术风格。最早的纪实摄影作品是英国摄影家飞利浦·德拉莫特于 1853 年拍摄的火棉胶纪录片，随后有罗斯·芬顿的战地摄影和 20 世纪 60 年代末威廉·杰克逊的黄石奇观照片。1870 年以后，纪实摄影日趋成熟，镜头转向社会生活，诞生了英国勃兰德的《拾煤者》、法国韦丝的《女孩》等作品，不胜枚举。

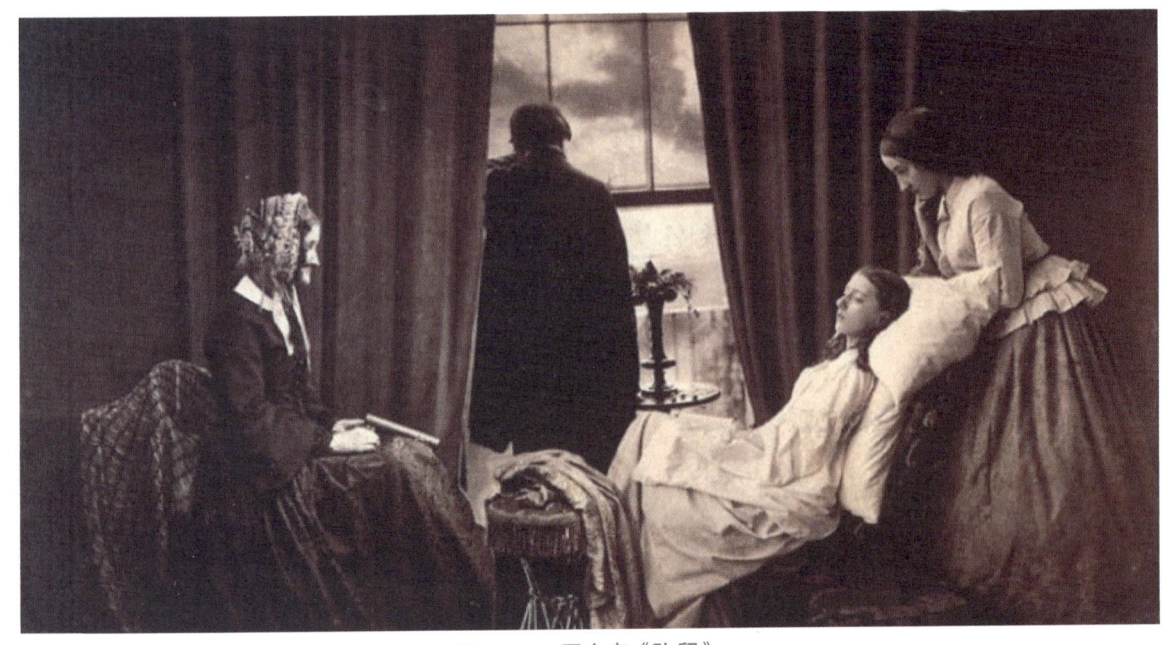

图10-2 罗宾森《弥留》

(三)抓拍派

抓拍派摄影艺术又称"堪的"(真诚、坦率、真实)派摄影。它于第一次世界大战后兴起,是反对绘画主义摄影的一大摄影流派。他们主张尊重摄影自身特性,强调真实、自然的创作原则,拍摄时不摆布、不干涉对象,提倡抓取自然状态下被拍摄对象的瞬间情态。美国摄影家阿尔弗雷德·斯蒂格里茨的《冬季的纽约第五大道》和德国摄影家埃里奇·萨洛蒙的《罗马政治会议幕后》,以生动、真实、朴实、自然的风格,成为抓拍派摄影艺术的代表作,也是摄影史上的经典作品。

(四)超现实派

20世纪30年代,超现实派摄影艺术兴起。这一摄影流派有着较为严谨的艺术纲领和艺术理论,其美学思想和超现实主义绘画基本相同。超现实派摄影家主张以剪刀、糨糊、多重曝光技术及叠印叠放等暗房技术为主要的造型手段,在作品的画面上,将景象加以堆砌、拼凑、改组,把具体的细部表现和任意的夸张、变形、省略和象征的手法结合在一起,创造出一种处于现实和臆想、具体和抽象之间的,奇特荒诞又充满神秘的超现实境界。超现实派摄影艺术的创始人是英国摄影家斯顿和美国摄影家布洛奎尔,真正的完成者是英国舞台摄影家马各宾,他的《马各宾自画像》运用了四次曝光手法进行拍摄,是一幅典型的超现实作品。

(五)抽象派

抽象摄影是以抽象的形式和图案为主要内容的摄影艺术形式。抽象派摄影艺术的本质是感情宣泄,它将点、线、面、影调、色彩等抽象符号以某种方式组合来表达感情,认为具象向抽象转化是一种艺术上的升华。在后期制作上,抽象摄影无视所谓的"传统工艺",利用负感效应、粗颗粒放大及不用照相机的物影照片进行创作,包括采用特殊摄影角度、局部大特写、夸张细节及多次曝光等技巧，产生奇特多变的抽象画面。抽象摄影的发轫者是泰尔博，其作品的画面仍保持一定程度的可辨认性。1917年，摄影家科班用木片和透明玻璃碎片拍摄的《波尔多画报》（图10-3）便完全不可辨认了。抽象画家康丁斯基、克勒引用显微摄影和X光摄影，扩大了抽象摄影的表现范围，丰富了摄影艺术的语言。

图10-3 科班《波尔多画报》

（六）形式派

第二次世界大战后，抽象艺术风靡世界，许多单纯追求形式美和抽象图案的摄影作品相继问世。形式派摄影家们首先在自然界里寻找抽象美的造型，如凯特曼的《油滴》。此外，摄影家们还在窗帘、桌布、壁纸上挖掘拍摄题材，不遗余力地寻找、捕捉、制作那些具有形式美的照片。

（七）实验摄影

实验摄影一般是指通过拍摄拟态化现实，如表演、装置制作，改变事物的客观形态，或创造性地运用图像资源等，表达摄影者的个人情感及其对外在世界的独特理解。实验摄影的特技手法多样，代表作品有运用多次曝光、多底合成、照片剪辑相结合的"摄影蒙太奇"手法拍摄的《狗眼系列》等。

二、中国近代摄影艺术理论的萌芽

1850年后，摄影传入中国，影响甚微。直到新文化运动后，摄影才引起众多思想先驱和文化巨匠的关注，康有为、蔡元培、胡适、顾颉刚、刘半农、鲁迅、周瘦鹃、徐悲鸿、张大千和丰子恺等均提出了许多具有珍贵学术价值和理论意义的新观点，对我国摄影艺术的发展起着不可替代的推动作用，摄影也成为一门独立的学科。

蔡元培作为中国美学、美育的倡导者，在提倡和推行美育思想过程中，肯定了摄影艺术在美育中不可忽视的地位和作用。蔡元培在《三十五年来中国之文化》中不但介绍了摄影艺术的发展脉络，而且将摄影与美术进行了比较。在此基础上，作者还对摄影社团及摄影杂志进行了全面介绍，促进了摄影艺术在中国的普及。

1923年，康有为以"画意"为题对《摄影指南》的13幅作品进行了点评。他遵循古典绘画理论的美学思想，以国画意境为审美接受的基础，整合了中国诗、书、画、印中的传统审美理想，通过观其象，追其象外之象，穷其无形之象，创造性地将"神"与"形"这两大传统艺术范式和美学思想完美地糅合在早期摄影理论中，把中国绘画审美观嫁接到"舶来品"摄影上，形成了中国"画意摄影"风格。

1927年，刘半农在《半农谈影》中区分了摄影与绘画的不同之处，将摄影艺术分为写真和写意两大类。写真是摄影的"正用"，即本行，写意是要把作者的意境，借照片表露出来。此外，徐悲鸿、张大千、丰子恺三位绘画大师提出了典型的绘画主义摄影理论。他们或认为摄影应该像绘画一样去描摹所见事物（徐悲鸿）；或坚持摄影即绘画，绘画即摄影，因为二者都是为了表现"胸中之丘壑""道虽殊而理同"（张大千）；或对摄影进行审美的社会学关照（丰子恺）。这些理论为中国近代摄影艺术的发展，锻造出一个富有本体美学特征、民族意境弥漫的闪光起点。

第十章　摄影艺术

以美培元

第二节
摄影艺术的审美特征

一、摄影艺术的语言

摄影艺术的语言主要有构图、用光、影调和色调等。

（一）构图

构图又称"取景"，是摄影者通过取景框，根据摄影意图进行巧妙的艺术构思，并选择主要被摄物和陪衬物，确定画面效果的过程。一幅作品的画面是由主体、陪体、前景、背景和空白等要素构成的。

主体是画面的主要拍摄对象，即摄影画面构成的主要部分。它是画面的核心，起支配作用，是内容的重要载体。陪体是主体的陪衬物，它起着陪衬主体、烘托主体、帮助揭示思想内容的作用。陪体与主体有着密切的关系，是画面密不可分的两部分，起着均衡画面、美化画面和帮助渲染画面气氛的作用。前景是指位于主体前的景和物，它与主体有一定距离，起着映衬主体、表现环境、平衡画面和美化构图的作用。如用一些富有地方特征的建筑物和季节性的花草树木为前景，可以渲染地方特色和季节气氛，使画面具有浓郁的生活气息。背景位于主体后面，除了用于强调主体环境、丰富主体内涵、深化主题外，还有交代环境、美化画面的作用。此外在画面布局中，适当留出一些空白，能使画面章法清楚、气脉畅通，有助于创造意境。

（二）用光

在摄影中，光起着举足轻重的作用，用光是摄影艺术造型的主要手段之一。没有光就没有物体的形象特征和形态特征，照片就无法聚焦，底片也无法感光。然而，有了光并不等于就能拍出好照片。只有对光进行正确的利用和适当的控制，才能获得影调和色调，在二维空间中表现出三维空间，创造出独特的摄影艺术形象或意境。

光源一般分为自然光（阳光和天空光）、人工光（灯光照明）、混合光（自然、人工混合光）。摄影用光，一般分为顺光、侧光、逆光、顶光和脚光。它们各有特点，但其中必须有一个是主光，其他则分别起着辅助光、背景光或装饰光的作用。

（三）影调

影调是指黑白照片中影像明暗的变化情况。在黑白摄影中，黑中有黑，白中有白，影调层次多，过渡趋势缓慢，这种影调配置，称为"柔调"；只有黑白两色，或黑、灰、白三色，影调层次少，过渡趋势急剧，这种影调配置称为"硬调"；有一些照片介于柔调和硬调之间，影调过渡正常，明暗反差适中，这种影调配置称为"正调"。

（四）色调

摄影的色调通常是指照片的基调。在一幅照片的画面中，根据黑、灰、白所占面积大小及面积的穿插和对比情况的不同，其基调可分为高调、低调和中间调三种类型。高调，即清淡色调的照片，画面上的白色和浅灰色占绝对优势，给人以明朗、纯洁、淡雅、清秀的感觉；低调，即浓重色调的照片，画面上的黑色和黑灰色占绝对优势，给人以深沉、刚强、浑厚、稳重的感觉；中间调介于高调和低调之间。在彩色照片中，习惯将高调称为"冷调"，以青、蓝、紫、白为主，将低调称为"暖调"，以红、橙、黑为主，没有以上颜色占优势的彩色照片，或以绿色为主的彩色照片，一般称为"中间调"。

二、摄影艺术的审美特征

摄影艺术的审美特征，可以概括为纪实性、瞬间性和造型性三个方面。

（一）纪实性

纪实性是摄影的一种技术属性、自然属性。摄影艺术是用再现现实生活中实际存在的客观事物的形状、形态、质感、色彩及其周围环境的方法，来反映真实的生活。摄影艺术的形象只能直接来源于生活，具有现场纪实的性质，因而可以给人一种现场感、真实感和亲切感，可以使一切美好的形象永存，从而大大增强了它的审美能力。一张绘画作品画得再逼真，它在人们心理上的真实可信程度，也难以和一张照片相比。摄影艺术所独有的惟妙惟肖的纪实本领，使摄影具有文献性、凭证性和纪念性。

（二）瞬间性

摄影作品所展现的不是事物运动的过程，而是运动的某一瞬间，不是生活进程的纵断面，而是生活某一凝固了的横断面。摄影作品的瞬间性包括动态的瞬间、神态的瞬间和形态的瞬间三种类型。摄影艺术的瞬间形象，包含着艺术家对生活审美的主观评价和情感体验，是对客观生活本质规律认识的客观化和形象化。摄影创作可以有一个较长的酝酿准备的过程，但它总是在一个极为短暂的瞬间完成拍摄。生活现象的瞬息万变和社会事态的时过境迁，更需要摄影者抓住最能表现形象特征的典型瞬间来完成拍摄。摄影艺术的欣赏过程，就是以瞬间形象调动欣赏者的想象，继而引起审美心理活动的过程。

（三）造型性

摄影艺术是一种造型艺术，摄影作品的造型具有无穷的意味。点、线、面、光、影、色等造型因素，在摄影作品中被摄影者加以创造性运用，具有独立存在的价值，从而成为一种有意味的形式，能给人带来视觉上的愉悦感与审美心理上的满足感。丰富而深刻的内容与有意味的形式完美结合，使摄影作品具有实态美、真切美、简约美和意象美，大大增强了摄影作品的艺术魅力和生命力。

三、摄影艺术的欣赏方法

（一）升华真实美

摄影艺术与传统艺术的不同之处在于反映生活的直接性。以生活自身的形象反映生活是摄影的优势，但是，这种反映必须经过摄影家头脑的过滤、比较和升华。所以，虽然摄影家拍摄的是人所共见之景、人所共历之事，但在摄影创作中，摄影家通过独特的视角，创造性地运用摄影技术手段，呈现给我们的是经过提炼和升华的视觉形象。

（二）追求光影美

光与影是摄影艺术视觉形象的主要构成因素。大至摄影创作的全过程，小到一个极其微小的细节处理，都会受到光的影响，光是衡量一幅摄影作品优劣的重要尺度。从摄影审美心理考察，摄影之美包括内容美、形式美和整体美。其中，内容美是指拍摄对象的社会、政治、伦理、道德意义所涵盖的精神内涵，形式美是凭借光影、色彩、形状、线条、质感等形式因素渗透表现出来的端庄与细腻、粗犷与典雅、艳丽与质朴、清新与浓郁等形式美感。内容美与形式美相互依存才能形成整体美。根据这一审美原则，摄影家必须对光与影的特性、作用及可能产生的美感有明确的认识，这样才能自觉地、能动地追求光影美，摄影作品才会给人以强烈的视觉吸引。

（三）选择色彩美

色彩是人们感知物质世界空间存在形式的基本视觉因素。绘画注重色彩品质，摄影强调质感。所谓色彩品质，是指光色的配合是否准确、真实及其达到的审美高度；所谓质感，是人们借助触觉来判断事物质地的厚薄、粗细和软硬，并以此鉴别一幅摄影作品的影调所达到的可触、可感的逼真程度。

如果画面光色虽然真实，但是质地不美，就会降低其美学价值。所以，画家、摄影家总是千方百计以不同技法，创造出光色、品质俱佳的作品。色彩不仅是视觉艺术语言的一个重要组成部分，而且是衡量艺术家智力与审美能力高低的尺度。

色彩的美不在于单一色彩本身，而在于色彩的组合。因此，摄影家要通过调动空间角度，选择事物本身的色彩和光线条件，利用镜头特性和后期制作等手段来控制色彩。正如雕塑大师罗丹所说："色彩的总体，要表明一种意义，没有这种意义，便一无美处。"

第三节
摄影艺术作品欣赏

一、《白求恩大夫》

摄影作品《白求恩大夫》（图10-4）是我国摄影家吴印咸于1939年拍摄的，作者以完美的艺术技巧塑造了白求恩大夫崇高的国际主义战士的形象。《白求恩大夫》不仅以独特的纪实性和完美的造型艺术手段获得了长久不衰的生命力，而且为诸多表现白求恩大夫的文艺作品提供了权威的形象资料。这幅作品的成功之处在于它对画面主体的处理，作品从位置、角度、用光和环境等方面，都对主体进行了十分恰当的刻画。

图10-4 吴印咸《白求恩大夫》

首先，白求恩大夫居于画面的视觉中心，作者选择的角度十分巧妙，通过白求恩大夫头部、身躯和手所组成的动态线条，不仅完美表现了白求恩大夫聚精会神的工作状态，而且把人们的视线自然地聚焦到手术台上，恰当地表现了特定的事件，塑造了白求恩大夫的形象。其次，这幅作品左侧方向的阳光照射在白求恩大夫身上,恰到好处的光线入射角度使其获得了最亮的影调,突出了白求恩大夫最富有表现力的表情和动作,光线的运用和巧妙的瞬间,使白求恩大夫从其他人物中突显出来。最后,典型的环境使这幅作品具有深沉的历史感。中国农村的一所破旧的庙宇,其房檐、壁画富有独特的中国建筑风格,用马鞍搭成的手术台,说明工作条件的简陋和艰苦。白求恩大夫就是在这样的环境中,一丝不苟地工作着。这就为白求恩大夫塑造了一个十分典型的环境,有力地表现了他崇高的国际主义精神。

二、《黎明钟声》

《黎明钟声》(图 10-5)是我国摄影史上的一幅名作,它表现的是抗日战争时期,支前模范戎冠秀清晨敲钟号召农民下地生产的情景,反映了抗日根据地人民群众组织起来发展生产,支援抗日战争的革命热情。黑色的人物剪影、古老的钟及明亮的天空构成一幅生动的画面,不仅塑造了一位中国农村妇女的形象,更寓意了中华民族的觉醒。而剪影的巧妙运用,使这幅作品不仅具有写意的神韵,更具有一种想象与生发的意境。内容与形式的完美结合,使得这幅作品具有了经典的力量。

三、《千里共婵娟》

《千里共婵娟》(图 10-6)取意苏轼的著名词句,以太湖为拍摄背景,作品中宁静的湖水、晶莹的月光、漂浮的芦苇、远泊的小船,表达了"但愿人长久,千里共婵娟"的诗词意境。作品融入国画写意的手法,在比兴中,借景物之形,抒作者内心之情,不仅使作品具有水墨画的神韵,更创造了一种幽美、恬静的意境。

图 10-5 江波《黎明钟声》　　　　图 10-6 陈夏礼《千里共婵娟》

四、《一湖春水晓帆风》

摄影作品《一湖春水晓帆风》(图10-7)是简庆福1985年于太湖拍摄的作品,它表现了鱼汛到来之时,渔民们驾船开赴作业区捕鱼的景象。那百舸争流、千帆竞发的浩大气势,绚丽斑斓的色彩,形象地再现了太湖鱼汛的喜庆气氛,抒发了作者内心的强烈感受。

作品运用仰角角度,几乎是贴近水面向上拍摄,突出了向垂直方向伸展的帆,显示了湖面的辽阔和船队的浩荡气势,充满了勃勃生机。由于每只帆船的形状大致相似,都是由一条直线、一条斜线和一条曲线组成,在整个画面上建立起形状和线条的统一。每个帆顶上的斜线都呈现向右上方伸展的运动趋势,形状、方向及船只之间,间隔统一而富有变化,在布满朝霞的天空的衬托下,形成了严谨而和谐的秩序。

图10-7 简庆福《一湖春水晓帆风》

五、《童工》

路易斯·海因是美国摄影界一位以揭露黑暗、表现劳动者尊严而著称的摄影家,他被评为"以照相机为文笔的社会学家",他的作品被称为"新大陆20世纪的史诗"。他用自己的照相机热情地赞颂了工人的劳动,表现了劳动者伟大的创造力量和尊严,他的作品成为美国整整一个时代的精神体现。《童工》(图10-8)画面上的女孩儿,一手扶着窗台,一手扶着机器,正面对着镜头,像是直接向观众诉说着童工的悲哀和痛苦。

图 10-8　路易斯·海因《童工》

机器和墙壁形成的 V 形，像一把巨大的钳子把她牢牢地控制住，使她成了机器的附庸。海因在创作上具有震撼人心的力量，富有正直、坦率而勇敢的批判精神。这幅作品使人感到仿佛有一双惊恐的眼睛，正在怀着巨大的同情和悲愤注视着下层人民的生活，使人感到有一只毫不留情的手，正在揭开蒙在资本主义脸上的面纱，残酷的现实赤裸裸地暴露在人们面前。形式上，海因运用了浓重的暗色调作背景，用正面角度表现拍摄对象，使作品有一种凝重深沉的情绪和直面现实、正视人生的视觉冲击力。

美的体验

1. 课外阅读

阅读 1—2 本摄影作品集或摄影艺术欣赏类书籍。

2. 课外活动

搜集若干摄影艺术类作品，制作成多媒体课件，参与一次学习成果展示会。

3. 思维拓展

摄影艺术与绘画艺术有着一定的联系，请尝试从审美特征的角度比较摄影艺术与绘画艺术，形成文字并发布至学习平台。

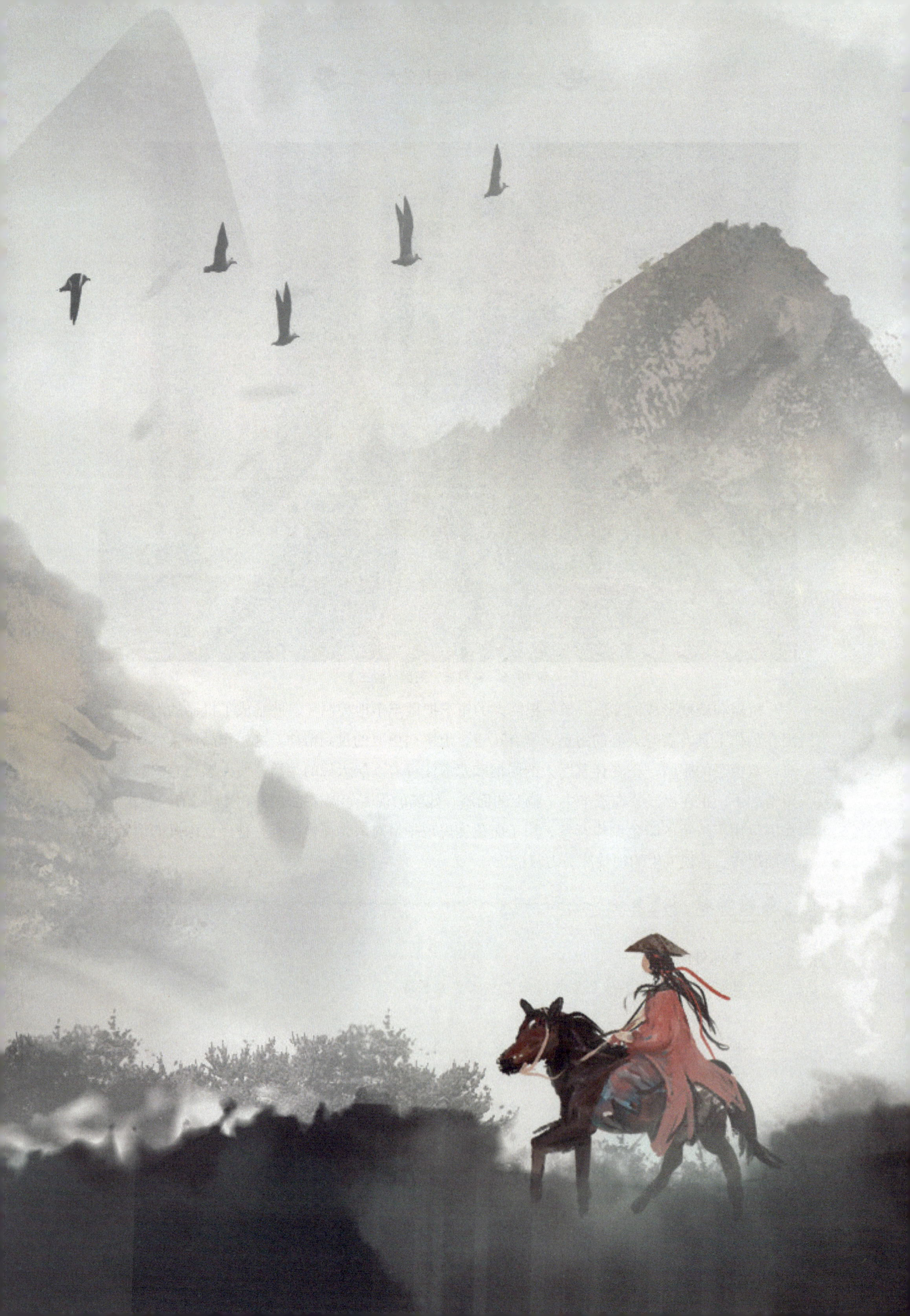

第十一章

影视艺术

影视艺术是21世纪以来发展最快的艺术，是伴随着几代人成长起来的艺术，是当代大学生最熟悉的艺术之一，有着鲜明的时代烙印。

思政目标

（1）通过影视艺术给人以高尚的引导、教育，使大学生的道德意识与情感结合，形成良好的道德习惯，树立高尚的理想信念，进而转化为道德行为。

（2）观看爱国主义题材的影片，挖掘它们的思想政治教育价值。

美之漫谈

你认为经典的影视作品有哪些？

寻美之迹

《城南旧事》（图11-1）通过小姑娘英子的视角来叙述笼罩在愁云惨雾生活下的人和事，用无法言说的天真道尽了成人世界的悲欢离合。片中人物最后都离英子而去，当她发现愿望与现实结果之间存在巨大反差时，那颗善良的幼小心灵就愈发显得孱弱，缠绕在电影中那种无往不复的悲剧轮回也就更加令人触目深省。

电影中描绘的事件大多是时代造成的悲剧，然而从影片基调来说，其主旨并不是对旧制度的控诉，也淡化了善恶标准，而是以一个纯真的少女来折射底层人物的不幸命运，进而揭露彼时社会的黑暗丑陋。

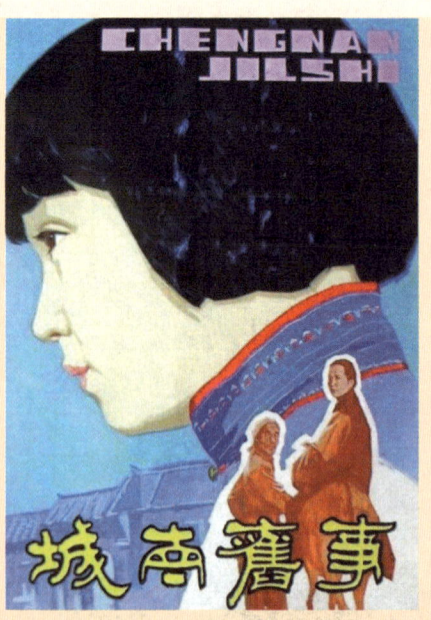

图11-1 《城南旧事》海报

第十一章 影视艺术

知美识美

第一节
影视艺术发展概述

在诸多的艺术样式中，影视艺术是最年轻的艺术，它是继绘画、音乐、舞蹈、建筑、雕塑、戏剧之后产生的，被人们称为"第七艺术"。其他的艺术准确诞生于何时不是无法考证就是尚无定论，只有电影明确告诉我们，它的诞生日期是 1895 年 12 月 28 日。

一、电影的产生与发展

（一）电影的产生

电影的史前期到底经历了多久，学界说法不一。但与"光影相随""视觉暂留"两个原理的发现有密切关系。1829 年，比利时物理学家约瑟夫·普拉多经过实验证明了"视觉暂留"的时间是 0.1~0.4 秒。1832 年，他发明了"诡盘"，使画在锯齿形硬纸盘上的画面活动了起来。照相术的发明到发展极为迅速，1872—1878 年，英国人幕布里奇用 24 架照相机做连续拍摄奔马的实验，终于使人们在银幕上看到了骏马在奔跑。此后不久，法国生理学家马莱发明了"活动底片连续摄影机"，实现了电影的拍摄技术。

关于放映技术领域的研究，先是 1894 年美国科学家爱迪生发明了"电影视镜"，随后法国的卢米埃尔兄弟（图 11-2）在此基础上制成了"活动电影机"，以每秒 16 画格的速度拍摄和放映影片。1895 年 3 月 22 日，卢米埃尔兄弟在法国科技大会上首次试映了影片《卢米埃尔工厂的大门》，获得成功。

1895 年 12 月 28 日，卢米埃尔兄弟在法国巴黎卡普辛路 14 号大咖啡馆里，正式向公众公开放映了他们自己摄制的一批纪实短片，有《工厂的大门》《火车到站》《水浇园丁》等。卢米埃尔兄弟是第一个利用银幕进行投射式放映电影的人。史学家们认为，卢米埃尔兄弟所拍摄和放映的影片已经脱离了实验阶段。因此，把他们 1895 年 12 月 28 日电影首次公映之日定为电影的诞生日，卢米埃尔兄弟自然当之无愧地成为"电影之父"。

图 11-2　卢米埃尔兄弟

(二)世界电影的发展

1. 电影成为艺术(1896—1912年)

卢米埃尔兄弟拍摄的影片以真实记录生活为主,是现实主义电影,但这种平铺直叙记录生活的"魔术"仅仅风靡了18个月。真正让电影走向艺术的是法国人乔治·梅里爱,他创造了特技摄影和镜头组合,还在电影中借鉴戏剧的表现手法,其代表作《月球旅行记》是世界电影走向艺术的标志。此后的电影在艺术追求和商业运营方面都有质的飞跃,以英国的"布莱顿学派"为代表的欧洲众多电影学派在电影艺术形式方面进行了深入探索,以法国"百代公司"为代表的电影公司把影片生产纳入工业化轨道,美国"镍币影院"的巨额赢利既造就了鲍特《火车大劫案》这样闻名于世的影片,也促进了"好莱坞"国际影城的创建。

2. 电影艺术发展的初期(1913—1926年)

在电影艺术发展的初期,杰出的电影人、经典的影片和优秀的电影流派纷纷涌现。美国的大卫·格里菲斯于1915年和1916年分别导演的两部影片《一个国家的诞生》和《党同伐异》,是世界电影史上具有里程碑意义的作品,电影被世界公认为艺术,也是以这两部影片为标志的;美国的查尔斯·卓别林是世界电影史上杰出的喜剧大师,他的影片具有鲜明的现实感和尖锐的讽刺性,代表作有《淘金记》《摩登时代》(图11-3),他以"含泪的笑"震撼观众心灵;爱森斯坦对蒙太奇进行了卓越的艺术实践和理论上的阐述,形成了一种"诗电影"的传统,其代表作《战舰波将金号》利用镜头交切形成蒙太奇节奏,以揭示人物的内在情绪;瑞典学派以约斯特洛姆和斯蒂莱为代表,反映现实生活,表现社会重大问题,大胆创新电影语言,在电影中最早使用"多视角"手法;法国的表现主义电影和印象派电影在艺术创新方面成就斐然,表现主义电影的代表作是维内的《卡里加里博士的小屋》,印象派电影的代表作是德吕克的《狂热》。

图11-3 《摩登时代》剧照

3. 电影艺术的重要发展时期(1927—1945年)

在电影艺术的重要发展时期,从法国到德国的先锋派电影运动是世界电影史上第一次大的革新运动。在艺术领域,先锋派反对叙事,追求纯粹的节奏情绪,描写梦幻的世界,表现物重于表现人,这些丰富了电影的剧作结构和语汇,给戏剧式电影以巨大的冲击。在技术领域,有声电影和彩色电影的产生为电影更逼真地表现生活提供了更大的可能性。1926 年，美国华纳兄弟电影公司为了摆脱破产的危机拍摄了第一部有声电影《唐璜》，但它是声画分离的。1927 年，他们又拍摄了《爵士歌王》，在音乐中加入了对白，上映后反响空前。实际上，真正的有声影片是 1929 年的《纽约夜景》。1935 年，美国导演马勃里安在大型故事片《浮华世界》中运用了彩色，但是彩色电影直到第二次世界大战后才逐渐普及。这一时期的优秀影片有《一条安达鲁狗》、《尼斯景象》、《西线无战事》、《乱世佳人》（图 11-4）、《马耳他之鹰》等。

图 11-4 《乱世佳人》剧照

4. 电影艺术的多样化时期（1946—1966 年）

电影艺术多样化时期是世界电影的变革期。第二次世界大战后，曾经辉煌的美国电影遭遇了前所未有的危机，苏联的现实主义电影创作之路越走越窄，而欧洲电影和亚洲电影却迎来了长足的发展。意大利的"新现实主义"电影运动、法国的"新浪潮"电影运动、英国的"自由电影"和"新德国"电影，都为世界电影的发展添上了浓墨重彩的一笔，中国、日本、印度的电影也开始得到世界影坛的关注。无论是电影艺术家还是作品、电影思潮流派还是理论研究，都在变革中寻求发展，走向成熟。《罗马，不设防的城市》（图 11-5）、《四百下》、《八部半》、《愤怒的回顾》、《告别昨天》、《罗生门》、《两亩地》是这一时期最具代表性的优秀影片。

图 11-5 《罗马，不设防的城市》剧照

5. 电影艺术走向繁荣（1967—1996年）

在电影艺术走向繁荣的重要时期，经历了阵痛的美国电影终于迎来了第二次辉煌。从《邦尼与克莱德》开始，好莱坞电影在保持一贯的商业传统基础上吸收了欧洲电影的新理念，突破了戏剧化电影的束缚，融合了多种艺术手段与科技力量，再次成为引领世界电影潮流的梦幻工厂，类型电影不断丰富，灾难片、科幻片成为轰动一时的热门题材；法国电影在继承传统风格的基础上，加强了影片的观赏性，题材样式也日趋多元化；意大利电影更加注重反映社会问题，有些影片具有鲜明的政治色彩；新德国电影迎来了第二次创作高潮，以《铁皮鼓》《莉莉·玛莲》为代表的影片充分展示出德国新一代电影奇才不羁的个人风格；日本电影在民族传统和后现代性的调和中生长，以宫崎骏为代表的电影人把日本动画电影推向了前所未有的艺术高度，经济上的巨大收益更促使日本动画电影得到了长足的发展；印度是最大的电影生产国之一，浓郁的民族风情和载歌载舞的表现形式使其在世界影坛独树一帜；伊朗电影起步虽晚，却在探索与创新上成绩斐然，令世界影坛刮目相看。这一时期的优秀影片不胜枚举，《教父》、《飞越疯人院》、《现代启示录》、《天堂电影院》、《肖申克的救赎》（图11-6）、《七宗罪》、《千与千寻》等，都堪称经典。

图11-6　《肖申克的救赎》剧照

6. 电影艺术走向成熟（1997年至今）

声音、色彩、数字是电影发展史上的三次技术革命，正是这样的技术革命为电影提供了无限的艺术创作空间。20世纪末，数字技术、电子影像技术、计算机图形学的发展为电影数字特技的发展奠定了基础。1997年，《泰坦尼克号》带给观众大量的电脑特技制作合成画面，起航的远景、逐浪的海豚、断裂的巨轮、滑落的乘客，这些震撼效果瞬间成为电影人钟爱、观众期待的目标。于是，人们在《金刚》里看到了巨兽，在《指环王》里看到了咕噜，在《黑客帝国》（图11-7）里看到了静止的子弹，在《哈利·波特》里看到了神奇的魔法。2010年的3D电影《阿凡达》使观众再一次对电影特效技术产生狂迷，神奇瑰丽的潘多拉星球、半人半兽的纳美人、足以载入史册的视听效果震撼，征服了无数观众。随之而来的海量3D电影把传统电影领入了一个新时代。21世纪以来的电影发展让虚幻更加真实，让真实更加艺术，艺术与技术的融合越来越密不可分。然而，并非缺少了CG技术和3D技术的电影就意味着失败，《放牛班的春天》《白丝带》《三傻大闹宝莱坞》都很值得品鉴。

第十一章　影视艺术

图 11-7　《黑客帝国》剧照

（三）中国电影的产生与发展

世界电影诞生不久，就传入了中国。1896 年 8 月 11 日，上海徐园的"又一村"首次放映了"西洋影戏"，因此，从电影放映的角度看，中国电影始于 1896 年，但从电影拍摄的角度看，中国电影是从 1905 年开始的。1905 年，北京丰泰照相馆的老板任庆泰拍摄了中国第一部影片，内容是著名京剧泰斗谭鑫培主演的《定军山》（图 11-8）中"请缨""舞刀""交锋"等片段，影片在大观楼戏院放映时出现了"万人空巷来观之势"。从此，中国电影诞生了。

图 11-8　《定军山》拍摄现场

— 183 —

1. 中国电影的初创期（1906—1930年）

最早的中国电影也重复着简单记录的制作模式，谈不上艺术。直到1913年，由郑正秋编剧，张石川、郑正秋导演，依什尔摄影，完成了第一部短故事片《难夫难妻》（原名《洞房花烛》），开了中国电影片种、样式和创作方法的风气之先，具有深远的历史意义。1917年，商务印书馆的活动影戏部成立，1922年，张石川、郑正秋创建了明星影片公司，此后，大大小小的电影公司如雨后春笋般涌现。1930年，明星影片公司摄制了中国第一部有声电影《歌女红牡丹》，成为中国电影发展史上的又一里程碑。

2. 中国电影的探索期（1931—1949年）

这一时期的中国电影与战争背景、家国命运密不可分。左翼时期，以夏衍为代表的电影人指导电影创作要贴近社会、反映现实，一批优秀的现实主义影片应运而生，如《渔光曲》《桃李劫》《风云儿女》《十字街头》《马路天使》等；抗日战争时期，国统区的中国电影制片厂、中央电影摄影厂、西北影业公司和解放区的延安电影团都拍摄了大量宣传抗日的故事片和新闻纪录片，《八百壮士》《中华儿女》是其中的优秀代表，上海沦为"孤岛"以后，《木兰从军》《苏武牧羊》等以古喻今的影片也间接表达了爱国情、民族志；解放战争时期，进步电影人利用官办的电影基地拍摄了一批优秀影片，如《天堂春梦》《松花江上》等，新成立的昆仑影业公司也拍摄出了《八千里路云和月》《一江春水向东流》《万家灯火》等经典影片，此时的中国电影在世界影坛的影响力越来越大。

3. 中国电影的发展期（1950—1966年）

新中国成立后，电影的发展备受瞩目，在"双百方针"的指导下，出现了大批主题鲜明、题材各异、风格多样的优秀影片，如《鸡毛信》、《梁山伯与祝英台》、《董存瑞》、《林则徐》、《上甘岭》、《五朵金花》（图11-9）、《早春二月》、《冰山上的来客》等。这些影片遵循现实主义原则，表现生活的本质，深入展现矛盾冲突，在民族风格、地方特色、艺术意蕴方面，进行了十分有益的探索。

图11-9 《五朵金花》剧照

4. 中国电影的荒芜期（1967—1976年）

这一时期，中国电影遭遇了前所未有的倒退，仅拍摄了很少几部故事片和被移植到银幕上的样板戏。

5. 中国电影的复兴期（1978—1996年）

改革开放后的中国电影迎来了繁荣昌盛的复兴期，影人队伍人才辈出、影片生产蓬勃发展、理论研究空前活跃、艺术探索精益求精。《喜盈门》《芙蓉镇》《鸦片战争》《开国大典》《少林寺》等都是雅俗共赏的名片佳作。《红高粱》、《霸王别姬》（图11-10）、《卧虎藏龙》等一批斩获国际大奖的电影精品也为中国电影走向世界拓宽了道路。"第五代导演""第六代导演"从崭露头角到扛起大旗，成为中国电影复兴的中流砥柱。

图11-10 《霸王别姬》剧照

6. 中国电影的繁荣期（1997年至今）

中国电影的繁荣首先表现在电影市场的繁荣，然后才是影片数量和质量的提升。1997年，《甲方乙方》首次提出了"贺岁片"的概念，"票房"收益开始被重视并逐渐成为评价电影成绩的重要指标。2002年，《英雄》创造了国产影片史无前例的票房价值，成功的商业运作大大刺激了中国电影市场。此后，《功夫》《集结号》《让子弹飞》《泰囧》《捉妖记》等，不断刷新的票房纪录让人们看到了中国电影产业的辉煌前景。但在国际上获奖的《盲井》《青红》《孔雀》《图雅的婚事》《白日焰火》等优秀影片在票房上却不尽如人意。如何能够做到雅俗共赏，票房、口碑皆佳，是当前电影人亟待解决的问题。

二、电视的产生与发展

（一）电视的产生

与电影一样，电视的产生与发展也与科学发明、技术进步紧密相连。1817年，瑞典的布尔兹列斯发现了一种新的化学元素"硒"；1843年，苏格兰的亚历山大·贝恩发明了传真电报机；1848年，意大利的卡里赛发明了电化学传真系统；1873年，法国的布列兰发明了电子扫描原理；

1877年，法国的塞列克构想出了电视发射器；1884年，德国的保罗·尼普科发明了无线电传播扫描盘，用电传递画面的想法从此实现；1888年，英国的约翰·贝德发明了机械圆盘电视，成为发明电视的第一人；1889—1897年，光电管和阴极射线管的发明成为电视显像管的雏形；1911年，俄国的罗津格制成一台电子显像电视接收机，显示出了第一幅简单的电视图像；1923年，美国的兹瓦里金发明了静电积贮式摄像管和电子扫描式显像管。

1925年10月2日，英国的约翰·洛奇·贝尔德组装出了一套电视发射机和接收机，世界上第一台电视机问世；1928年，美国的菲格·法恩斯沃斯发明了电子图像分解摄像机，完成了电视的图像制作技术；1929年9月30日，英国广播公司用贝尔德发明的电视系统进行了成功实验，引发美、苏、德、法等各国相继开展实验性电视播放，英国在技术革新上取得了长足的进步。

1936年11月2日，英国广播公司进行了第一次正式的电子电视系统公开播出，标志着黑白电子电视广播时代的开始，揭开了世界电视史的序幕。

（二）电视的发展

1. 黑白电视时期（1937—1953年）

从机械电视系统到电子电视系统，技术进步的速度之快令人瞠目。继英国之后，法、苏、德各国都开始使用电子电视系统进行电视播放，正当电视面临飞跃式发展时，第二次世界大战爆发了，电视业完全陷入停滞。直到战后，各国电视台逐渐恢复，电视机生产量逐年飙升，电视业开始复兴。据统计，1955年，世界上已有20个国家兴办了电视业，出现了约6000家电视台，电视机总数达4100万台。

2. 彩色电视时期（1954—1963年）

虽然彩色电视时期始于1954年，但是彩色电视却在黑白电视尚未实验成功前就开始了研究。1902年，奥地利的芬·伯兰克率先提出了彩色电视的传送和接收原理；1940年，美国的古尔马研制出机电式彩色电视系统；1951年，美国的H.洛和洛伦斯先后发明了彩色显像管；1953年10月，美国确定了与黑白电视机兼容的彩色电视制式——点描制（NTSC）；1954年，美国正式播送彩色电视节目，此时的彩色电视系统还很不完善，节目制作成本高，彩色电视机价格昂贵，未能得到普及；1958年，法国的亨利·戴弗朗斯发明了塞康制（SECAM），它在图像清晰度上优于点描制，兼容性却不如美国制式；1963年，德国的瓦尔特·布鲁赫研制出了帕尔制（PAL），它吸收了美国制式和法国制式的优点。此后，很多国家都对彩色电视制式进行了试验，先后提出了20多种制式，经过时间的考验被一一淘汰，留下来的仍是美、法、德三国的制式。我国采用的是德国的帕尔制。

3. 多路传播与数字电视时期（1964年至今）

早期电视传播使用的是超短波，不能传送太远，即使家家立个天线杆，接收的信号也不清晰稳定。为此，人们开始研究多路传播的方法，电缆电视和卫星电视应运而生。

电缆电视（CATV）也叫共用天线电视、有线电视，图像清晰、频道多，可以满足不同层次、不同兴趣的观众需要。20世纪60年代，电缆电视得到越来越多的认可，在许多国家迅速普及。

20世纪70年代，电缆电视开始双向传输业务，观众可以反馈信息，参与购买商品，电缆电视的业务范围越来越大，发展前景越来越好。通信卫星的成功发射为电视传播新技术提供了可能，通过卫星对电视信号的接收与发射，人们再也不怕崇山峻岭的阻隔，全世界的观众可以在同一时间看到同一个节目。1962年，美国的"电星1号"通信卫星发射成功，美国的电视信号借助卫星发射到了欧洲，1964年8月，美国与西欧各国成立了国际通信卫星联合公司；1965年，苏联的"闪电1号""闪电2号"通信卫星先后发射成功，苏联与东欧各国也成立了国际通信卫星组织。此后，卫星电视开始走向世界，电视很快成为人们不可缺少的信息传播工具和休闲娱乐工具。

数字电视是相对于模拟电视而言的，它是电视发展史上一次划时代意义的变革。1973年，数字技术用于电视广播试验成功；20世纪80年代开始，德国、法国、英国都开始研究数字电视技术，并且诞生了MAC1、MAC2、MAC3三代数字卫星电视节目广播；1982年，数字式电视机在美国研制成功，1983年开始正式生产销售；1993年12月，美国休斯电子公司率先发射了数字直播卫星；1995年9月15日，美国正式通过ATSC数字电视国家标准；1996年4月，法国开始了数字电视商业广播，全世界的数字电视广播迅猛发展。

与电视传播技术相适应，电视机的更新换代也越来越快。早期的机械电视机、电子电视机已鲜为人知，厚重的模拟电视机也已离开人们的视线，数字电视、HD高清电视、FHD全高清电视、UHD超高清电视相继出现，电视机变得越来越清晰，越来越薄，功能越来越多。

（三）中国电视的产生与发展

1958年5月1日，北京电视台（中央电视台前身）正式开播，标志着中国电视事业的诞生。同年6月15日，北京电视台播出了《一口菜饼子》，开启了中国电视剧的序幕。1983年春节，中央电视台播出的春节联欢晚会轰动一时，从此，每年除夕夜看央视春晚成为中国新民俗。

早期中国电视业没有什么竞争力，最吸引人的就是电视剧，《四世同堂》《红楼梦》《西游记》《渴望》成为中国早期电视剧的经典。

随着电视人口覆盖率的增加，观众的要求越来越高，电视业的竞争越来越激烈，栏目化、频道化的趋势日渐凸显。

1993年5月1日，中央电视台推出《东方时空》，开启了栏目时代。随后的《焦点访谈》《今日说法》成为中央电视台的品牌栏目，各地方电视台也都创办了自己的当家栏目。

卫星电视推广后，全国各地的观众都能看到各省（市、自治区）的卫星电视台，与此同时，有线电视越来越普及，观众的选择越来越多。央视、各省卫视、地方台各具特色，为适应观众口味，各台推出的专题频道层出不穷。中央电视台推出了综合、经济、国际、电影、科教、少儿等15个频道，各省卫视、地方台也纷纷推出了经济、音乐、教育等有针对性的频道，有线电视甚至有美食、家居、车迷、垂钓、围棋、证券等频道。

栏目化、频道化的发展趋势需要精品电视节目来支撑，除了新闻、体育等传媒特征鲜明的节目外，电视剧、纪录片、综艺晚会等艺术性很强的节目也出现了大量精品。

第二节
影视艺术的审美特征

一、影视艺术的审美特征

影视艺术同其他艺术形式一样，源于生活、高于生活，既受普遍艺术规律的制约，又有着与众不同的审美特征。

（一）综合性

（1）影视是各种艺术叠加的艺术。它同绘画、雕塑相近，都以直觉的视觉形象为表现形式；它同音乐相近，都是通过各种音响来创造气氛和节奏感；它同文学相近，都有叙事能力，通过情节反映现实世界；它同戏剧相近，都是借助演员的表演来塑造人物，展开情节。它发生在各种艺术的交叉点上，对各种艺术形式最具生命力的表现手法兼收并蓄。欣赏影视作品时，我们可以尽享文学、音乐、绘画、建筑、雕塑、舞蹈、戏剧、摄影等各种艺术的魅力。

（2）影视是时空兼备的艺术。它可以任意表现过去、现在和未来，可以表现宏观世界、微观世界、内心世界，可以在充分自由的空间领域灵活转换。这种时空上的无限自由性带来了影视题材选择的广泛性、造型处理的可变性、表现手段的丰富性、风格形式的多样性。

（3）影视是科技孕育出的艺术。它的诞生与发展始终依赖于现代科学技术的进步，是艺术与技术完美结合的产物，任何一项艺术手段都是凭借一定的技术手段来完成的。

（4）影视是集体创作的艺术。影视作品的创作是集体智慧的结晶，涉及众多人员、各种行当，编剧、导演、演员、摄影、美工、服装、化妆、灯光、音响等，各司其职、通力合作，才能完成一部作品。我们可以从影视作品结束时快速闪过的团队名单中感受到集体的力量。

（二）运动性

影视艺术展示给人们的是运动的世界，与静止的照片不同，影视画面既有空间的伸展性，又有时间的延长性，而时间和空间的结合就体现出运动性。托尔斯泰第一次看电影就被它惊人的艺术魅力深深打动，他认为"电影的伟大之处在于识破了运动的奥秘"。

（1）影视艺术的运动性来自拍摄对象的运动。影视中的人物、环境、造型不仅占有空间，而且是在延续不断的时间中展开空间，每个画面都是转瞬即逝的。人物的动作活动、环境的变化和画面内部造型都始终处于一个不断发展变化的过程中。

（2）影视艺术的运动性来自摄影机或摄像机的运动。影视拍摄时，摄影机或摄像机很少静止不动，它们通过推、拉、摇、移、跟、升、降等运动方式，获取活动的影像。即便画面表现的是一个人在沉思，也能通过推镜头让观众体会到人物的心理变化。这种运动镜头大大增强了画面的艺术表现力。

（3）影视艺术的运动性来自蒙太奇的运动。蒙太奇可以使一个个本来静止的画面活动起来，使电影在审美上达到一个新的高度，尤其是一些特技镜头，如跳楼、中枪、炸飞等，就更离不开蒙太奇了。

（三）逼真性

与其他艺术相比，影视艺术真实地再现了生活。它比文学更直接，比绘画更立体，比音乐更形象，比舞蹈、戏剧更持久，比雕塑、摄影更生动。

（1）影视艺术具有最贴近生活原貌的逼真性。逼真是要求真实地呈现出拍摄对象的本来面貌，表现生活的画面要酷似生活本身。当人们发现照相机拍摄出来的画面远比绘画要真得多时，又遗憾它不能动。早期电影的出现解决了动的问题，又有无色无声的缺憾。有声彩色电影出现后，人们觉得银幕视野太窄，于是出现了宽银幕、巨幕；觉得平面的画面不够立体，于是出现了3D电影；觉得仅诉诸视听还不够，还要有触觉、嗅觉的享受，于是出现了全息电影。可以说，每一次影视技术上的革新，都力求使其所记录的客观事物更逼近生活原貌。

（2）影视艺术具有与虚拟性有机交融的逼真性。"逼真"意味着逼近于真，而不等同于真。如果影视仅仅照搬生活，就不再是艺术。影视艺术来源于生活，是生活真实的反映，又是创造性的反映，就像醇酒之于粮食，艺术的真实应该高于生活。影视创作者要把真实的生活进行提炼、加工、改造，甚至虚构，创造出艺术的真实。例如，科幻片、灾难片虚拟出来的场景是人们没有亲历过的，却能给人以身临其境的真实感受。因此，影视不仅要表现人们看到的、听到的、感受到的真实，更要表现人们想到的、想不到的真实。

（四）视像性

在影视作品中，作者总是想尽一切办法将故事情节、人物性格、环境气氛、时代脉搏等设计成可见的图像，展示于观众眼前，从而表达自己的创作意图、思想感情。

（1）视像时代的标志。影视的发明与推广标志着视像时代的到来。人类对自然与社会的认知可以分为图画时代、文字时代、印刷时代、视像时代四个阶段，各阶段的认知方法和思维方式不同。当下，通过看电影、看电视、看网络视频来感受愉悦、获取新知、了解社会已成为普遍现象。

（2）视像艺术的品位。影视艺术不同于传统艺术，它是一种视像艺术。它改变了传统艺术静态的、单一的表现形式，以动态的、声画统一的表现力，成为艺术领域的新生代。与之匹配的全新思维方式——镜像思维，也逐渐被人们习惯。这种思维更匹配大众的接受能力，于是影视从高雅的艺术殿堂走向了大众，成为"世俗神话"。

（3）视像技术的追求。没有哪种艺术形式比影视更依赖科学技术的发展与创新。没有摄影机的发明，就不会有电影；没有高速摄影技术，就无法体验慢镜头的神奇；没有数字影像技术，就不能真实再现幻想世界；没有3D技术，就看不到立体清晰的画面。人的想象是无限的，人们想在影视中看到的事物是无止境的，只有对视像技术的不懈追求才能实现视像艺术的长足发展。

此外，影视的特性还有大众性、商业性等，由于重点从审美的角度分析，这里不再赘述。

二、影视艺术的表现手法

任何艺术都有它独特的艺术语言和表现手法，有着综合艺术之称的影视艺术借用了各种艺术的语言来表现，如文学的叙事描写，音乐的旋律、节奏，绘画的构图、色彩，舞蹈的形体、动作，戏剧的角色、表演，摄影的光影、层次……但它也有自己最与众不同、最具生命力的表现形式——镜头和蒙太奇。

（一）镜头

镜头是指摄影机或摄像机从开拍到停止所获取的连续不断的画面。由于景别、运动、角度、焦距等的变化，镜头可以变化出很多种类，产生不同的功效。

1. 景别镜头

景别主要指因摄影机或摄像机同被摄对象间距离的远近不同而造成的大小和内涵不同的画面。景别镜头主要有五种：特写、近景、中景、全景、远景（表11-1）。如果再细分，还有大特写、近特写、中近景、小全景、大全景、大远景等。它们在画面中所包含的内容不同，艺术功能也不同。

表11-1　景别镜头

景别镜头	画面内容（以人为例）	功能	使用频率	艺术表现力
特写	头部	强调细节、揭示心理、震撼心灵	少	强
近景	胸部以上	强调人物，突出表情	较多	较弱
中景	膝部以上	交代人物，突出动作	最多	弱
全景	全身	展现环境中的人物	较多	较弱
远景	很小	突出环境，抒发感情，创造意境	少	强

巧妙地使用景别镜头可以使影视作品所表现的内容产生丰富的内涵和无限的张力。如电影《英雄》中无名刺秦的一段，巧妙的景别镜头设计与演员的表演相得益彰，展现出鲜明的人物和深刻的主题。

2. 运动镜头

在影视作品中，静止的镜头是不多见的，摄影机或摄像机在运动过程中拍出的镜头往往具有更强的艺术表现力，这些镜头就是运动镜头。运动镜头主要包括五种基本形式（表11-2）。

表 11-2 运动镜头

运动镜头	运动方式	功能
推镜头	由远及近	引起注意，造成审视效果
拉镜头	由近及远	交代环境，引发思考
摇镜头	上下左右旋转	展示高大或宽大，渲染气氛
移镜头	水平方向上下左右移动	扩大视野，速度快慢情感不同
跟镜头	跟随对象等距运动	看到运动中的变化，穿越时空

在影视片的拍摄过程中，这五种镜头常常综合运用，产生千变万化的运动镜头。它们不仅可以描写人物、展示环境、叙述故事，还可以创造节奏、形成风格、表现意境。如电影《云水谣》开场，摄影机推、拉、摇、移，跟获取到的几组动态画面由特技合成为一个长镜头之后展现出了非凡的魅力，瞬间清晰地交代出主人公的生活背景，勾勒出 20 世纪 40 年代中国台湾社会的民俗画卷。

3. 其他镜头

由于分类角度不同，镜头的类型还有很多。其中常见的几种如表 11-3 所示。

表 11-3 其他镜头

其他镜头	分类角度	画面特征	功能
变焦距镜头	焦距变换	拟推镜头	引起注意，造成帘式效果
		拟拉镜头	交代环境，引发思考
俯仰镜头	拍摄角度	由上到下俯视	宏大场面，渺小、压抑的心理，喜剧效果
		由下到上仰视	高大威严、悲壮崇高的美感
快慢镜头	每秒 24 格上下变化	画面变快，降格	紧张气氛，夸张效果
		画面变慢，升格	突出细节，表现梦幻，创造意境
空镜头	画面内容	没有人物	介绍环境，烘托气氛
主观镜头	观众心理	剧中人的视角	身临其境之感，主观情感
长镜头	长短	超过 30 秒	真实，完整，抒情

这里的长镜头是最值得关注的。在故事类影视片中，长镜头往往是艺术水平的标志。单就演员的表演方面看，没有精湛的演技就很难驾驭长镜头那洞察一切细节的敏锐目光。如电影《泰坦尼克号》片尾 1 分半钟的长镜头：露丝又回到了船上，与杰克的灵魂重逢，沉船事故中丧生的

那些高尚的灵魂为他们的重逢鼓掌。流畅的画面和动人的旋律带给人余音袅袅、韵味深长的艺术享受。

(二)蒙太奇

蒙太奇原是法国建筑行业术语"Montage",意思是装配、构成,借用到电影中则是剪接、组合的意思,即依照情节的发展和观众的注意程序把一个个镜头(包括声音)合乎逻辑地联结在一起的一种技巧。如果把影视创作比作文学创作,那么镜头就像字、词、句,蒙太奇就像语法,一篇文章是由许多的字、词、句按照一定的语法组织连缀起来的,一部影视作品则是由许多镜头按照蒙太奇这种特殊的修饰手段剪辑组合而成的。因此,蒙太奇常被称作"影视文法"。

1.蒙太奇的功能

蒙太奇的神奇功能是众多理论家津津乐道的,格里菲斯、爱森斯坦·普多夫金、库里肖夫等都对其进行了深入的研究。人们普遍认为,蒙太奇既有外在内容的结构作用,又有内在含义的揭示作用。它可以叙述故事、展开情节、揭示主题,使画面产生新的含义,激发观众的对比、联想,创造特殊的时间和空间,创造节奏,形成独特的艺术风格。

2.蒙太奇的种类

蒙太奇的分类众说纷纭,仍无定论。常见的分类方式是根据其功能分为三大类(图11-11):叙事蒙太奇、表现蒙太奇、理性蒙太奇。

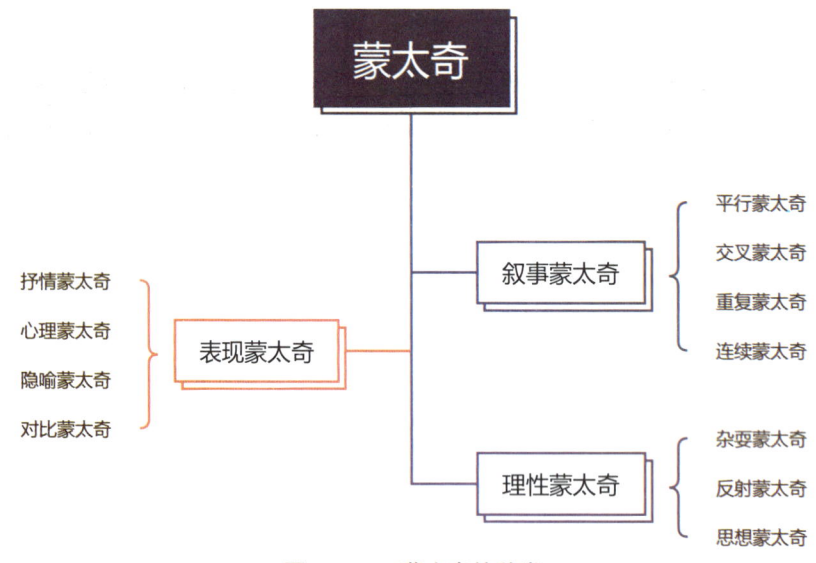

图11-11 蒙太奇的种类

(1)叙事蒙太奇以交代情节、展示事件为主旨。具体包括以下几类。

平行蒙太奇,指把不同时空(或同时异地)发生的两条或两条以上的情节线并列表现、分头叙述而统一在一个完整的结构之中。它可以扩大影视片的信息量、加强节奏、形成对比,产生强烈的艺术感染效果。

交叉蒙太奇,指将同一时间、不同地域发生的两条或数条情节线迅速而频繁地交替剪接在一起,各条线索相互依存,最后汇合在一起。它极易引起悬念,造成紧张激烈的气氛,加强矛盾冲突的尖锐性。

重复蒙太奇，相当于文学中的反复手法，指具有一定寓意的镜头在关键时刻反复出现，以达到刻画人物、深化主题的目的。

连续蒙太奇，是沿着一条单一的情节线索，按照事件的逻辑顺序有节奏地连续叙事。它经常与平行、交叉蒙太奇交互使用、相辅相成。

（2）表现蒙太奇是以镜头对列为基础，目的在于激发观众的联想，启迪观众的思考。具体包括以下几类。

抒情蒙太奇，是一种在保证叙事和描写连贯性的同时表现出超越剧情之上的思想和情感的蒙太奇手法。常见的抒情蒙太奇是在一段叙事场面之后，恰当地切入象征情绪情感的空镜头。

心理蒙太奇，是人物心理描写的重要手段，它通过画面镜头组接或声画有机结合，形象生动地展示出人物的内心世界。常用于表现人物的梦境、回忆、闪念、幻觉、遐想、思索等精神活动。

隐喻蒙太奇，通过镜头或场面的对列进行类比，含蓄而形象地表达创作者的某种寓意。这种手法往往将不同事物之间某种相似的特征突现出来，以引起观众的联想，领会导演的寓意和领略事件的情绪色彩。

对比蒙太奇类似文学中的对比描写，即通过镜头或场面之间的内容（如贫与富、苦与乐、生与死、高尚与卑下、胜利与失败等）或形式（如景别大小、色彩冷暖、声音强弱、动静等）的强烈对比产生相互冲突的作用，以表达创作者的某种寓意或强化所表现的内容和思想。

（3）理性蒙太奇是通过画面之间的关系，而不是通过单纯的一环接一环的连贯性叙事表情达意。具体包括以下几类。

杂耍蒙太奇，爱森斯坦给杂耍蒙太奇的定义是：杂耍是一个特殊的时刻，其间一切元素都是为了促使导演把打算传达给观众的思想灌输到他们的意识中，使观众进入引起这一思想的精神状况或心理状态中，以造成情感的冲击。

反射蒙太奇，所描述的事物和用来做比喻的事物同处一个空间，它们互为依存，或是为了与该事件形成对照，或是为了确定组接在一起的事物之间的反应，或是为了通过反射联想揭示剧情中包含的类似事，以此作用于观众的感官和意识。

思想蒙太奇，是利用新闻影片中的文献资料重加编排表达思想。这种蒙太奇形式是一种抽象的形式，因为它只表现一系列思想和被理智所激发的情感。观众冷眼旁观，在银幕和他们之间造成一定的"间离效果"，其参与完全是理性的。

三、影视作品的制作与分工

影视片的制作大致可以分为前期、中期和后期三个阶段。前期主要是写出电影剧本；中期主要是摄制镜头（画面）；后期就是将各种镜头（画面）剪切、组合起来。

（一）前期创作

前期创作又称案头准备阶段，大体上包括三个步骤。

1. 确定剧本

一个优秀的剧本，可能拍出一部优秀的作品，但一个平庸的剧本，是无法拍出一部好作品的。写出或选定一个好的剧本，对于一部影视片的成功十分重要。剧本的产生，一是由编剧专门为电影而创作，二是由编剧根据各类文学作品改编。导演接触文学剧本的途径有三种：一是"兼任式"，即导演自己动手写剧本；二是"介入式"，即在剧本的编写阶段，导演就参与进去；三是"接力棒"式，即导演从编剧手中接过一个已经定稿的剧本，然后再做导演的构思和处理。

2. 写出分镜头剧本

分镜头剧本是对未来摄制所做的总体设计，是导演在文学剧本的基础上进行的"二度创作"。除了对文学剧本做必要的修改和变动外，还要将文学剧本中叙述的故事情节分成许多不同的镜头，并把每个镜头的内容进一步视觉化（具象化），计算出每一个镜头的长度（尺格），给每一个镜头规定各自的景别与拍摄方法，将场面调度具体化，根据剧情发展的需要配上音乐效果。另外，外景的选择往往会对导演的形象思维产生很重要的影响，许多导演总是将分镜头与选景同时进行，有的甚至是先选景再分镜头。

3. 组织摄制班子

导演的合作者主要有演员、摄影师、作曲家、美工师、化妆、服装、道具设计师及剪辑师等。在这些合作者中，最重要的是演员，演员是造型的体现者、角色的塑造者、风格的诠释者。一个导演的艺术功力，在某种程度上也反映在他对演员的挑选上。从演员在作品中所担任角色的分量来说，有主角、配角和群众演员之分；从可供导演选择的对象而言，有专业演员和非专业演员之别；从演员本身的素质来讲，又分"本色演员"和"性格演员"。导演选择演员一般是以角色的气质和性格为主要着眼点的。在摄制班子中，导演是中心，当摄制班子组成后，导演要做的第一件事就是要做好"导演阐述"，包括对作品的基本设想、对主题思想的理解、对人物性格及人物关系的分析、对艺术风格的把握以及对各部门的基本要求等。当拍摄场地、角色造型、道具服装、音乐作曲等工作全部就绪后，就可以进入实景拍摄阶段了。

（二）中期拍摄

中期拍摄是导演、演员、摄影、制片等各岗位通力合作，完成镜头拍摄的阶段，也是最考验导演驾驭能力的阶段。

1. 要将镜头分割归类

影视作品的拍摄不能像舞台剧那样，按照情节的发展循序渐进，而是要将各种镜头分割归类，周密部署。在同一个拍摄场地连续拍摄的镜头在影视片中可能相去甚远，而开机第一个镜头和杀青最后一个镜头在影视片中很少真的就在片头或片尾。

2. 演员的表演是关键

与舞台剧一气呵成的演出不同，影视演员的表演是断断续续的，不能根据情节酝酿情绪，没有观众反馈，情绪准备只能是临时的和现场的，因此影视演员必须要有较快地进入各种戏剧情境的本领。

3. 导演是统帅一切的核心人物

大到指导演员排戏，小到一件道具的选择，都要由导演安排和决断。整个摄制组像一架庞杂的机器，能否正常运转，很大程度上取决于导演的组织调度能力。拍摄时，导演必须全神贯注地审视、估量这一镜头的拍摄质量，必须有"眼观六路，耳听八方"的本领，尤其是要控制演员的表演分寸，以便及时做出是否需要重拍的决断。在拍摄过程中，摄制组的全体人员既要自觉服从导演的领导，服从制片主任和副导演的调配，又要发挥自己的积极性，协力同心、大胆创造。配合得好，一个场景可以一次拍摄成功；配合得不好，一场戏重拍四五次还不一定令人满意。遇到场面浩大、拍摄难度高的镜头，可以采用"多机拍摄"的方法，就是用两架以上的摄影机从多方位拍摄同一场景，一次便能获得两条以上的备选镜头，给剪辑提供丰富的素材。

（三）后期剪辑合成

后期剪辑合成是影视作品不容忽视的阶段，分为以下三个步骤。

1. 剪辑

如果说实拍时必须将镜头分解，"化整为零"，那么剪辑就是将镜头整理组装，"聚零为整"。剪辑可以分为"顺镜头""初剪""定稿"三步。一部影视片的成败，在很大程度上取决于剪辑。剪辑既是一项技术性的工作，也是一种创造性的劳动，其创造性主要表现在正确而又巧妙地运用各种剪辑的方法准确地把握作品的节奏，包括剪去某些不必要的镜头、增加某些原来没有的镜头、更换原先设计的镜头顺序、将某些镜头进行"挪位"等。"挪位"最能考验剪辑师的艺术功力和胆识，同样的镜头，有时将组接顺序加以挪移，就能揭示出不同的含义，焕发出新的光彩。

当然，剪辑不仅是对画面的处理，还需要对声音进行相应的剪接，这些声音包括话音、音响、音乐，剪辑完成后还需要将它们混录在一起。声音的剪辑需要提前完成配音、拟音、音乐制作等工作，这对于电影和高水平的电视剧来说都是中期拍摄阶段就要考虑或完成的，即便对于低成本的电视节目，旁白配音、配乐选曲，甚至字幕制作、调光调色等工作都是后期剪辑的重要内容。

传统的剪辑是用剪刀和胶水完成的，效率很低，计算机数字非线性编辑技术使剪辑手段得到很大的发展，它用鼠标和键盘操作，并且可以马上回放观看效果，大大提高了效率。

2. 特技

特技镜头是指通过直接拍摄无法得到的镜头。在当代影视的发展中，特技成为越来越不可或缺的元素。无论是耗资巨大的电影还是电视中几秒的广告，都可能利用特技手段使之添彩。早期的影视特技大多是通过模型制作、特技摄影、光学合成等手段完成的，现在都能通过计算机更完满地实现，所以更多的特技效果就成为后期制作的工作。近年来，特技制作软件越来越多，操作越来越简单，效果越来越理想，可以说，只要能想到，就可以通过计算机特技软件实现。

3. 合成

剪辑好的画面、声音、特技需要合成才能出成片、送审、发行或播出。传统的电影合成是将画面胶片与声音磁带分别套接和转录获得画面底片和声带底片，再合并洗印才能得出校正拷贝，修正后才能印发拷贝。现在的影视合成大都是计算机软件完成的，既简单又快捷。

四、影视艺术的鉴赏方法

（一）鉴赏过程

影视鉴赏是人们在观看影视作品时的精神活动，是人们观看影视作品时所产生的审美活动的全过程。这个过程包括体验、感悟、欣赏、评判四个阶段，这四个阶段是由低到高、由易到难，循序渐进的，各阶段间没有明显的界限。影视作品以画面与音响为媒介，以现代科技为手段，通过银幕或荧屏再现与反映社会生活，并作用于观众的感官，使观众产生喜与悲、爱与恨、崇高与渺小等种种情感，使观众在潜移默化中受到教育、感染和启迪，同时观众又以自己的生活经验、艺术修养为依据，对影视作品作出一定的评价，并获得一定的美感享受。

（二）鉴赏要领

艺术鉴赏虽有规律可循，却又是见仁见智的。影视艺术更是如此，因为欣赏对象众多，层次差异巨大，同一部影视作品，众说纷纭的现象非常普遍，有时候评价甚至截然相反。评论家一致推崇的，观众不一定买账，观众普遍叫好的，学界不见得认同，票房大卖、收视飘红的作品可能口碑并不好，要做到雅俗共赏，票房、收视、口碑与获奖共存非常困难。但这一切并不意味着影视鉴赏可以随心所欲地对一部影视作品妄加评论，俗话说："外行看热闹，内行看门道。"影视鉴赏也是需要学习和修炼的。只要把握住其中要领，就能看出其中门道，即便是一家之言，只要有理有据，能自圆其说，也是可贵的。

1. 完整的欣赏过程

评价影视作品的前提是必须完整地看过，有的人没看完就以"不好看"为由放弃了欣赏，这种评价是不足信的。在欣赏过程中，有很多人习惯边看边评价，这属于消遣性评价，其观点也不可取。只有完整欣赏了影视作品之后，才有可能做出客观公正的评价。那些经典的影视作品，更需要一遍又一遍地欣赏，得出深刻的感悟，做出准确的评判。所以，多数人看了一遍就写出来的影评被称为"观后感"，只是初步印象，多看几遍得出的结论才能称为"影评"。当下电视剧越拍越长，边看边评的现象越来越普遍，这些评论只能作为素材浏览，不能当成评价作品成败得失、艺术成就的定论。

2. 丰富的艺术积淀

艺术是相通的，影视艺术更以其博采众艺之长的特殊性而需要评论者具有丰富的艺术积淀。想要看懂影视作品的人，多少要懂一点文学、音乐、绘画、舞蹈、建筑、雕塑、戏剧等艺术的基本特性，这会让欣赏过程变得轻松。例如，《卧虎藏龙》当年公映时，很多人都是冲着奥斯卡奖走进影院的，但很多人看完都反应平平，究其原因竟然是"港普听着太费劲"。而有一定音乐素养的人则会被影片中谭盾的音乐震撼，有一定美术素养的人则会为影片镜头呈现出的国画特有的意境而痴迷，有一定文学素养的人则会反复品味那几段颇具中国传统哲学思想的对白……也许，让观众做到精通百艺之法是奢求，但这些积累对于提高人的艺术修养和鉴赏水平是大有裨益的,哪怕多积累一点,都是有好处的。

3. 适当的知识储备

影视鉴赏的前提是要储备必要的知识。一方面是影视艺术的相关知识,包括影视艺术的简史、特性、表现手法、创作规律、类型特征、鉴赏方法等;另一方面是作品内容涉及的相关知识。这些知识涉猎得越多,对作品的把握就越准确,评论水平就可能越高。这就解答了为什么研究影视艺术的专家发表的评论更具权威性,也解释了为什么专家认可而大众评价不高的作品多年后能成为经典,大众喜爱而专家不认可的作品多年后被时间遗忘。但并非大众的评论都是外行,警察对《沉默的羔羊》(图 11-12)的评价、山村教师对《一个都不能少》的评价、大学生对《大话西游》(图 11-13)的评价、小学生对《家有儿女》的评价有时更切中要害。知识储备是相对的,不是绝对的,适当即可。在互联网时代,网络更为我们提供了便捷的素材,成为我们随用随取的知识储备库。

图 11-12 《沉默的羔羊》剧照

图 11-13 《大话西游》剧照

4.正确的评论引导

绝大多数人的影视艺术审美活动都是消遣性的，评判也是即兴的，有感而发的。当舆论一边倒地或褒或贬一部作品时，我们是准确判断，还是人云亦云？有很多人看着这个观点有理，看着那个观点也对，不知该如何取舍。这时，最简单的做法就是多看看业内人士和权威专家的观点，他们虽非绝对正确，但可以提供正确的思路。同时，要多看经典作品的评论，这些评论尤其能够引领我们走上正确的鉴赏道路。

5.海量的佳片体验

影视作品中那些能够经得起时间考验、能够令人百看不厌的名片佳作被称为经典作品，多欣赏这样的经典作品，多品味这些高质量的艺术精品，能潜移默化地提高我们的审美水平。审美水平是随着年龄的增长、阅历的增加、环境的变化逐渐提高的，但有针对性地涉猎经典作品可以缩短这个过程，大幅提高水平。"读书破万卷，下笔如有神"讲的是文学积累对于提高文学水平的神奇作用，影视艺术也是同理，要想提高自身的影视艺术审美水平，海量地体验、感悟、欣赏、评价名片佳作是简单有效的方法。

（三）鉴赏方法

影视鉴赏与评论的切入点很重要，不少人满怀感触却不知从何说起，听到别人的观点才发现"这不就是我想说却没说出来的吗？"一部影视作品，既可以从内容方面进行评价，也可以从形式上进行考量。

1.内容的鉴赏

影视艺术在内容上表现可以从以下几个角度进行分析：从宏观的角度，把握影视内容的社会、时代、民族的特点；从微观的角度，领悟人的生存情感、生命的真谛；从影视风格的角度，洞悉创造者的理念和个性。

2.形式的鉴赏

任何艺术都有自己反映社会的独特表现形式，影视艺术因其与生俱来的综合性而呈现出异彩纷呈的特征，我们可以化整为零，再由零到整，从组成艺术作品的各项元素中寻求切入点。这些元素可以分为单项元素和综合元素，既可以从单项元素的角度做切入点进行鉴赏，又可以综合各元素展开整体评析。

单项元素包括文学、画面、声音、表演、文化等元素。文学元素重点从主题思想、情节结构、人物形象、环境塑造等方面来分析；画面元素重点从镜头、蒙太奇、光色、特技等角度来分析；声音元素重点从话音、音响等方面来分析；表演元素可以从演员的类型和表演风格为切入点进行分析；文化元素可以从作品反映出的社会背景、民族特色、时代风貌等角度来分析。

综合元素的鉴赏极为灵活，大到把作品纳入影视发展的历史洪流中进行"史论式"评判，小到抓住一点细节层层剖析，都是可取的。常见的评判标准有：能否做到角度新颖、由点及面；能否高屋建瓴、全面把握；能否印象导入、深入评析；能否见解独到、见仁见智。

第三节
影视艺术作品欣赏

一、电影《红高粱》

《红高粱》（图11-14）是中国电影真正走向世界的开山之作，也是第五代导演的领军人物张艺谋的导演处女作。影片在一种神秘的色彩中展现出鲜明深刻的主题——赞美生命。赞美生命那种喷涌不尽的勃勃生机，赞美生命的自由、舒展，表现一种痛快淋漓的人生态度。影片有意虚化了在传统影片中常被突出表现的几段戏，将关键的故事情节、人物关系、周围环境、时间转换等几乎由冷静的画外音一带而过，却将大部分画面用在颠轿、劫道、野合、敬酒神、日全食上，让意念承附在具体的画面上，依附于一个个具有强烈生命象征意味的仪式之中，从而达到虚实相生的艺术境地。片中人物很少，浓墨重彩地塑造了"我爷爷"和"我奶奶"的形象，他们洗去了中国传统封建礼教的铅华，大胆地追求个人理想，酣畅淋漓地展现生命的可贵，赞美生命的崇高。"我爷爷"是个顶天立地的男子汉，他敢爱敢恨、洒脱不羁、胡言乱语、野性难驯，在其背后隐藏的却是一颗勇敢的心，他率众炸毁日本军车的壮举让我们看到了英雄形象的崇高美。"我奶奶"是个拥有叛逆性格的奇女子，她爱憎分明、敢爱敢恨、机智勇敢、生死无畏，她用短暂的生命阐释了生的意义、死的价值。大胆的用色、符号式的场景、简洁的叙述、个性化的表演、追求极致的艺术形式、蕴含丰富的民俗文化都在影片中得到了淋漓尽致的展现。此片成为张艺谋电影的艺术标签。

图11-14 《红高粱》海报

二、电视剧《红楼梦》

长篇小说《红楼梦》作为影视艺术创作的经典素材被无数次演绎,最为人津津乐道的还是1987版电视剧(图11-15)。导演王扶林从1979年提出构想,到1987年完成拍摄,闯过了改编剧本、角色选定、音乐制作、服饰设计、演员培训、实景拍摄等一系列难关,在当时资金不足、技术落后的背景下,完成了这部足以载入史册的艺术珍品。

在剧本编写上,全剧既忠实于前80回的原著,又对后40回进行了大胆改编,为观众呈现出了不一样的红楼故事;在演员培养上,导演坚持起用新人,进行全国招募,盛况不亚于当今的"海选",封闭式培训更是让毫无表演经验的年轻人受益匪浅;作曲家王立平和演唱家陈力演绎的一系列歌曲脍炙人口,成为至今无法逾越的经典……这部剧引领一代人爱上了《红楼梦》。回顾这些成绩,剧组请到的国宝级顾问团功不可没,但制作团队对待艺术精益求精的态度、一丝不苟的精神、不计得失的努力才是根源。从当今电视剧的生产规律看,偌大的题材,投资仅680万元,拍摄长达3年,仅出36集,这简直是不可思议的。剧中把原著的很多精彩片段都呈现了出来,如共读西厢、黛玉葬花、宝钗扑蝶、晴雯撕扇、湘云醉卧、元妃省亲等。且看"金兰契互剖金兰语"这段戏,黛玉与宝钗的鲜明对比被陈晓旭和张莉演绎得入木三分,之后的一曲《秋窗风雨夕》更是把人物内心的愁绪渲染到极致。

图11-15 《红楼梦》剧照

三、电影《无间道Ⅰ》

《无间道Ⅰ》选取的是香港电影最惯用的卧底题材,影片淡化了动作、暴力,强化了人物复杂的心理,为演员的表演提供了广阔的空间。梁朝伟、刘德华、曾志伟等香港金像影帝联袂出演,构成了影片豪华的表演阵容，成为影片的一大亮点。梁朝伟（饰陈永仁）在片中"以令人叹服的表演，塑造了一个予人强烈印象的行走无间，见证诸无间行者灵魂衰荣的主题角色。"（导演刘伟强评价）打入黑社会多年的陈永仁已经习惯了冷漠麻木的表情、玩世不恭的态度、江湖浪子的做派和深藏不露的城府。但是，他那复杂的内心总会在不经意间的眼神和动作中闪现出来，让人回味。偶遇已经结婚生子的昔日恋人，他故作毫不介意，但转身离去时下意识的头疼动作让观众从背影中感受到了他此刻的孤独与凄凉。黄志诚坠楼身亡，他亲眼看见却无力挽救，惊恐、哀伤、绝望，以至于傻强急速倒车时，坐在车中的他留下了那失魂落魄、无限悲怆的一眼。与梁朝伟的细腻表演不同，刘德华更擅长用肢体语言诠释人物。他扮演的刘建明心机深沉、办事老练、目标明确，是一个好勇斗狠的男人，然而他内心的痛苦与挣扎也时时折磨着他，只是他比陈永仁掩藏得更深而已，深到连自己的女朋友都毫无察觉。杀死韩琛后，他仍没有摆脱无间地狱，他内心渴望做个好人，却在不断作恶的道路上越陷越深。

　　楼顶天台的一场戏是梁朝伟与刘德华在演技上的巅峰对决（图11-16），陈永仁的正义与洒脱终于显现出来，刘建明尽失往日锋芒，眉宇间尽是矛盾痛苦，两个无间行者在真与假、正与邪的较量中展开了终极搏击，简单的对白与细腻的表情结合，在特写镜头与远景镜头的交织中分外抢眼。

图11-16　《无间道Ⅰ》剧照

四、电影《城市之光》

　　《城市之光》（图11-17）是世界电影史上最杰出的喜剧大师卓别林的代表作，即便是技术手段不那么先进的黑白片、无声片，也丝毫不影响人们对它的高度评价。卓别林在本片中兼任导演、编剧、主演、作曲等职，尽展他超乎常人的喜剧才华。他把戏剧情境、滑稽动作、社会批判和人道主义理想结合起来，道尽小人物生活中的艰辛与乐观，使观众在欣赏过程中，带着笑的泪和带着泪的笑同时迸发，充分体验到无声胜有声的艺术魅力。片中流浪汉与卖花盲女初次见面的那场戏，卓别林边演边改，竟拍了368天，342遍，终于找到了盲女初见就误会流浪汉是富翁的最佳解决方案。片中每个段落都能展示出卓别林极度夸张又分外细腻的表演风格：雕像揭幕式的滑稽亮相、解救跳河的富翁自己却落水、富人聚会上洋相百出、拳击比赛中机智无比却仍旧惨败、抓小偷结果自己入狱，观众在欣赏过程中每分钟都会被逗笑，越是狂笑，越是酸楚。影片以查理和卖花女相认，一个咬指微笑的特写镜头结束，这笑容有欣喜、有辛酸、有尴尬、有温情，五味杂陈，是比流泪都要痛苦万分的笑，给人无穷的回味。有人这样评价：该片是对有身份的上流市民的公然冒犯，同时也是对聒噪不休的白片的含蓄讽刺。声音的沉默，还有黑白色，反而让我们感受到质朴的力量，让影片于嬉笑之中对现实构成巨大的穿透力。

图11-17 电影《城市之光》剧照

美的体验

1. 课外阅读

请根据大家熟知的电影、电视剧或电视栏目的名称写一个100字左右的小故事,比一比,看谁写得最精彩。

2. 课外活动

根据班级人数将同学编成若干组,每组5—8人,合作制作一部微电影。要求每个人至少承担一项工作,影片时长不超过5分钟,用DV、照相机、手机拍摄均可,参与班级或学院的"微电影"大赛。

3. 思维拓展

请写出"一句话影评",向大家推荐你喜欢的影视剧。

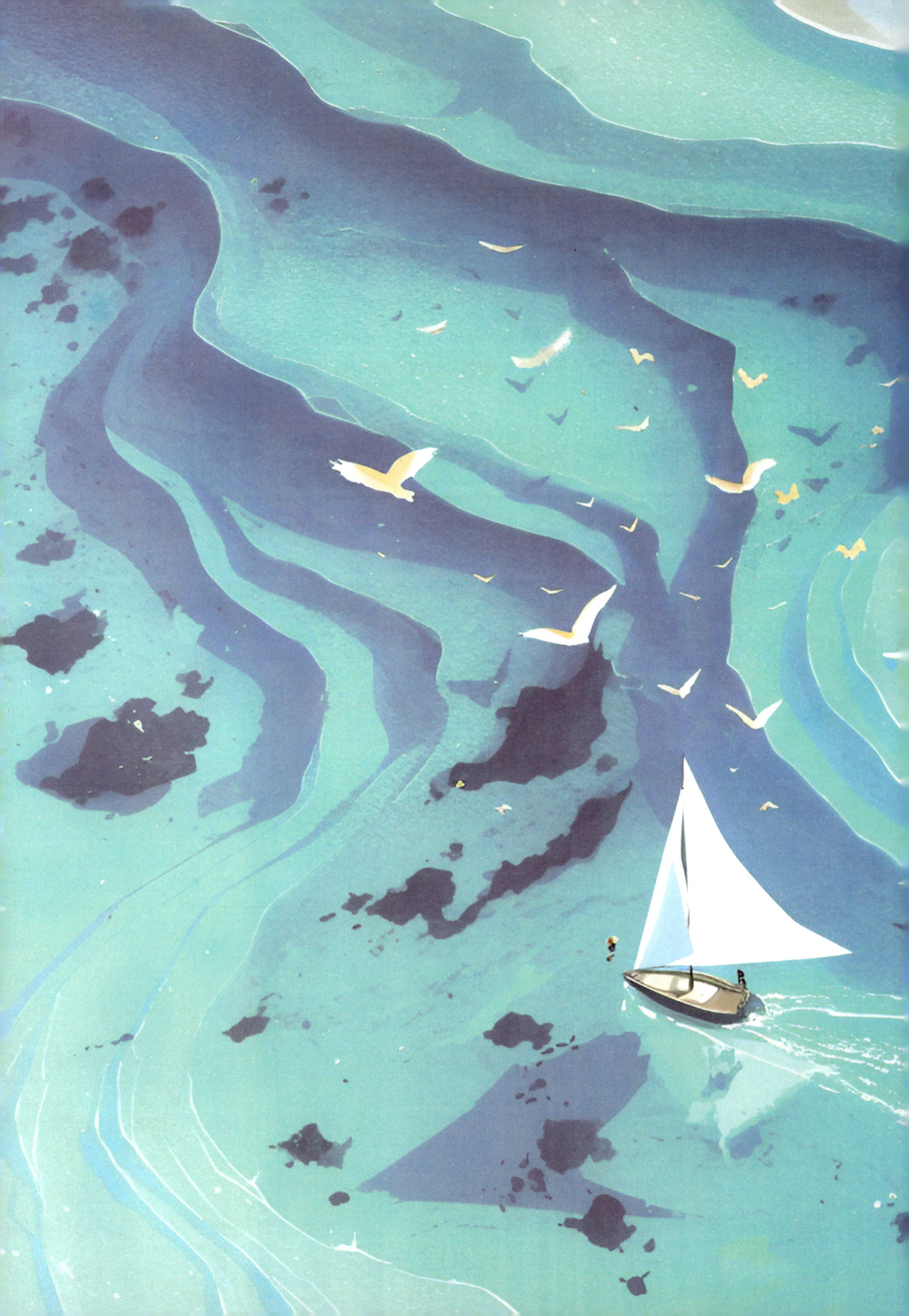

第十二章

数字媒体艺术

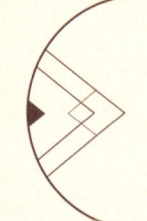

数字媒体艺术是一门横跨自然科学、社会科学和人文科学，集中体现"科学、艺术和人文"理念的艺术，包括以数字技术为载体、立足于传媒行业、具有独立的审美价值等特点。作为一种独特的艺术表现形式，数字媒体艺术和当代艺术与后现代艺术有着千丝万缕的联系，并和西方科技史、现代艺术发展史的脉搏息息相关。

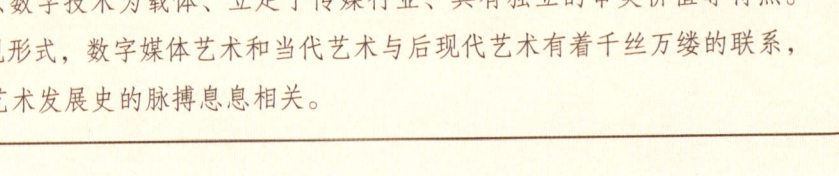

思政目标

数字媒体专业的学生是今后文化传播的主力军，要培养学生正确的政治立场和政治方向，使学生能够坚持正确的创作方向，不断推出弘扬社会主义核心价值观的优秀数字产品。

美之漫谈

看一场数字艺术展（亚洲数字艺术展），体会数字艺术之美。

寻美之迹

《哪吒之魔童降世》（图12-1）于2019年7月26日在中国大陆上映，在豆瓣上一举拿下8.7的高分，仅用一个半小时就票房破亿。《哪吒之魔童降世》是一部受众广泛的电影，无论你是孩童，还是血气方刚的青少年，或是成熟稳重的成年人都能在其中找到属于自己的快乐。

图12-1 《哪吒之魔童降世》剧照

早期的国产动画总被扣上低龄化、做工粗糙、剧情俗套老旧的帽子，而如今的国产动画早就不可同日而语了。从《大圣归来》到《大鱼海棠》到《白蛇缘起》再到《哪吒之魔童降世》，国产动画不断进步，一次次刷新认知的上限。细腻的动画细节与激烈的打斗场面、恰到好处的音乐与震撼的音效、情感到位的配音与台词，这部电影带给观众太多意想不到的惊喜。

第一节 数字媒体艺术发展概况

数字媒体艺术是一门基于计算机数字媒体的艺术,它以计算机技术为创作手段,以数字媒体为传播途径,以数字媒体用户为传播对象。它是视觉艺术、影音艺术、设计艺术、计算机图形图像技术和媒体技术的相互交叉和融会。

数字媒体艺术是在20世纪60年代发展并成熟起来的,到90年代末进入了全新发展阶段。

一、国际数字媒体艺术发展概况

1924年6月,有史记载的最早的数字电影梦想提出。1968年,首届电脑美术作品巡回展在伦敦举办,宣告了数字媒体艺术的诞生。20世纪80年代,计算机的发展促使数字媒体艺术从二维图像系统向三维动画系统发展;20世纪90年代之后,随着计算机技术的不断发展,数字媒体艺术得到了长足进步,开始称为数字媒体。20世纪末,交互媒体在网络广泛流传,是数字媒体发展的一个崭新的阶段。

数字艺术的蓬勃发展引领了新一轮的艺术潮流,数字艺术产业成为21世纪知识经济产业的核心。美国的电脑动画及其相关影像产品的销售获得了近百亿美元的收益;日本的媒体艺术、电子游戏、动漫等作品领先世界,成为日本的第二大产业;韩国的数字产业已经超过汽车产业成为第一大产业。

二、中国数字媒体艺术发展现状

作为一种新的艺术形式、技术与艺术相融合催生的新兴行业,我国数字媒体产业起步较晚,但经过近几年的努力,现已形成以动画、网络、数字设计等为主体形式,以数字化媒介为载体的产业链,涉及传播信息、广告、通信、电子娱乐、网络教育等多个领域,形成了较庞大的产业队伍。据统计,我国数字媒体产业的产值在2008年已达9000亿元,正在成为颇具发展潜力的新兴产业。

在我国媒体艺术产业发展中,印刷出版与数字平面媒体产业把艺术思想融入计算机平面设计,使作品更有艺术感和创意。影视产业和影视广告服务业借助艺术和计算机软件进行创意策划、脚本设计、拍摄、数字特技、剪辑配音、配乐合成、产品宣传和推广等推动了影视、广告业的发展。数字动画产业改变了原有的全手绘动画制作模式,运用计算机技术在创意策划、脚本设计、角色造型设计、场景设定、画面绘制、剪辑合成、产品宣传等方面进行数字动画片的设计与制作,使动画行业进入了无纸化时代。数字游戏产业也极大地改变了人们的生活。而网站咨询服务产业为数字媒体艺术带来了划时代的革命。网站策划、界面设计、插画及特效动画的创作，标志着媒体艺术将传统媒体带入了新媒体阶段。

以美培元

第二节
数字媒体艺术的审美特征

一、数字媒体艺术的主要类型

数字艺术是指以数字科技的发展和全新的传媒技术为基础，将人类的理性思维和艺术感觉巧妙地融为一体的艺术。

广义的数字艺术就是数字化的艺术，例如，以数字技术为手段的平面设计、以万维网为媒介传播的所谓"纯艺术"，甚至手机铃声等，只要以数字技术为载体，具有独立的审美价值，都可以归类到数字艺术中。狭义的数字艺术一般指的是用计算机处理或制作出和艺术有关的设计、影音、动画或其他艺术作品。

数字艺术包括交互媒体设计、数字影像艺术、虚拟现实设计、新媒体艺术等。交互媒体设计指以互动媒体为载体的设计；数字影像艺术包括数字动画、DV电影、数字影视广告和片头等；虚拟现实设计是指数字博物馆、数字商城等虚拟空间的设计。

数字艺术作品必须在实现过程中全面或部分使用数字手段。其作品主要包括以下形式：录像及互动装置、虚拟现实、多媒体、电子游戏、卡通动漫、网络游戏、网络艺术、数字设计、电脑插画、电脑动画、3D动画、数字特效、数字摄影、数字音乐、音乐影像等。也就是说，数字艺术是艺术和科技高度融合的多学科交叉领域，涵盖了艺术、科技、文化、教育、现代经营管理等多方面的内容。因此，凡由电脑技术制作的媒体文化，都可归属于数字艺术的范畴。

二、数字媒体艺术的基本特征

（一）依赖数字技术

数字媒体艺术是与数字技术结合得最为紧密的艺术。它从创作过程、创作工具、艺术呈现形式到艺术作品的传播与消费，几乎都离不开计算机技术的发展，全部或部分使用数字科技手段。传统艺术作品创作也会借助工具，如绘画和雕塑。但在绘画和雕塑作品创作中，工具的使用技术在艺术创作中并不发挥关键性作用。而在数字媒体艺术的创作中，掌握数字技术、使用数字技术设备是艺术创作的基本前提。在传统艺术创作中，每一件作品都具有唯一性，如同没有完全相同的树叶一样,很难有完全相同的艺术作品。但是数字媒体艺术创作过程的每一环节都能被记录下来,不仅可以修改,还可以复制。正因如此,数字媒体艺术与许多传统艺术最大的不同就是具有技术性和可复制性。

(二)创作工具标准化

数字媒体艺术的创作平台和软件工具是标准化的,但由于标准化的技术工具具有机械性,如果将其作为艺术创作的主要因素,就会导致艺术作品缺乏独特性及表现形式的丰富性。虽然数字媒体艺术依赖于数字技术,但它毕竟不是技术而是艺术。作为艺术,在创作中就应该利用技术工具而不是被工具利用,艺术创作要发挥的是人而不是工具的主体作用。作为使用标准化技术工具的艺术,数字媒体艺术需要处理好艺术与技术的关系,尤其是工具标准化和艺术独特性的关系。技术平台的一致性、技术工具的相同性容易使数字媒体艺术作品趋向同质化和标准化,而艺术的生命力在于个性化和独创性。在技术工具标准化的条件下,充分展现艺术创作的独特性,避免依赖数字的艺术创作演变为机械化的生产,是数字媒体艺术作品创作需要把握的重点。

(三)多种艺术元素高度融合

数字媒体艺术是多种艺术元素和艺术形式的高度融合,它不仅包括视觉艺术和听觉艺术,还包括电脑绘画艺术、电脑图像处理艺术、二维和三维电脑动画艺术、音频视频艺术和后期特技艺术等。其表现形式既可以是单一的,也可以是综合的;既可以是实景的,也可以是虚拟的;既可以是静态的,也可以是动态的。因此,数字媒体艺术既有数字技术的支撑,又可以与传统艺术高度融合。一方面,它通过数字技术"艺术"地再现艺术,如数字化博物馆、数字化艺术馆、数字化美术作品展等;另一方面,数字媒体艺术最终以传统艺术形式表现出来,可以说是数字艺术在传统艺术领域的延伸,如舞台艺术中的虚拟场景、特效设计等。

(四)大众化

数字媒体艺术是依赖于数字技术的艺术,门类、形式和层次很多,既包括纯粹的数字媒体艺术品,也包括数字媒体艺术在经济社会生活中的应用。就其应用来说可分成几个方面:一是与人们生活密切相关的应用,例如数字摄影、DV摄像、数字视频、网页设计、文本编排和数字图像设计、电子书刊设计等;二是与生产经营相关的应用,例如,出版物设计、工业产品设计、企业网站设计、广告设计、包装装潢设计等;三是在创意产业中的应用,例如智能和高级数字娱乐产品的设计和开发,像数字电影、网络游戏等。数字媒体艺术应用的广泛性,使其具有了大众化艺术的特性。

由于计算机和互联网的普及,其大众化也体现在以下三个方面:一是艺术欣赏的大众化。与传统艺术品的欣赏、传播方式不同,数字媒体艺术品的传播和欣赏借助于互联网,打破了时间和空间的限制,任何网民都可以借助互联网欣赏公开传播的数字媒体艺术产品。二是艺术实现的交互性。数字媒体艺术的实现是以计算机作为媒介的,受众不单单是被动地接收信息,而是可以参与、体验、再创作等。三是艺术创作的大众化。由于技术的标准化，一些艺术爱好者可以通过技术软件进行艺术创作或运用数字媒体艺术满足自身需要，例如，数字摄影及用Photoshop软件对照片进行后期处理等。

三、数字媒体艺术的审美特征

数字媒体艺术广泛融合了传统的影视、音乐、美术、建筑及现代科技等多元素，其审美特征主要表现为数字化的技术、视听语言艺术、动态化的影像、虚拟世界及互动等方面。

（一）技术美

数字媒体艺术与传统艺术相比，其最大的特点在于技术的发展。技术和艺术作品的结合所表现的就是技术美，也是技术美学的最高范畴。技术美与技术紧密相连，没有技术也就没有技术美。数字媒体艺术的发展完全依赖于计算机软件、硬件技术的发展，它的审美价值很大程度上依赖于技术的环境，在数字艺术产生和发展之初，每一次视觉上产生的新冲击，都与新技术的采用密切相关。著名导演詹姆斯·卡梅隆历时4年打造的3D大片《阿凡达》，之所以为观众带来了无比震撼的视觉感受，一个重要的因素就是数字技术的发展，另外，自主研发的数字拍摄系统、先进的动作捕捉设备及强大的CG制作团队也非常重要。

（二）视听美

数字媒体艺术与传统艺术相比，其特点还在于数字媒体艺术作品往往通过视觉和听觉两种方式表现主题内容，并通过对视觉和听觉的刺激产生美感，从而使观众达到视听感官的享受。视听美是数字媒体艺术的重要审美标准，它决定了作品是否可以带给观众愉悦的心情和视觉听觉的享受。电影《阿凡达》中，大量运用数字媒体技术呈现虚幻的场景，塑造栩栩如生的外星生物形象，使我们在雄浑磅礴的音乐中体会到由数字媒体技术所带来的视听盛宴，而这些效果是传统艺术表现形式所达不到的。

（三）动态美

数字媒体艺术往往体现的是视觉元素在空间中的运动变化。与传统艺术中的静态画面相比，数字媒体艺术不仅具有传统艺术中所包含的色彩、光影及构图等要素，还具有时间、空间、运动等数字媒体所特有的视觉艺术特点。数字媒体艺术中的元素往往不是固定在某一个位置上，而是随着时间的变化从一点运动到另一点。视觉元素在运动的过程中并不是匀速运动，而是变化丰富的变速运动，时而加速运动，时而减速运动。运动中的元素通过空间、时间、运动的变化构成了一种秩序，一种动态的秩序，为视觉元素赋予了一种动态美。

（四）创造美

数字媒体艺术在内容的表现上不受现实条件的限制，具有极强的开放性和延展性特点。它可以创造出现实生活中无法真实存在的影像效果，也可以创造出一个与现实空间完全不同的虚拟世界。它可以借助高科技手段，创造出人类想象力所能达到的任何情境、物象和人像效果，制造出无比强烈的精神震撼力。在《黑客帝国》《纳尼亚传奇》《指环王》等一系列著名的科幻影片中，现实生活中无法存在的人物形象、建筑外观、宇宙飞船等物体都是通过数字媒体手段创造出来的。数字媒体艺术的创造性体现的是一种从无到有、从不可能到可能的过程。

（五）互动美

数字媒体艺术审美的互动性表现在艺术作品的创作者与欣赏者、创作过程与结果之间的互动换位。网络艺术、虚拟现实艺术等是典型的互动性数字媒体艺术形式。在网络艺术中，无论身处何地，只要能够进入网络，就可以进行数字艺术的互动性体验，可以对艺术作品进行修改补充，不断完善艺术作品，从而体会到艺术创作者与欣赏者之间不同的心理感受。在网络中，艺术创作者与欣赏者之间的身份变得模糊，人们时而作为艺术创作者出现，时而摇身一变成为艺术欣赏者。这一身份的变化使人们充分体验了数字媒体艺术的互动性。

赏美之心

第三节
数字媒体艺术作品欣赏

一、交互媒体设计作品

（一）交互媒体设计

交互媒体设计（图12-2）是指以互动媒体为载体的设计，例如，以万维网为载体的网页设计、网络游戏设计，以手机为载体的彩信设计、WAP设计、手机游戏设计等。

网页设计是指使用标示语言，通过一系列设计、建模和执行的过程将电子格式的信息通过互联网传输，最终以图形用户界面的形式被用户浏览。网页设计的目的就是产生网站。简单的信息如文字、图片和表格，都可以通过使用超文件标记语言、可扩展超文本标记语言等放置到网站页面上。而更复杂的信息如矢量图形、动画、视频、声频等多媒体档案则需要插件程序来运行，同样地，它们也需要使用标示语言移植在网站内。

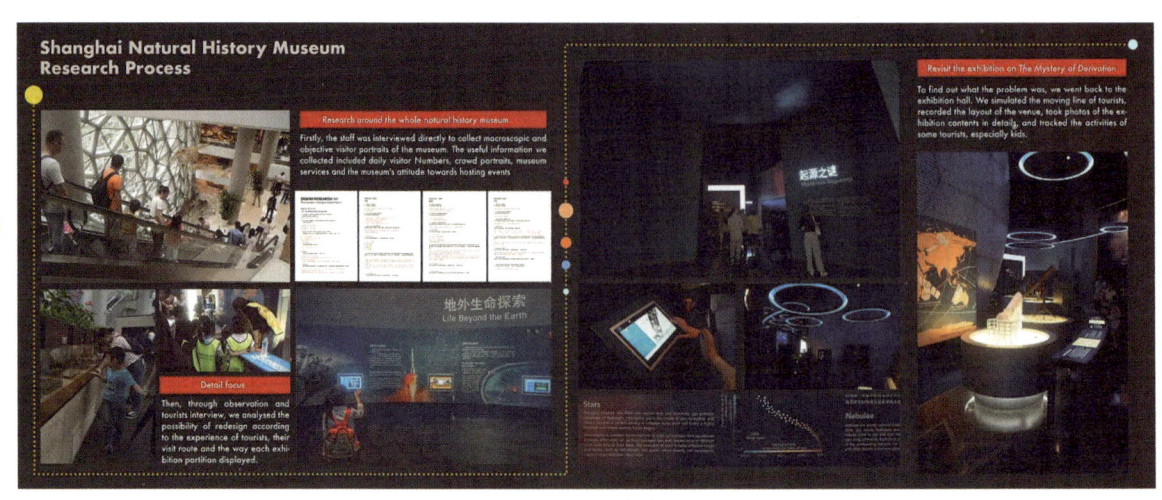

图 12-2　交互媒体设计

（二）手机游戏设计

随着科技的发展，手机的功能越来越多、越来越强大，现在手机游戏飞速发展，可以和掌上游戏机媲美，具有很强的娱乐性和交互性。手机游戏设计分为概念设计和详细设计，详细设计是软件工程中软件开发的一个步骤，是对概念设计的细化。

二、数字影像艺术作品

数字影像艺术包括数字动画、DV 电影、数字影视广告和片头等。

（一）微电影《逆行者》

微电影《逆行者》（图 12-3）由全才导演楚石自编、自导、自演。5 分钟的影片信息量极大，紧凑的节奏让很多观众看完都以为片子只有两分多钟。每一个镜头，每一句对白，都刻画出细腻的情感，还原出人们的真实生活。

真实的社会背景，真实的事件素材，让《逆行者》成为一部"正在进行时"的"同步体"微电影。

图 12-3　《逆行者》海报

（二）动画《姜子牙》

《姜子牙》（图12-4）是动画制作团队历时4年打磨的作品。为追求影片画面的质感及画风的协调性，制作团队花费重金聘请专业人士，对片中所有材质均创新性采用手绘方式绘制，将颜色、材质、光线等都统一在同一视觉风格下，力求打造真实而震撼的封神世界。该片呈现了对称美学，团队使用了倒金字塔及螺旋式迭代等国际动画工业前沿技术，以体系化的制片流程保证创意的高效实现。

图12-4 《姜子牙》海报

在美术表现上，影片别出心裁地采用三维与二维结合的形式。其中二维段落制作历时10个月之久，造型、分镜、动作设计极其复杂，部分单一画面图层超过600个。在场景设计上，团队绘制概念图2300余张，每个场景平均迭代70余次。在人物细节上，影片中每个角色的动画模型均通过"室内、室外、阴天"三种光源下的调试，角色皮肤的质感、瞳孔中的倒影都清晰可见。

三、虚拟现实设计作品

虚拟现实设计是指数字博物馆、数字商城等虚拟空间设计。

故宫端门数字博物馆（图12-5）落成于2015年，是我国第一家将古代建筑、传统文化与现代科技完美融合的全数字化展厅。同时，这里也是端门的常设数字展，让观众运用AI、VR、语音图像识别等多种先进技术，通过大型高沉浸式投影屏幕、虚拟现实头盔、体感捕捉设备、可触摸屏等，利用数字建筑、数字文物来理解故宫博物院的历史、藏品和背后的文化。

此前，端门数字博物馆曾举办过"故宫是座博物馆""发现·养心殿——主题数字体验展"等主题展览，用AI、VR等多种先进技术，给观众带来了不一样的参观体验，深受观众欢迎。

图 12-5　故宫端门数字博物馆

四、新媒体艺术作品

新媒体艺术对应传统媒体艺术，是以数字技术为手段和材料的纯艺术形式。

（一）《指南针》

《指南针》（图 12-6）（设计者：劳伦斯·马尔斯塔夫）是一种穿在腰部的指向机器，指引人走过虚拟的走廊和房间。它根据物理展示空间来编程。机器本身产生吸引力或排斥力，好像处在一个磁场之中。观众可以探索这个环境并发现一个触觉结构。经过编程这个机器使观众跟随一个无形的地图，但观众可以在与机器抵抗和服从机器引导之间选择。

（二）《对话》

《对话》（图 12-7）（设计者：雷雅纳·坎托尼、莱昂纳多·克雷申蒂）是一个自动的语音交互机器，为建立人与机器、机器与机器间的同步自动交流而设计。艺术家以提出"这些机器使用何种语言"的问题为探索的开始。由此形成的互动作品显示，机器接受语音输入并重复这些话语作为其表达形式。好像一个"电话"游戏，机器"听到"及传递的信息通过人或技术的错误变得晦涩。当没有人引领对话时，机器们将互相"对话"。

第十二章 数字媒体艺术

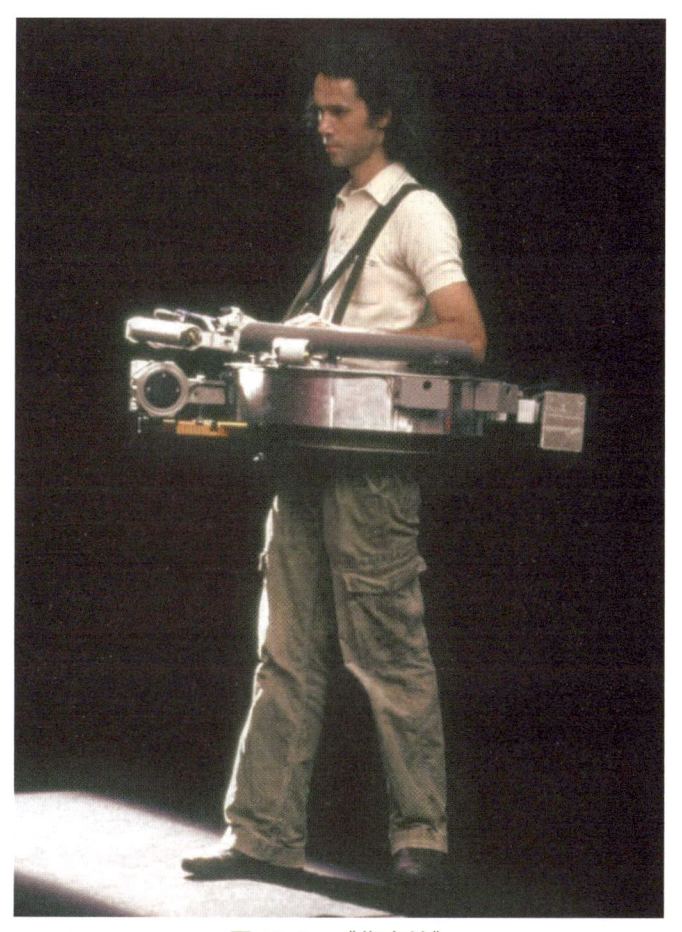

图 12-6 《指南针》

图 12-7 《对话》

(三)《同谋者》

《同谋者》(图12-8)(设计者:彼得拉·戈米因伯格、罗布·桑德斯)通过把自动机器人嵌入画廊建筑结构的方式把机器人隐蔽在人类环境之中。墙壁被转化成了好奇的社会化机器的游乐场。每个机器人配备一个冲头和一个摄像头眼睛,它们利用这些与周围的环境进行互动。沿着共用的墙壁移动时,它们会互相沟通,并用冲头打出有节奏的信号来闲聊。总的来说,它们通过敲击墙壁来探索、学习、游戏和娱乐,并敲打出破洞和图案,这反映了它们好奇的本性。机器人被安排为一种干涉的媒介而非仅是一个看点。这个作品提供了一个我们与机器亲密、共同进化的样品,并合于并改造着建筑的肌肤。

图12-8 《同谋者》

美的体验

1. 课外阅读

阅读《大数据时代》一书或选一个自己喜欢的数字媒体艺术作品,写一篇300字左右的作品赏析,发布在班级新媒体平台。

2. 课外活动

自己制作数字媒体艺术作品,如网页设计、网络游戏设计、数字动画、DV电影、数字商城、新媒体艺术作品等。

3. 思维拓展

(1)了解数字媒体艺术的基本要素,体会数字艺术之美。

(2)掌握数字媒体艺术的审美特征与欣赏方法。

(3)能够运用专业技术制作一个数字媒体艺术作品。

参考文献

[1] 宗白华.艺境[M].北京:北京大学出版社,1987.

[2] 李泽厚.美的历程[M].北京:生活·读书·新知三联书店,2014.

[3] 张玉花,王树良.艺术学基础知识精要[M].重庆:重庆大学出版社,2012.

[4] 朱向前.诗史合一:另解文化巨人毛泽东[M].长沙:湖南文艺出版社,2016.

[5] 王国维.宋元戏曲史[M].北京:团结出版社,2006.

[6] 彭吉象.影视鉴赏[M].2版.北京:高等教育出版社,2006.

[7] 周星,谭政,张燕.影视欣赏[M].2版.北京:高等教育出版社,2014.

[8] 高居翰.图说中国绘画史[M].李渝,译.北京:生活·读书·新知三联书店,2014.

[9] 杨琪.你能读懂的中国美术史[M].北京:中华书局,2011.

[10] 申睿,倪晶晶.大学生美育[M].北京:高等教育出版社,2017.

[11] 徐江,邓河.环艺雕塑设计与制作[M].北京:机械工业出版社,2012.

[12] 彭泽立,李莹波.书法艺术[M].长沙:湖南大学出版社,2010.

[13] 张建.中国传统文化[M].2版.北京:高等教育出版社,2014.

[14] 湖南省教育科学研究院职业教育与成人教育研究所.公共艺术[M].北京:高等教育出版社,2015.

[15] 于庆妍.影视鉴赏[M].2版.北京:高等教育出版社,2014.

[16] 张建.大学美育[M].北京:高等教育出版社,2017.